RASTROS DE ÁFRICA NO BRASIL: PRÁTICAS EDUCATIVAS NO REINADO DE NOSSA SENHORA DO ROSÁRIO

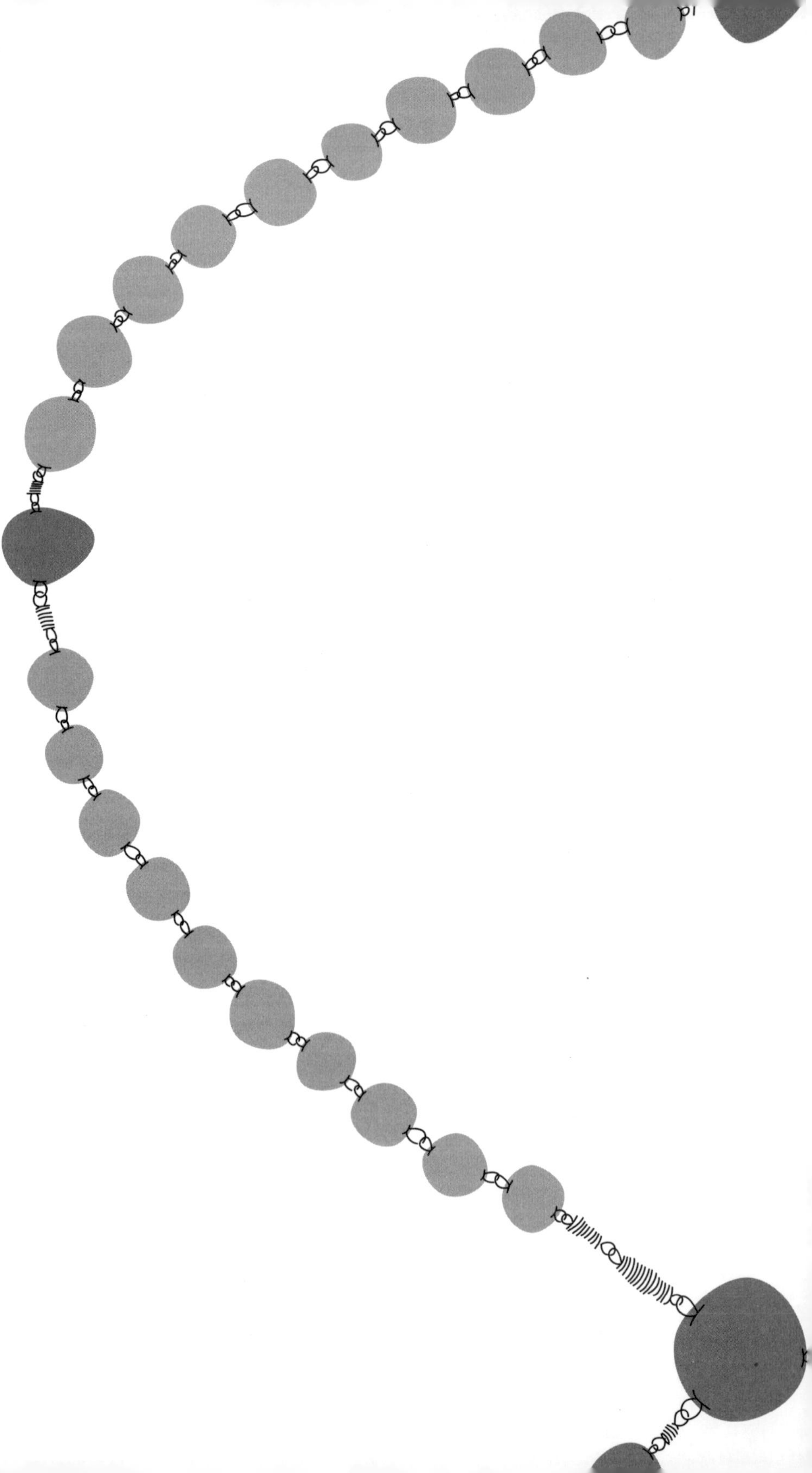

VÂNIA NORONHA

RASTROS DE ÁFRICA NO BRASIL: PRÁTICAS EDUCATIVAS NO REINADO DE NOSSA SENHORA DO ROSÁRIO

MAZZA edições

RASTROS DE ÁFRICA NO BRASIL: práticas educativas no Reinado de Nossa Senhora do Rosário

Fotos (capa e miolo)

Arquivo pessoal da autora

Revisão

Carolina Santos Magalhães da Rocha

Capa, projeto gráfico e diagramação

Casadecaba Design e Ilustração

N852r Noronha, Vânia.
Rastros de África no Brasil: práticas educativas no Reinado de Nossa Senhora do Rosário / Vânia Noronha. – Belo Horizonte: Mazza Edições, 2017.

296 p. ; 16x23 cm

ISBN: 978-85-7160-688-3

1. Educação – Cultura. 2. Imaginário. 3. Festa. 4. Nossa Senhora do Rosário. I. Título.

CDD: 370
CDU: 37

MAZZA EDIÇÕES LTDA.

Rua Bragança, 101 – Pompeia

30280-410 Belo Horizonte – MG

(31) 3481-0591

edmazza@uai.com.br

www.mazzaedicoes.com.br

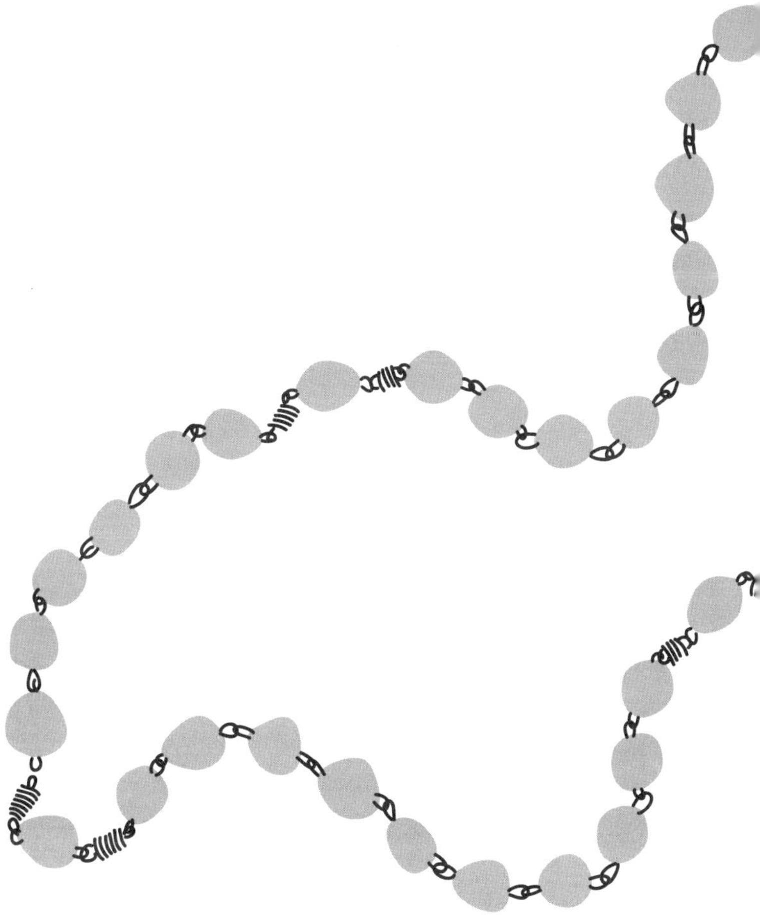

Dedico este trabalho a nossa eterna
Rainha Conga Adélia Rosalino (1920-2007)
em nome de todos os congadeiros e congadeiras,
de Belo Horizonte e do Brasil, principalmente,
àqueles que não se furtaram de lançar contas de
lágrimas em meu caminho para que eu pudesse
compor o meu próprio rosário em homenagem à
Grande-Mãe Nossa Senhora do Rosário.

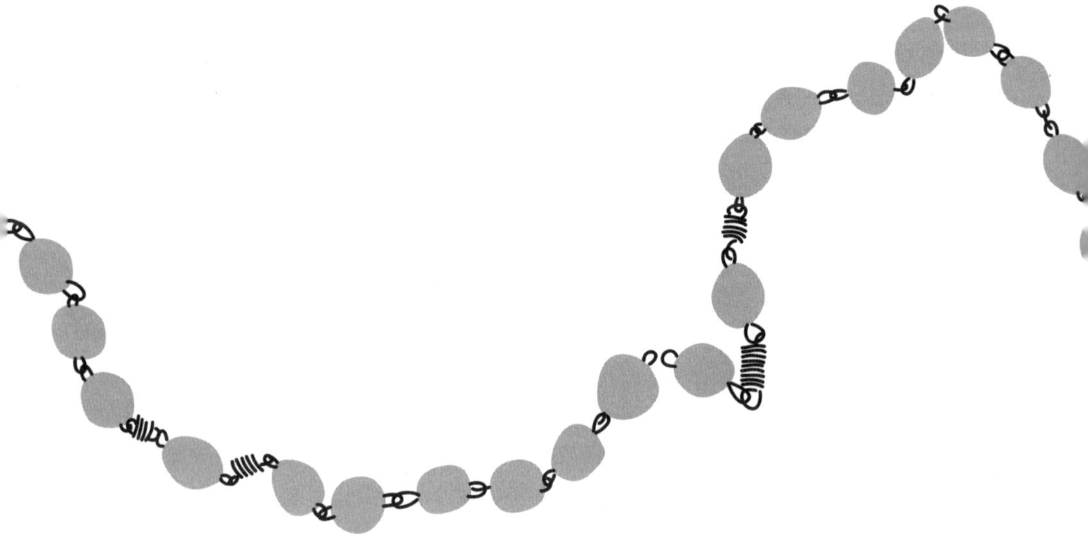

Agradecimentos

Agradeço aos congadeiros e às congadeiras que abriram os seus corações e me ensinaram com suas palavras, gestos, sentimentos, emoções e fé a compreender e a louvar o rosário de Maria. Minha gratidão às pessoas que cruzaram os meus caminhos e que de alguma forma contribuíram para a realização deste estudo e publicação, em especial, ao Paixão e Gustavo. À CAPES, pelo fomento à pesquisa, por dois anos. À Universidade Fumec por ter viabilizado a pesquisa de campo e a transcrição das entrevistas. À Prefeitura de Belo Horizonte, que, por meio da Lei Municipal de Incentivo a Cultura, pelo Edital do Descentra, viabilizaram a publicação desta obra.

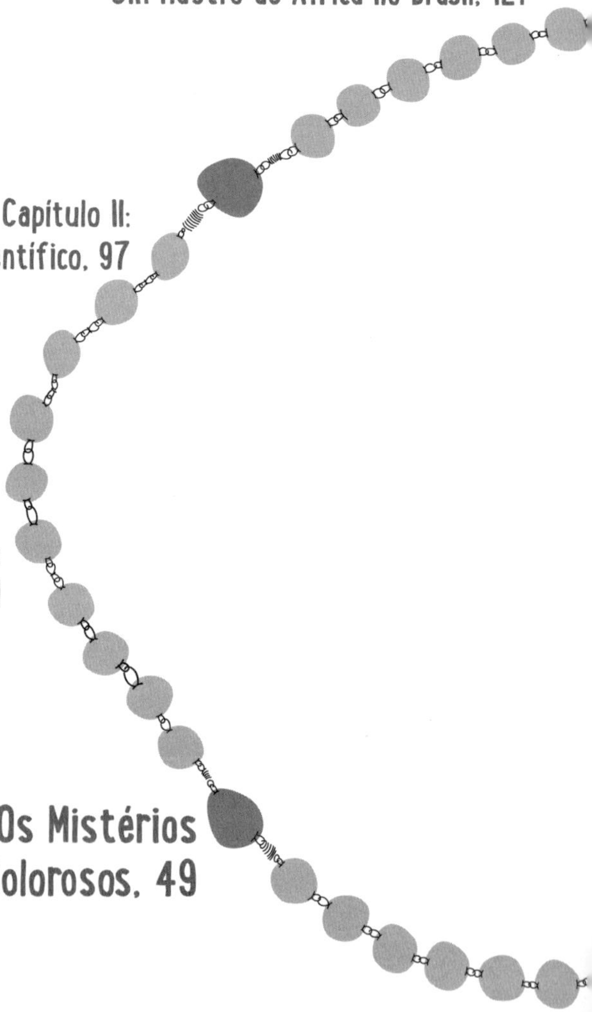

Sumário

Apresentação

É com grande prazer que apresento o livro de Vânia Noronha intitulado **"Rastros de África no Brasil: práticas educativas no Reinado de Nossa Senhora do Rosário"**, resultado de um importante trabalho de pesquisa de doutorado da autora, defendida no Programa de Pós-graduação da Faculdade de Educação da Universidade de São Paulo, na linha de pesquisa denominada "Cultura, Organização e Educação".

Na leitura de seu texto, é possível observar como a autora mostrou-se sensível à necessidade de realizar uma "mudança de olhar" relativa ao estudo do tema proposto. Atitude, aliás, que vem cada vez mais tomando forma entre pesquisadores da área de práticas e organizações culturais devido, em especial, a um sentimento de vácuo interpretativo, a uma "intuição" de que os modelos teóricos usualmente utilizados, vêm se esgotando e se tornando inadequados para explicar uma realidade cada vez mais complexa e plural. Gestados no campo de explicação do paradigma "clássico", termo utilizado por Edgar Morin, ou seja, na presunção de que a complexidade do mundo dos fenômenos pode e deve resolver-se a partir de princípios simples e de leis gerais, esses modelos não têm conseguido captar, em profundidade, a rica polifonia das relações e das práticas sociais.

Vânia Noronha tomou consciência de que esses modelos não poderiam dar conta da complexidade de seu tema de estudo – o Congado, festa dedicada ao Reinado de Nossa Senhora do Rosário –, entendido esse, nas palavras da autora, "como uma manifestação cultural desdobrada em uma prática religiosa, duplamente articulada nos campos do patente e do latente".

Nesse sentido, buscou um referencial teórico-metodológico adequado que lhe permitiu observar e interpretar essa manifestação cultural enquanto um processo simbólico-educativo que se desenvolve tanto em seus aspectos patentes, organizacionais, quanto na latência da vida cotidiana dos festeiros. Ou seja, tanto nos atos rotineiros da preparação da festa, quanto nos rituais propriamente ditos, nas comemorações. Momentos que, segundo o que podemos inferir no decorrer da leitura, permitem promover oportunidades para as pessoas não só participarem dessas atividades, como também desenvolverem sua potência criativa e sua imaginação. Mais ainda, compreenderem-se como membros de uma comunidade, na qual partilham crenças e valores.

Dessa forma, a análise dessa manifestação permitiu à autora captar a rica polifonia de expressões e práticas culturais: a letra que se une à melodia para compor a música; a prece que eleva do cotidiano comum ao divino; o ritual que não pode ser pensado sem a gestualidade, a corporeidade convergente; os papéis que cada qual deve desempenhar etc.

Entretanto, a preocupação de Vânia Noronha não foi somente a de analisar a festa propriamente dita, mas também a de se aprofundar no mito de Nossa Senhora do Rosário e no arquétipo da Grande Mãe, de modo a desvelar como, em torno desse mito, foi se constituindo um imaginário pessoal e grupal relativo aos congadeiros. Nesse sentido, valeu-se dos estudos sobre o mito propostos por Joseph Campbell, e do imaginário, segundo a teoria de Gilbert Durand.

Para penetrar no imaginário dos participantes dessa festa, Vânia Noronha ouviu histórias de vida; registrou os sons, os sabores, as danças, as vestimentas, as rezas, os rituais etc.; captou as relações de transmissão e de aprendizagem dos participantes e destes com as diversas gerações, uma prática educacional que comunga do aprender junto com o outro; observou a força e a importância da ancestralidade; e analisou as imagens míticas do Reinado que lhe permitiram, no seu dizer, investigar as modulações entre o imaginário, o mito, a festa e as práticas educativas que lhe são intrínsecas. Um rico detalhamento tratado com perícia e competência.

Enfim, a leitura deste livro leva-nos a conhecer as pessoas herdeiras da tradição do Congado na comunidade, em especial quanto à forma como se desenvolvem os vínculos afetivos e familiares que perpassam as relações entre seus membros, no tempo e no espaço, e à intensidade de sua fé em Nossa Senhora do

Rosário. E, sobretudo, uma vez que o Congado é uma festa católica típica dos negros, podemos observar como essa manifestação religiosa permite aos festeiros reconhecer-se como partícipes de um rico universo cultural, para além dos preconceitos existentes no universo social e escolar em relação às expressões da cultura popular, das práticas religiosas e da herança ancestral africana.

Para concluir, como nada é tão objetivo e racional como pretende a crença dominante na Universidade a respeito da pesquisa científica, ao eleger a festa de Nossa Senhora do Rosário como tema, participante ativa dessa festa, Vânia Noronha não pôde se furtar a desvelar seu próprio imaginário, seu próprio mito pessoal. Até porque, a partir desse "outro olhar" que não desconsidera a ordem do sensível, ao contrário, parte do princípio de sua importância fundamental na compreensão do *homo sapiens-demens-ludens-mythicus*, sabemos agora que todo processo de conhecimento, como nos diz Edgar Morin, é auto-conhecimento.

Em conclusão, este é um livro que não pode faltar no acervo bibliográfico das pessoas, porque, além da qualidade da escrita e da interpretação dos dados colhidos, instiga-nos com a propriedade, o ineditismo e a importância do tema para a compreensão de uma manifestação mítico-religiosa que, a exemplo de outras tantas manifestações populares, passa ao largo da cultura hegemônica.

Maria do Rosário Silveira Porto
Faculdade de Educação da USP

"O homem se faz ao se desfazer: não há mais do que risco, o desconhecido que volta a começar. O homem se diz ao se desdizer: no gesto de apagar o que acaba de ser dito, para que a página continue em branco. Frente à auto-consciência como repouso, como verdade, como instalação definitiva na certeza de si, prende a atenção ao que inquieta, recorda que a verdade costuma ser uma arma dos poderosos e pensa que a certeza impede a transformação. Perde-te na biblioteca. Exercita-te no escutar. Aprende a ler e a escrever de novo. Conta-te a ti mesmo a tua própria história. E queima-a logo que a tenhas escrito. Não sejas nunca de tal forma que não possas ser também de outra maneira. Recorda-te de teu futuro e caminha até a tua infância. E não perguntes quem és àquele que sabe a resposta, nem mesmo a essa parte de ti que sabe a resposta, porque a resposta poderia matar a intensidade da pergunta e o que se agita nessa intensidade. Sê tu mesmo a pergunta." (Larrossa)

Os Mistérios Gozosos

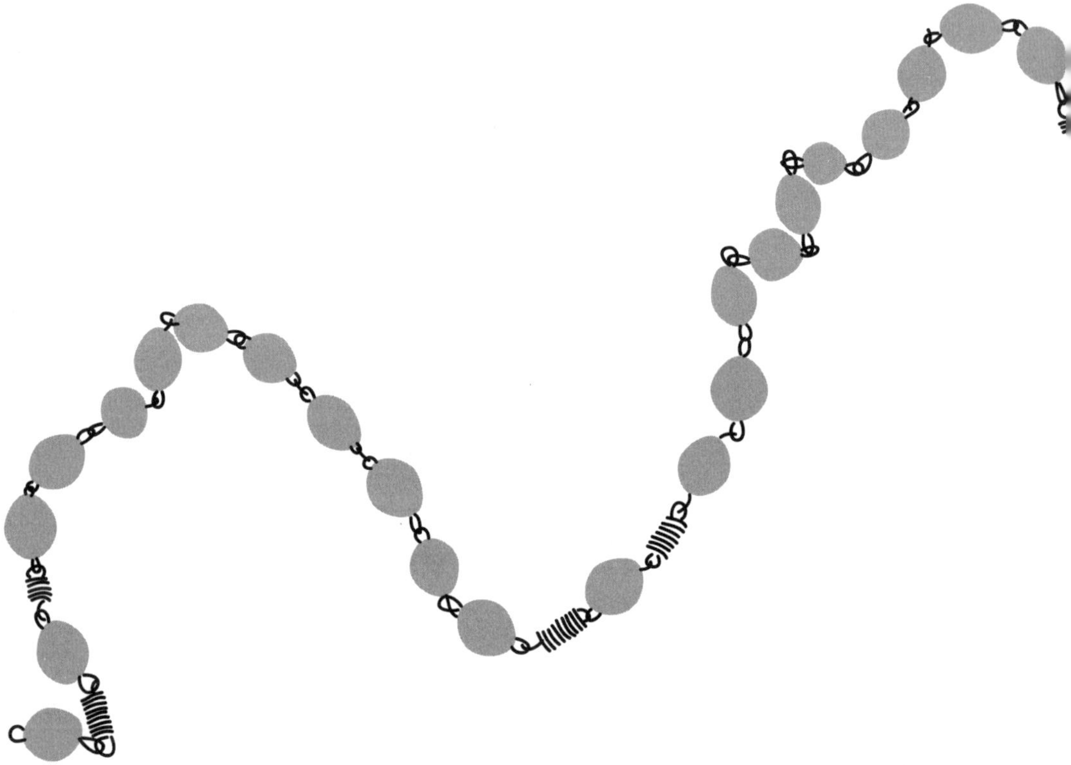

Introdução

Pré-tessitus[1]

Finalizo a leitura de "O retorno da deusa" de Edward C. Whitmont. Paro para pensar em tudo que li. De repente, meu coração bate forte e acelerado. Sou tomada por um choro compulsivo e incontrolável. O que está acontecendo comigo? Porque isso agora? O que esse choro quer me dizer?

Lembro-me das palavras iniciais do autor, informando o leitor sobre a complexidade do livro e advertindo que não era uma obra indicada àqueles que pretendiam encontrar respostas para os dilemas da vida humana. Antes, sua intenção era a de apresentar elementos para visualizarmos mudanças em nossos contextos, bem como suas resistências. Lembro-me, ainda, da contracapa do livro na qual é apontado que o mesmo se tornará, "sem dúvidas", um divisor de águas na história de nossa cultura e de nossa consciência. Considerei bastante pretensiosas essas colocações, mas me vi disposta e motivada a enfrentar o desafio. Assim, mergulhei na leitura.

Sinto agora uma mistura de prazer e de tristeza. Como alguém pôde escrever algo tão complexo, de modo tão simples? Como abordar temáticas cotidianas, sobre o que nos é tão familiar, pois dizem de nosso próprio viver, provocando-nos

[1] Essa é uma versão revista e ampliada da tese de doutoramento apresentada à Faculdade de Educação da USP, no ano de 2008, sob a orientação da professora Maria do Rosário Silveira Porto, com o título: Os festejos de Nossa Senhora do Rosário em Belo Horizonte/MG: práticas simbólicas e educativas. Disponível em http://www.teses.usp.br/teses/disponiveis/48/48134/tde-17062008-152027/pt-br.php

a cada página lida? Acabou. Há muito não lia um livro que me dissesse tanto. Talvez tenha sido necessário percorrer todo o caminho anterior...

Razão e sensibilidade.
Tentativas de sínteses.
Palavras e frases soltas.
Emociono.
E agora? O que fazer?
Choro.

***

A cena que me traz de volta ao real é também surpreendente. Eu me encontrava sozinha, perdida em mim mesma. Não aguardava ninguém. Mas o ciclo precisava completar sua volta. Pelo portão surge um carro. Família. Aconchego. O "masculino" se aproxima e percebe meus olhos ainda vermelhos. Quer saber o ocorrido. Consigo sorrir e dizer que era a alegria e a dor das descobertas. Ele, então, coloca-me nos braços e sugere um banho de piscina. Para minha surpresa, "entra" comigo nas águas, que nos recebe fresca, limpa, leve e fluida.

Equilíbrio dos opostos: masculino e feminino.
Entrega.
Proteção, conforto, alívio...
Batismo. Iniciação.

***

Por instantes, entendo que o objeto de estudos desta tese cumpriu o seu destino: levar-me ao encontro do meu próprio Graal (ou meu *daimon*, como sugere o psicanalista junguiano, James Hillman).

Meu feminino!
Meu modo de estar neste mundo.

Meu lugar como **MÃE** (Deméter)[2], filha (Perséfone); irmã (Ártemis), amante (Afrodite); esposa (Hera); professora (Atenas); dona de casa (Héstia) e tantas outras...

Meu espaço, meu poder! Minha maternagem e matriarcalidade.
O objeto se (con)funde com a vida.
O lúdico, a festa...
Eu...
Viva Nossa Senhora do Rosário!

***

Penso na escrita da tese. Concluo que escrever um trabalho científico é exercitar a reflexão. Mas que estranho! O processo: solidão, angústia e crescimento.

Divido as emoções com uma amiga que me conforta (penso que, para isso, criamos os amigos), dizendo que as elaborações, o encontro com as possíveis respostas para as questões propostas, tudo ocorre antes. O ato da escrita se torna um puro exercício de semântica e de usos dos recursos da linguagem. Concordo. O produto final é fruto do que, de algum modo, já se encontra elaborado e tratado num momento anterior.

Costumamos dizer: "está tudo na cabeça, só falta colocar no papel". Só. Como se fosse "só". Colocar no papel é também "se" colocar. Desnudar seus pensamentos. Permitir que o outro "entre" em você, em suas idiossincrasias, em seu

[2] Outra surpresa: encontro nos estudos da analista junguiana Jean Shinoda Bolen (1996) as deusas relacionadas aos "meus femininos". Coincidência? Certamente que não. Bolen trata das imagens arquetípicas femininas trazidas pelas deusas gregas que estiveram e continuam vivas em nossa imaginação, como contribuição para que, tanto as mulheres, quanto os homens, possam compreender as forças poderosas e invisíveis que influenciam o comportamento e as emoções das mulheres ao longo de sua história existencial. Segundo a autora, todas as deusas estão, potencialmente, presentes em cada mulher. Elas se diferem umas das outras e possuem igualmente traços positivos e negativos e disputam o domínio sobre a psique da mulher, fazendo com que ela necessite decidir que aspecto de si própria expressar e quando expressá-lo. Nesse sentido, a autora oferece elementos para que os desejos e as necessidades da mulher sejam vividos por meio do encontro com suas deusas interiores.

ser. Talvez, por isso, seja, para mim, tão angustiante. E o que foi elaborado, às vezes, soa para quem escreve, como algo que não é mais original, mesmo que o seja.

De novo a amiga: "escrever é mostrar a força e a fragilidade que nos faz completas em meio a tantos fragmentos, como as figuras feitas de gavetas de Salvador Dali: quais abrir, que conteúdos mostrar, para quem?... Para nós mesmas. Mais uma vez, nos abrimos em um parto doloroso que implica um renascimento".

Ouvi de uma professora que "não pensamos antes de escrever; ao contrário, escrevemos para pensar". O trabalho de escrever nos coloca diante das exigências da escola saturniana, apolínea e prometeica[3] e o seu modelo clássico de educação escolar, lugar da razão, do poder, da "petrificação, secura, frieza, onde o feminino é nitidamente ausente" (HILMAN *apud* ATIHÉ, 2006, p. 16). É um exercício do *animus* (masculino), da razão: juntar letras, palavras, escolher a melhor expressão. Mas a *poiésis*, a sensibilidade, a *anima* (feminino) insiste em se fazer presente, encontrando brechas para a vivência de voos e desafios...

Nessa "aventura da palavra", somos convocados a *lectio*, a leitura, a "abrir um livro", ato que exige "disposição para entrar no que foi aberto" (LARROSSA, 1998, p. 173). Assim, o texto que foi aberto oferece acolhida e hospitalidade. Fruição. Ambiguidade.

Ao nos permitirmos entrar nesse universo, tornamo-nos dispostos a abandonar as seguranças do mundo administrado, incluindo as que constituem a nossa própria identidade, e, nessa entrega, deslocamos para um outro mundo que "in-quieta", o interrompemos e o transformamos. Com essa reflexão, Larrossa afirma que "iniciar-se na leitura é vivenciar um movimento excêntrico, no qual o sujeito leitor abre-se à sua própria metamorfose" (p. 15). Talvez, pelo mesmo motivo, o poeta diz que "os livros não são sinceros..."[4].

Ler passa a ser um momento de garimpagem, de "recolher o que se vem dizendo para que se continue dizendo outra vez (que é outra vez a mesma e, cada

[3] Saturno era o deus romano da agricultura, que na qualidade de deus da geração ajudou a criar a civilização romana. Apolo está ligado a inteligência, sabedoria, ciência, domínio das técnicas extáticas e oraculares. Prometeu foi o deus que levou o fogo do conhecimento para os homens, sua história, pela importância nesta tese, será discutida em momento oportuno.

[4] BROWN, Carlinhos. Magamalabres. Intérprete: Marisa monte. In: MONTE, Marisa. *Barulhinho bom.*1996.

vez, outra vez)" (p. 176), de muitas maneiras, relativizando os dizeres. O ato de ler, dessa forma, "extravasa o texto e abre para o infinito" (p. 178). Estabelecemos, assim, uma relação de amizade e liberdade com o ato de ler.

Larrosa afirma que a amizade é a constituição de uma comunidade, que se torna cúmplice da leitura, uma vez que seus membros foram "mordidos e feridos por um mesmo veneno" estabelecendo, desse modo, a *philia*, uma unidade que suporta e preserva a diferença, pois, apesar de se olhar na mesma direção, o que se vê, nem sempre é igual. Cada leitor é mais um, ao mesmo tempo em que se é um, e "a liberdade da leitura está em ver o que não foi visto nem revisto. E em dizê-lo" (p. 181-182). Desse modo, a leitura conduz o texto "ao seu extremo, ao seu limite, ao espaço em branco onde se abre a possibilidade de escrever" (p. 182).

Considero a aprendizagem da leitura e da escrita (do mundo) um dos maiores desafios enfrentados, não só pela escola, mas também, por seus atores, pois:

> Ensinar a ler é produzir este deixar escrever, a possibilidade de novas palavras, de palavras pré-escritas. Porque deixar escrever não é apenas permitir escrever, dar 55permissão para escrever, mas estender e alargar o que pode ser escrito, prolongar o escrevível. A leitura torna-se assim, no escrever, uma tarefa aberta, na qual os textos lidos são despedaçados, recortados, citados, in-citados e ex-citados, traídos e transpostos, entremesclados com outras letras, outras palavras. Os textos são entremeados com outros textos. Por isso, o diálogo da leitura tem a forma de um tecido que constantemente se destece e se tece de novo, isso é, de um texto múltiplo e infinito. Enfiar-se na leitura é em-fiar-se no texto, fazer com que o trabalho trabalhe, fazer com que o texto teça, tecer novos fios, emaranhar novamente os signos, produzir novas tramas, escrever de novo ou de novo: escrever. (LARROSSA, p. 183)

Afinal, o que escrever? Que caminhos percorrer? Nesse emaranhado de ideias, como achar o ponto do novelo, o fio, como fez Ariadne na ajuda a Teseu, no combate ao Minotauro (SILVA, 2007)?

O que pretendo com esse estudo? Por que esse objeto e não outro? O que esse objeto me diz sobre eu mesma? Que respostas procuro?

***

(Re) nascimento.

O choro. O pensamento.
Emoção. Consciência.

Penso em mim.
Quem sou eu?

Nessa urdidura de fiar e "em-fiar", escrevo com o que sou, minha história de vida, meu trajeto, o que construí corporalmente, com o "coração aberto". Sim, com o coração aberto, apropriando-me, mais uma vez, de Larrossa, pois é essa ação de corar que nos permite "voltar a nós mesmos", encontrar a nossa maneira de tecer a tessitura, trans-formar.

Nesse percurso, revisito uma imagem expressa em poesia, escrita por um irmão, há tempos...

"Menina travessa,
doçura no olhar
que tudo começa
sem nada parar.
Fazendo roleta,
pirueta...
Plantando bananeira,
Matreira.
Roda, ciranda, criança!
Estudando,
(não fique séria)
para mim você é uma criança!"[5]

E mais uma, de outro irmão:

[5] Wanilton Noronha, 1982.

"Por que a arte tem o poder contínuo da transformação? Por isto é que chorar não custa nada. É a arte de (des)controlar nossas vidas e emoções. Quem não chora não sente a cor, não sente os conflitos. Por isto chorar! Faz parte do início-meio-fim. Viver é a nossa maior arte! Te contrarie: chore, chore, chore..."[6]

***

Soltando os fios...

A pessoa é para o que nasce![7] É o que nos faz crer a história das três irmãs cegas, Regina, Conceição e Maria Barbosa, que, unidas por essa característica incomum, vivem as suas vidas, cantando e tocando ganzá, em troca de esmolas nas cidades e feiras do Nordeste do Brasil. Suas vidas foram registradas num documentário, no qual se retrata o cotidiano e as estratégias adotadas por elas para cumprirem o curso da vida, presenteando o espectador com ricas lições. Eu nasci para viver, sentir e pensar o corpo.

A menina travessa se transformou em uma mulher forte, guerreira, heroica (diurna), que, finalmente, está descobrindo o seu feminino: o frágil, o trágico e o dramático (noturna), na incessante "busca do sentido da vida", como nos diz Campbell (*apud* KELEMAN, 2001, p. 99), por meio de meu corpo.

Diz Keleman que a experiência corporal é a chave para essa busca, e ainda: que o "contar histórias sintetiza e organiza os elementos da experiência numa forma corporal, que nos dá uma configuração pessoal, uma direção e, até mesmo, um senso de significado para estas vivências". Ao comungar com Campbell, ele afirma que a mitologia é uma função da biologia, pois, o que nossos corpos dizem, o funcionamento de seus órgãos e sistemas, são frutos da imaginação e estão enraizados em energias, em conflitos e em sua harmonização. Tudo isso é

[6] Walmir Noronha, 2007.

[7] Documentário cinematográfico com direção de Roberto Berliner, 2004. *A pessoa é para o que nasce!* Direção: Roberto Berliner, roteiro: Mauricio Lissovsky, produção: Jacques Cheuiche e Leonardo Domingues, 2004. (Disponível em www.apessoa.com.br, acessado em 07/12/2007.

também "assunto de que tratam os mitos" (1990, p. 25). Vale lembrar que, para Campbell (p. 24), existem duas espécies de mitologia: uma que nos relaciona com a própria natureza e com o mundo natural (biológica), do qual fazemos parte; e outra, que nos liga a uma sociedade em particular (sociológica).

Kelemanm continua dizendo que o corpo é dado e o mito, a partir dele, também o é. Assim, a "mitologia é uma canção da imaginação inspirada pela energia do corpo" (p. 25).

> Para mim, mitologia é a poética do corpo cantando a nossa verdade celular. O mito é um poema sobre a experiência de ser corporificado e sobre a nossa jornada somática. É a canção da criação, a experiência genética que organizou um jeito de cantar, dançar, pintar, contar histórias, que transmitem esta experiência aos outros (p. 17).

Para esse autor, o mito é uma maneira de se perceber os mundos interior e exterior e se torna uma história, que brota do processo corporal, para orientar a vida, contada numa linguagem específica que inventamos para nós mesmos. Assim, uma parte do organismo pode falar com outra, favorecendo a partilha de experiências com os outros. O corpo organiza a sensação que emerge do metabolismo tissular, num processo somático, que é a matriz para as histórias e imagens do mito. A esse processo dá-se o nome de consciência (p. 27). Essa história, que inventamos e contamos a nós mesmos, é a história do nosso próprio processo, ingrediente essencial para a constituição da *anima* (HILLMAN, 1984), do *self* (JUNG, 2002).

Esse processo organiza e corporifica tudo que encontramos no caminho. É a jornada heroica, que nos impele a sair do útero, a ficar em pé, a ser jovem, a lutar em busca do graal e da maturidade (CAMPBELL, 2004).

Keleman afirma que cada um de nós, corporalmente, constrói nossa história mítica. Esse autor abraça os tipos míticos constitucionais de corpo definidos por Willian Sheldon, para o qual uma pessoa que nasce com ossos e músculos fortes, um poderoso sistema nervoso e com muitos recursos para o movimento, é capaz de confrontar, caçar e suportar ações físicas típicas de um mesomorfo. Aquela que nasceu com ossos e dedos longos, que está sempre alerta, é sensitiva, planeja futuros e compreende situações de antemão, é o ectomorfo. Pessoas que possuem ventre arredondado, que gostam de se reunir com outros, são lentas nos movimentos, têm pernas curtas e são persistentes, possuem características do endomorfo. Cada um de nós pode combinar os três tipos míticos e a maneira como a pessoa corporifica sua forma determina seu modo de estar vivo no mundo.

Nesse processo de constituição do *self*, vale ressaltar o tipo mítico endomórfico, fundado em nossa primeira experiência corporal, pois, todos nós crescemos no ventre de nossas mães. É dessa camada do corpo que nascem os mitos da criação, da Terra e da Grande-Mãe (KELEMAN, p. 35).

Chego, assim, ao ponto de partida, urobórico e recursivo, portanto, também de chegada, desse estudo: o mito de Nossa Senhora do Rosário, ou o mito da Grande-Mãe. Só agora compreendo que é o objeto de pesquisa que procura o pesquisador e não o contrário. Diz Bachelard (1978) que o processo de escrita é mesmo catártico. Eu diria que o "novo" espírito científico, também assinalado por esse autor, é que nos proporciona, antes de tudo, esse encontro de nós mesmos com todos os riscos e conflitos, que possam, a partir deste, surgir.

Ao assumir que o mito, como nos diz Keleman, é um contar histórias, uma expressão direta das experiências e dos processos de corporificação, estejamos conscientes disso ou não, e que, ao fazê-lo, é sobre nosso próprio processo que estaremos escrevendo, então, só me resta esticar os fios...

...apresentando o meu trajeto antropo-(mito)-lógico

Desde criança, meu corpo-movimento (liberdade e alegria) conduzia-me para a graduação em Educação Física. Contrariamente ao que se pretendia para a formação do professor dessa disciplina naquele momento, assumi no contexto da educação formal, transitando pelo Ensino Fundamental e Médio (basicamente na rede pública de Belo Horizonte), a opção pela crítica ao modelo tecnicista-esportivista em vigor. Vi e vivi na e pela educação uma luta militante, por uma sociedade mais justa e contra as injustiças sociais, num momento de transição política e de acalorado debate político, social e educacional.

Durante a realização do mestrado em educação fui convidada a coordenar a equipe de profissionais da Educação Física, num curso de formação de professores-indígenas, realizado pela Secretaria de Estado da Educação de Minas Gerais, em convênio com a UFMG, o Instituto Estadual de Florestas, a Fundação Nacional do Índio e as comunidades indígenas Maxakali, Pataxó, Krenak e Xacriabá.

O contato com esses novos sujeitos e culturas abriu outro universo e permitiu o desenvolvimento de pesquisa com a comunidade indígena Maxakali onde investiguei os significados que seus integrantes imprimem a jogos e brincadeiras (ALVES, 2003). Dessa forma, aproximei-me da teoria antropológica, de sua metodologia de pesquisa, inserindo-me num contexto, ao mesmo tempo novo, desafiador e fascinante. Lembro-me que a opção por esse estudo assustou muitas pessoas, uma vez que toda a trajetória profissional que eu havia traçado, até aquele momento, mostrava um envolvimento com a Educação Física, em seu âmbito escolar. Considerei o distanciamento da escola fundamental para que ampliasse o meu olhar sobre a própria Educação, a Educação Física e o Lazer, tendo encontrado no campo da antropologia grandes possibilidades de interfaces, diálogos e contribuições.

Hoje, reconheço que essa experiência cumpriu um importante percurso mítico na minha jornada heroica em busca do meu próprio *self*. Nesse jogo de alteridade, ao tentar compreender o outro (índio), me vi (eu e minha sociedade) com outras lentes.

O processo de metamorfose de condução a si mesmo é lento, ininterrupto, com idas e vindas, (in)conscientes e, na maioria das vezes, incompreensíveis. Larrossa, apoiado em Nietzche, afirma que:

> Não há um caminho traçado de antemão que bastasse segui-lo, sem desviar-se, para se chegar a ser o que se é. O itinerário que leve a um "si mesmo" está para ser inventado, de uma maneira sempre singular, e não se pode evitar nem as incertezas nem os desvios sinuosos (p. 10).

Após a conclusão do mestrado em educação, passei a atuar em cursos de graduação (Educação Física, Pedagogia, Normal Superior e Turismo) e especialização (Educação Física Escolar e Lazer). Posso dizer que as produções teóricas, tendo como pano de fundo o jogo e o lúdico, bem como os desejos do meu corpo-brincante, conduziam à necessidade de compreender o fenômeno social "festa".

A leitura do clássico *Homo Ludens* de Huizinga (1980) há muito me sinalizava a estreita relação entre o jogo e a festa, ambos anteriores à própria cultura e capazes de exercer uma função social e um fascínio na vida do ser humano. Ambos, considerados pelo autor, como uma atividade livre, conscientemente tomada como não-séria e exterior a vida habitual, mas, ao mesmo tempo, capaz de absorver quem participa de maneira intensa e total. Atividades inúteis, pois, desligadas de todo e qualquer interesse material, com a qual não se pode obter qualquer lucro, a não ser a própria vivência. Praticadas dentro de limites espaciais e temporais próprios, dentro de certa ordem e regras, capazes de promover a formação de grupos sociais, que se tornam cúmplices pelos segredos que a ação possibilita, sublinhando suas diferenças em relação aos outros grupos. A luta por alguma coisa ou a representação de alguma coisa são as duas funções básicas, presentes nesses momentos de vivência do lúdico, de extravasar da vida real e do cotidiano.

Vale destacar a afirmação do autor sobre as grandes atividades arquetípicas da sociedade humana que, segundo ele, são desde o início, marcadas pelo jogo. O homem, brincando com os sons e as palavras, criou a linguagem e a fala, dando expressão à vida e criando o mundo poético ao lado do da natureza. Também o mito, forma que o homem primitivo procurou para dar conta do mundo dos fenômenos, atribuindo a esses um fundamento divino, é um jogo entre a brincadeira e a seriedade, representadas pelo culto. As sociedades primitivas "celebram seus ritos sagrados, seus sacrifícios, consagrações e mistérios com o fim de assegurar a tranquilidade do mundo, dentro de um espírito de puro jogo" (p. 7).

As ideias de Huizinga são atuais, uma vez que nossos modos de festejar em muito se assemelham aos das sociedades primitivas, daí podermos afirmar que essas atividades são mesmo arquetípicas. Reflexões como essas só aumentavam o meu interesse pelo tema.

A festa "acompanhada em toda sua duração por banquetes, festins e toda espécie de extravagâncias" (HUIZINGA, p. 25) explode, eclode, traz "a vida psíquica em sua totalidade que nenhuma ideologia pode ocultar" (DUVIGNAUD, 1983, p. 25), tornando impossível não a viver e mesmo esquecê-la. O que dizer de um país, onde, como nos lembra Rita Amaral (1998), "tudo acaba em festa"?

Foi assim que percebi, como nos diz Léa Perez (2002), que a festa é uma presença marcante na vida dos sujeitos e das comunidades, inclusive na minha.

Eu, festeira por natureza, me vi impelida a compreender as nuances que envolvem essa importante dimensão da vida, tanto individual quanto coletiva.

A aproximação aos debates relativos à antropologia da festa me possibilitou perceber que ela é um dos inúmeros fenômenos que nos remete a pensar tanto na subjetividade, quanto na complexidade da vida social. Pude aprofundar no diálogo com Huizinga tendo como referência as teorias clássicas (Durkheim, Mauss, Callois e Bataille, entre outros), que destacam suas funções expressivas e recreativas, de efervescência coletiva, de relação com o sagrado, com o cotidiano, com a tentativa de regeneração moral e social e com a afirmação da ordem vigente. Entretanto, foram as teorias contemporâneas, principalmente, as de Jean Duvignaud que me trouxeram novos elementos de análises sobre a vida, em diálogos constantes com teorias pós-modernas e com a realidade. Esse autor considera a festa como um fenômeno presente no campo do imaginário, do simbólico, do possível, aberta às possibilidades das experiências humanas, nos mais diferentes contextos sociais. Essa forma de entender a festa sempre me provocou.

Os diálogos com Perez contribuíram para que eu encontrasse, na literatura antropológica, a festa como "uma presença paradoxal: uma espécie de hóspede não convidado, que irrompe porta adentro, trazendo, aliás, como é próprio da festa, a des-ordem e a con-fusão, de modo a não se saber muito bem o que fazer com ela, como tratá-la" (p. 16). Segundo a autora, a antropologia não atribui à festa o estatuto de objeto analítico, pois, quase sempre, ela é vista como mera ilustração de excentricidades da vida social, como elemento descritivo de rituais, ou como folclore.

Os estudos sobre a festa gravitam em torno da compreensão da identidade nacional, seus usos e costumes, hierarquias sociais, relações mercadológicas, práticas de lazer, formas de socialidade, espetacularização, o corpo e sua gestualidade, os cantos e danças, as relações com o turismo. No campo multidisciplinar do lazer, a abordagem ainda é muito recente. Mesmo com o aumento de pesquisas e publicações sobre o tema, percebe-se que o diálogo tem se dado de forma indireta. A festa não tem sido o objeto central das pesquisas, pois se revela como um assunto secundário, estudado não pela intencionalidade do pesquisador, mas pela força que adquire dentro de outros contextos investigados (ROSA, 2004). Assim, mais do que descrever as festas como opção de lazer das pessoas e das comunidades, é preciso compreender o que ela possibilita para a experiência humana. O desafio posto, não só para as Ciências Sociais, mas para todos que pretendem estudar a festa (como um fenômeno em si), é pensar na sua *epistheme*, pois, como diz Perez (2002), "a festa não é somente boa para dela se participar, é também boa para pensar, pensar os fundamentos do vínculo coletivo, o que faz a sociedade" (p. 18).

É ainda essa autora quem nos lembra que o próprio termo festa é polissêmico, genérico e generalizante. A festa pode possuir um sentido para determinada pessoa, para o grupo e outro, totalmente diferente, para um terceiro. Torna-se, assim, difícil e complexo definir seu campo enunciativo, pois ele é bastante amplo. A festa não vai ser a mesma nem para os sujeitos que dela participam nem para quem deseja estudá-la (PEREZ, 2002). E completa que ela não possui sentido único, se é que precisa ter algum sentido. "A festa 'são' muitas!!!" (notas de aulas, 2006).

Imbuída desses pensamentos, aceitei a provocação de Jean Duvignaud, quando pergunta:

> Quem escreverá o estudo desses atos sem finalidade [a festa], que não ficam restritos a normas, mas que ocupam um lugar imenso no curso da vida dos homens, envolvendo o que chamamos de "história", de uma trama sem a qual a história não passaria de jogo de marionetes?... (DUVIGNAUD, 1983, p. 60).

E ainda, o desafio de Perez (2004), quando esta afirma que a festa não é um simples produto da vida social, tampouco um fator de reprodução da ordem estabelecida. Tal como o princípio da reciprocidade, a festa é o ato mesmo de produção da vida. Por isto, mais do que descrever a festa, como usualmente se faz, um dos caminhos possíveis é o da busca de sua compreensão e apreensão.

A transposição da descoberta teórica para a prática investigativa se deu por um "desvio sinuoso", de que fala Larrossa, no percurso. Posso dizer que fui escolhida por esse objeto de estudo, muito mais do que eu mesma o escolhi.

Tenho lembranças dessa manifestação, desde a infância. Recordo-me de minha mãe chamando a mim e aos outros irmãos para assistirmos ao cortejo de reis, rainhas e tambores. Lembro-me de que alguns irmãos tinham medo das pessoas "fantasiadas" e escondiam-se debaixo da cama. Eu acompanhava, com deslumbramento e curiosidade, danças, cantos, procissões, andores de santos, ao som das batidas dos tambores e da mistura de cheiros e cores.

Com a mudança de residência de uma rua para a outra, por muito tempo, deixei de acompanhar os festejos. Eles não faziam mais parte do meu universo, e eu nem mesmo imaginava que ainda aconteciam. Anos mais tarde, já adulta, uma amiga me leva de volta à manifestação. Por meio de nossas conversas, fui estabelecendo uma nova relação com a mesma. Atualmente, acompanho os festejos das três Guardas, que, em vários momentos, ao longo do ano, modificam a dinâmica cotidiana do bairro, com suas festas, ocupando ruas e avenidas. Desse modo, elas envolvem a comunidade que assiste dos muros, esquinas e janelas, à bonita manifestação do corpo negro que ali, como em várias regiões da cidade, insistem em se expressar.

Em 2003, eu e meu marido fomos observados ao longo de todo o dia numa festa "de santo" no interior do Estado por uma senhora que nos convidou para sermos os reis festeiros daquele ano da Guarda[8] do nosso bairro. Naquele momento, inexplicavelmente, fui abatida por um choro (o primeiro a me causar espanto e estranheza, pois, poucas vezes isso havia ocorrido em minha vida) e eu pude dizer que ela nem imaginava o que aquele convite significava para mim. Intuitivamente, senti que estava diante de um precioso objeto de estudo, mas ainda não possuía consciência do que esse objeto provocaria em minha vida daí por diante.

Assumimos o compromisso de sermos os festeiros, sem entender o que, efetivamente, isso significava, pois, até então, fazíamos parte do contingente que participava da festa apenas assistindo-a. Vivenciar todo o ciclo de homenagens a Nossa Senhora do Rosário, desde a coroação como Rei e Rainha (maio/2003), seu ápice com a festa (outubro/2003) e a entrega de coroas (maio/2004), foi uma experiência ímpar, rica, prazerosa, incompreensível. Conhecemos pessoas que conosco conviviam, próximas geograficamente e, ao mesmo tempo, distantes e diferentes, no que diz respeito às crenças, condições socioeconômicas, modo de viver, festejar etc. Familiarizar com esse grupo social permitiu a inserção num campo de conhecimentos extremamente novo para mim, que, mesmo identifi-

[8] Nome dado aos vários grupos que vivem a manifestação do Congado. São também chamados de ternos ou bandas de congo.

cando-o com a cultura negra, como muitos brasileiros, eu apresentava um profundo desconhecimento de seus contextos.

Minha curiosidade de pesquisadora permitiu que uma infinidade de questões fossem suscitadas. Algumas delas foram respondidas por integrantes do grupo, durante a experiência como Rainha, outras passaram a me acompanhar, transformando-se em objeto de estudo deste trabalho. Intrigava-me pensar: como uma manifestação podia existir por tanto tempo, numa grande metrópole como a nossa? O que a mantém viva? Que significados possuem a manifestação? Quais são e o que significam os rituais e seus símbolos? Quem são aquelas pessoas que, "entra ano, sai ano", estão ali expressando a sua religiosidade? Como são transmitidos os ensinamentos e os valores da manifestação para os mais jovens? Como festejavam o Reinado tempos atrás? Quais as mudanças e as permanências presentes na manifestação?

A experiência religiosa vivida, como Rainha, afetou-me, sobremaneira, em relação às questões teóricas, que vinha realizando sobre a festa. Pensava eu, naquele momento, que tal afetação se daria, apenas, em relação à festa, mas, sem que me desse conta, fui, também, sendo afetada pela Santa, tornando-me mais uma de suas devotas.

Numa intervenção como formadora de professoras e professores na Rede Municipal de Ensino de Belo Horizonte, após a experiência com a festa do Congado, visitei uma escola e encontrei uma mulher negra, que conheci nos festejos. Na escola, ela exercia a função de serviços gerais, sendo uma das responsáveis pela limpeza e pelas tarefas na cantina. Na Guarda de Congado, ela possuía os principais cargos, era a Rainha Conga, a presidente e, ainda, a Capitã, sendo sua função a de liderar e conduzir o grupo, transmitindo-lhe os fundamentos da manifestação religiosa, além de ajudar na organização da festa.

Indaguei à senhora se as crianças da sua Guarda estudavam naquela escola e ela me respondeu positivamente. Perguntei, ainda, em que momento o Congado se fazia presente no currículo. Ela me respondeu, com certo pesar, que, quase sempre, a Guarda era convidada para fazer uma apresentação no dia do folclore, nada mais do que isso. Ela relatou que se sentia incomodada com isso, pois não considerava o Congado uma manifestação folclórica.

Naquele momento, fiquei pensando na riqueza da manifestação e nas inúmeras possibilidades de conhecimentos sobre a formação do povo brasileiro, nossa cultura, história, ancestralidade[9], que poderiam ser explorados pelos currículos escolares, contribuindo para uma formação mais humana de toda nossa sociedade.

Essas situações foram definidoras para que eu abrisse mão, temporariamente, dos estudos com as comunidades indígenas, optando por investigar as comunidades negras, outro grupo social que, infelizmente, ainda sofre com as injustiças sociais presentes em nosso país. Pude perceber que não é necessário deslocar 800 quilômetros, como fiz no mestrado, para pesquisar sobre a cultura de um grupo e sobre nós mesmos. A Antropologia Urbana[10] tem mostrado que, em nosso próprio universo, encontramos enriquecedoras experiências, que possibilitam desenvolver o princípio epistemológico dessa ciência da alteridade, podendo o objeto de análise estar bem do nosso lado e dele, inclusive, fazermos parte (MAGNANI, 2000). Foi a partir dessas ideias e, ainda, com o propósito de estudar questões relacionadas a presença das mulheres no Congado, que iniciei o doutoramento na Faculdade de Educação da USP.

Fazia sentido, então, investigar uma manifestação como esta, dando visibilidade à "fala do silêncio", como nos diz Carlos Rodrigues Brandão (*apud* MEYER, 1998), pois, mesmo sendo grande o número de pessoas envolvidas nessas manifestações culturais, ela ainda é timidamente ouvida pela sociedade. É curioso perceber que, de acordo com o senso comum, algumas manifestações culturais dos negros e negras estão sempre associadas às cidades do interior, ou a localidades pobres que mantêm a tradição folclórica: gente simples, sem acesso a estudos. As pessoas se assustam quando tomam conhecimento, no caso de Belo Horizonte, de manifestações de um catolicismo negro, como o Congado, espalhado por toda a região metropolitana, inclusive a poucos quilômetros do seu centro comercial.

[9] Ancestralidade não é o culto ao passado e, sim, aquilo que rejuvenesce, nos alimenta, impulsiona, referencia. (Notas de aula, 2004. Professor Marcos Ferreira Santos, disciplina "Mithohermenêutica da arte: ancestralidade & criação", FEUSP).

[10] Na Antropologia Urbana, Magnani (2000) foi um dos autores que me fez entender quando o campo é a cidade. Outros como Velho (1967), Canclini, (1997), Canevacci (1993), Mafessoli (1987) se destacam nessa vertente antropológica, na tentativa de compreender o contexto urbano, globalizado e complexo.

Nossa capital é uma cidade com pouco mais de 100 anos e foi planejada para ser o símbolo da modernidade no país. Dentro de seu projeto inicial foi prevista a construção de bairros residenciais, destinados à moradia da população negra, dos trabalhadores assalariados e de baixa renda, quase sempre oriundos do interior do Estado, às margens do anel que contornaria o centro político e financeiro da cidade. Foi exatamente "fora do anel da Avenida do Contorno" que, por volta da década de 1930, as manifestações do Congado ganharam vida[11].

Existem hoje cerca de 300 Guardas, filiadas ao Centro de Tradições do Rosário (CETTRO), antiga Federação dos Congados de Nossa Senhora do Rosário de Minas Gerais. Só na região metropolitana de Belo Horizonte, aproxima-se de 50 o número de grupos. A Secretaria Municipal de Cultura da Prefeitura de Belo Horizonte, em seu *site* oficial, disponibilizou, no ano de 2006, um mapeamento das Guardas de Congado. Em apenas uma, dentre as nove regionais da cidade, não houve registro de grupos, sendo a Regional Noroeste (onde resido) a que contabiliza o maior número de Guardas. Ainda não existe uma estimativa do número de pessoas devotas de Nossa Senhora do Rosário na cidade, mas, certamente, ele vem aumentando a cada ano. Esses dados me provocavam a indagar: quais os fatores que contribuíram (ou vêm contribuindo) para a manutenção e o crescimento desta manifestação em nossa cidade? A que fenômeno deve-se atribuir esse movimento?

O catolicismo está na base da formação brasileira, faz parte de nossa herança medieval portuguesa. Não há como entender o nosso Estado sem considerar essa tradição religiosa, assumida em sua forma primeira, que se torna híbrida, uma vez que sincretizada pela população negra. Nesse sentido, chamou minha atenção a fala de um padre que celebrava uma missa conga[12] da qual participei, dizendo: "O Congado é o evangelho de Jesus Cristo vivo. Precisamos aprender com estas pessoas lições de fé e de humildade. Viva o Congado"[13].

[11] Segundo depoimentos de Adélia Rosalino, em meados da década de 1930, existia na capital Belo Horizonte apenas três grupos organizados de Congado (2006).

[12] Missa dos "negros" do Congado que rezam cantando e dançando, seguindo os ritmos de seus tambores.

[13] Padre Tarcísio, pároco da cidade de Conceição do Mato Dentro/MG, em visita à festa da Irmandade dos Ciríacos, 2006.

Podemos afirmar que a dinamicidade da cultura tem provocado significativas mudanças na manifestação em questão, as quais, paradoxalmente, têm despertado, cada vez mais, interesse nas pessoas em conhecê-la. Encabeçado por artistas, quase todos músicos, temos assistido, recentemente, um movimento pelo reconhecimento do Congado como uma das identidades[14] do povo belorizontino, principalmente, pelas contribuições para os ritmos dos tambores e para divulgação da cultura da cidade e do Estado. Dessa forma, vários grupos vêm participando de eventos culturais. Esse fato nos remete à velha e cara discussão sobre a tradição e a modernidade (VILARINO, 2006). Será que o Congado perdeu sua tradição com a influência da sociedade do espetáculo? O que mudou? O que permanece? O que pensam os congadeiros sobre essa espetacularização (ALVES; SOARES, 2005)? Essa discussão é extremamente procedente, numa época em que a sociedade, cada vez mais, se racionaliza e, em consequência, vê, com indiferença, o enfraquecimento de seus mitos de origem.

Diante de tantas indagações sobre essa manifestação, desenvolver uma pesquisa dessa natureza, num Programa de Pós-Graduação em Educação, significou trazer novos elementos para o entendimento sobre nós mesmos, sobre a vida em sociedade e, ainda, contribuir para que o universo escolar possa compreender – e nutrir-se – de um pouco mais da *História e cultura afro-brasileira*, temática que se tornou obrigatória nos currículos escolares pela Lei Federal 10.639/03, mas que, se tratada apenas oficial e burocraticamente, pouco contribuirá para o entendimento de como se constituiu o *ethos* brasileiro.

Investigar as práticas simbólicas que se estabelecem no interior da manifestação do Congado, como elas se constituem e se relacionam com a vida social e cotidiana dos congadeiros, certamente, possibilitou adentrar em um universo simbólico educativo, contribuindo, como nos diz Maria do Rosário Silveira Porto (1994), para construir um caminho que possibilitará uma con-

[14] Veremos ao longo deste trabalho que a identidade presente no Congado não é aquela baseada no *leitmotiv* do igual que se torna diferente e que por isso, precisa ser aceito, tolerado e necessita de ações (principalmente políticas) que o incluam na sociedade. Supõe-se, nesse caso, que o diferente é excluído, desintegrado. Estarei considerando a identidade como um elemento que traduz uma unidade, a partir da pluralidade e da diversidade presente nos vários grupos de Congado da cidade. É uma unidade que integra uma identidade que é diferença na presença.

cepção ampliada de educação, por propiciar e, até estimular, novas formas de organizacionalidade.

***

Para dar continuidade a esse meu trajeto antropo-(mito)-lógico, falta situar como o mito da Grande-Mãe foi ganhando força e proporção nesse estudo, na medida em que eu mergulhava na "aventura da palavra" e, heuristicamente, porque não dizer, terapeuticamente, foi me dizendo sobre mim mesma, possibilitando valiosas descobertas tanto no campo científico, como no pessoal. Desenrolando os fios de Ariadne, fui me conduzindo nessa trilha e me permitindo juntar e "em-fiar" as contas para a confecção do meu rosário e, ainda, para a construção da ermida que dedicarei à Nossa Senhora do Rosário, como produto final, satisfazendo também às exigências do processo acadêmico.

Delimitando o problema: nos fios, os nós e as contas esparramadas

Foi determinante na delimitação do problema a ser investigado, a disciplina cursada no Programa de Pós-Graduação da FEUSP, em 2004, que tratou da "Mitohermenêutica da arte: ancestralidade & criação". Nesta disciplina aproximei-me dos estudos sobre o imaginário, o mito e os símbolos, bem como das principais correntes teóricas que os fundamentam (Jung, Campbell, Eliade, Bachelard, Durand, Morin, Paula Carvalho, Teixeira, Porto, Ferreira Santos etc.), encontrando uma profícua aproximação desse referencial teórico, com os estudos que vinha desenvolvendo sobre a festa, principalmente em Duvignaud, expoente das teorias contemporâneas sobre a temática. Considerei, naquele momento, que um diálogo entre a antropologia do imaginário e a antropologia da festa poderia ser enriquecido, tendo o Reinado de Nossa Senhora do Rosário como pano de fundo.

O Reinado (também chamado de reisado, Congado ou congadas) é uma manifestação católica, típica dos negros, popular e importante em nosso Estado, tanto no interior, quanto na capital. Apesar de serem usados como sinônimos existem diferenças entre o Reinado e o Congado. É a Rainha Conga D. Bela, da Guarda de Moçambique Nossa Senhora do Rosário São João Batista, quem nos explica a diferença:

> *O Reinado tem muito fundamento, tem um mandamento muito fino, porque o Reinado tem Guardas de todas as nações, tem candombe, moçambique, Congado, quatro pé* [catopé], *marujos, vilão*[15]. *Nós não temos Reinado, temos uma Guarda de Nossa Senhora do Rosário, porque pra falar um Reinado é muita coisa.* ***Nós temos uma pontinha do reinado de Maria.*** *Falar Reinado é uma coisa muito especial, muito grande. Nós temos Guardas, de candombe, de moçambique, Congado, quatro pé* (catopé), *marujos, que a gente chama de marujada, vilão e aquela de índios, que veste de penas* [são os caboclinhos]. *Junta isso tudo pra formar o Reinado. Num tem Reinado em Belo Horizonte, nós tem é Guarda* (2007) (Explicações e grifos meus).

Completa o Capitão Dirceu:

> *Reinado. Mas justamente assim, o Moçambique, todos nasceram na África, mas o Moçambique nasceu na cidade de Moçambique, o Congo nasceu do Congo né, o Catopé nasceu em outro lugar em Guiné, então quer dizer, daí em diante, então eles colocaram o nome de Congado, o que mais fala era o Congo, então colocaram o nome de Congado, então 'ocê chega na cidade de Aparecida do Norte principalmente todos lugares que eles falam é Congada, nem Congado não é, é Congada. Então prá eles tudo é uma coisa só, se perguntar pra alguém deles lá o que é Moçambique, o que é Congo, o que é Catopé, eles não sabem, então tudo pra eles é o Congado, então se junta numa palavra só, resume né. Faz assim: Cristo colocou lá dez mandamentos, depois pos dois e falou os dois responde pelos dez. Então o Congado quer dizer tudo, o Moçambique, Congo, Catopé, Marujo. Tudo é o Congado.* (2006)

Reinado ou Congado é o termo mais abrangente, que define um ciclo anual de festas em devoção a Nossa Senhora do Rosário e aos Santos Pretos,

[15] Além destes, existia ainda na família congadeira, os Cavaleiros de São Jorge, compondo os sete grupos do Reinado, segundo Saul Martins (1982), folclorista mineiro. Em Belo Horizonte, não encontramos registros desses grupos. Também o catopé, os marujos e o vilão só serão vistos no interior do Estado.

principalmente, São Benedito e Santa Efigênia. Envolve a realização de novenas, levantamento de mastros e bandeiras, procissões, cortejos solenes, coroações de reis e rainhas, cumprimento de promessas, leilões, cantos, danças, banquetes coletivos. Os festejos apresentam uma estrutura organizacional complexa, em que é possível identificar aspectos simbólicos e significantes, representando o legado de nações africanas e seus reinos sagrados em nosso país.

Ao realizar o estado da arte sobre o Congado, e, principalmente, sobre suas festas, no sentido de definir as questões mobilizadoras desse estudo, percebi que minhas perguntas iniciais conduziam-me para um estudo da "festa-fato", termo cunhado por Perez (2004). Segundo a autora, quer dizer a "festa **em** perspectiva" (grifo da autora), voltada para a descrição de seus rituais, estrutura, organização e finalidade para os grupos, ou seja, o "fato festivo". Entretanto, considerei que não bastava identificar e descrever a festa-fato, pois ela (a festa, em seu sentido mais amplo) nos oferece infinitas possibilidades para pensarmos sobre quem somos nós, como vivemos, nos relacionamos, construímos nossos referenciais culturais, o imaginário, nossa religiosidade. Segundo Perez, é impossível falar de festa sem religião (notas de aula, 2004). Desse modo, ampliei meu olhar sobre o fenômeno, direcionando-me para o estudo da "festa-questão", que, para Perez, seria perceber a "festa **como** perspectiva" (grifo da autora), ou como possibilidade de compreensão da vida em coletividade, o seu "mecanismo festivo". Segundo Perez:

> Para que se constitua uma antropologia da festa, que se substitua aos estudos antropológicos das festas, ou seja, que se passe da festa em perspectiva para a festa como perspectiva é preciso separar o fato festivo do mecanismo festivo. O fato festivo (leia-se as festas instituídas) não se confunde e não se sobrepõe ao mecanismo festivo. A desconstrução/desrealização do real instituído e a decorrente abertura para o imaginário, isto é, o não instituído, operação fundamental realizada pelo mecanismo festivo, é uma virtualidade que pode ou não eclodir no interior das festas instituídas (p. 16).

A festa (ou as festas, uma vez que ocorrem várias dentro de uma mesma) dedicada à Nossa Senhora do Rosário e aos Santos Pretos são estruturas simbólicas complexas (MARTINS, 1997) e constitui-se como uma importante dimensão da vida coletiva, que nos diz de nós mesmos, da nossa sociedade, das relações que as pessoas estabelecem entre os grupos, com o mito, com o sagrado, com o simbólico, com a ancestralidade, com a história etc.

Muitos estudos foram desenvolvidos sobre a temática e, recentemente, tem crescido o interesse dos pesquisadores pela manifestação. Gomes e Pereira (2003) afirmam que a compreensão do Congado e do candombe pode revelar vertentes da cultura afro-brasileira em diálogo com heranças africanas em outros países da América Latina como Argentina, Uruguai, Peru e Cuba, países onde se implantou o regime escravista e as populações de origem banto foram exploradas.

O Congo, Congado ou Congadas foi disseminado em várias regiões do Brasil, como Pernambuco, Bahia, Minas Gerais, Goiás, Rio Grande do Sul, Rio de Janeiro, desde o início da colonização. O primeiro registro que se tem dessa manifestação popular é uma carta datada de 1552, na qual o jesuíta Antônio Pires refere-se à participação dos negros em Pernambuco, já organizados em Confraria do Rosário (LUCAS, 2002).

Por ocasião do deslocamento de escravos das lavouras de café para a extração de ouro em Minas Gerais, principalmente, na antiga capital Vila Rica, no século XVIII, a reza do rosário e a devoção a Nossa Senhora do Rosário e aos santos pretos, São Benedito e Santa Efigênia, estruturou-se vinculada às Irmandades, Confrarias e Ordens Terceiras. A criação da Irmandade de Nossa Senhora do Rosário data de 1711, num registro feito por André João Antonil, relatando o costume dos negros de criarem reis, juízes e juízas nas festas aos santos (MELLO E SOUZA, 2002). Suponho que este tenha sido uma cópia da organização dos colonizadores, que exerciam atração sobre eles, ou ainda, uma adaptação de sua própria cultura, na qual tais "cargos" deveriam existir, provavelmente, com as mesmas funções, porém não com a mesma significação que a Lei e o Direito ocidentais lhe atribuem. De qualquer maneira este já era um modo de representar o "poder".

Outro registro é a história de Chico Rei, antigo rei africano que teria vindo como escravo para Vila Rica, no século XVIII. Após conquistar sua liberdade e ajudar na alforria de outros escravos, constrói, no Bairro Alto da Cruz, uma igreja para cultuar Santa Efigênia, sendo coroado rei da festa de Nossa Senhora do Rosário pelo Bispo de Diamantina (SILVA, 2007; LUCAS,

2002; MEYER, 1998; MARTINS, 1991; MOURA, 1997; GOMES e PEREI RA, 1988 e PUC/MG, 1974).

É interessante pensar nos elementos que constituem a manifestação e permitem que esta se mantenha inserida na sociedade, constituindo uma rede de socialidade, que gravita em seu interior. É a tradição renovada a cada ciclo do Reinado de Nossa Senhora do Rosário.

Glaura Lucas (2002) afirma que os primeiros estudos sobre o Congado foram realizados por folcloristas que, de uma maneira descritiva, apresentaram dados, permitindo a documentação e a valorização dessas manifestações da cultura popular. Por outro lado, critica que esta abordagem pouco contribuiu para a compreensão do contexto sociocultural e da concepção de mundo daqueles que as produzem, uma vez que pesquisas, dessa natureza, exigem do pesquisador uma análise mais aprofundada sobre os fenômenos. A autora contribui com esses estudos, ao apresentar para a sociedade suas análises sobre o universo sonoro, próprio do contexto cultural das festas do Congado, destacando o forte elo entre música e religião.

Em sua pesquisa histórica, Marina de Mello e Souza (2002) analisa a origem luso-afro-brasileira do Congado e a festa de coroação de rei congo, mostrando como essas manifestações culturais mestiças se constituíram a partir do encontro de culturas diferentes, num contexto de nítida dominação social. Segundo a autora, as coroações de rei congo ligavam-se à cristianização do reino do Congo, no final do século XV, ao espaço simbólico que esse país ocupava na África Centro-Ocidental, às características particulares do tráfico de escravos, à formação de comunidades de africanos escravizados e seus descendentes no Brasil, ao tipo de catolicismo aqui praticado e às relações sociais travadas entre essas comunidades e seus senhores.

Gomes e Pereira (1988) desenvolvem, no final da década de 80 do século passado, um importante trabalho etnográfico sobre a comunidade dos Arturos, residentes em Contagem/MG, contribuindo com as discussões sobre a escravidão, a herança africana no Estado e sua relação com a manifestação, além da dimensão sagrada, a partir da análise dos valores espirituais, por meio dos quais se mantêm a africanidade da festa, os laços familiares e geográficos do grupo, a forma de difusão da herança cultural e a linguagem simbólica presente em todo Reinado.

A comunidade dos Arturos é também objeto de estudos de Erisvaldo Santos (1997), que analisa a construção da subjetividade da juventude desse grupo, e de Júnia Bertolina da Silva (2002), que pesquisa se o Congado cultuado por eles é um catolicismo negro, ou uma religião negra com a roupagem de catolicismo. Para a autora, apesar de os Arturos afirmarem que são católicos, o Congado possui "características culturais de um segmento negro com uma origem que está lá na África e a força do culto africano contribui para que se preserve a herança dos antepassados" (p. 39).

Leda Maria Martins (1997) publica o *Afrografias da Memória*, que, segundo a autora, "é um livro de falas, de narrativas, tecido com o estilete da memória curvilínea de uma das irmandades do Rosário em Minas Gerais" (p. 18). A partir de uma grave enfermidade vivida por um dos líderes da Irmandade do Jatobá e do prenúncio de que "chegava a sua hora", o referido senhor, capitão-mor da Guarda, desafia a autora a escrever a história do Reinado daquela comunidade. Martins encara o desafio e nos presenteia com um belo trabalho de pesquisa, no qual, segundo ela, "nesta tapeçaria discursiva, a dicção da oralidade e a letra da escritura se entrelaçam, traçando o texto da história e da narrativa mitopoética, fundadores do *logos* em um Reino Negro, o da Irmandade de Nossa Senhora do Rosário, na região do Jatobá, em Belo Horizonte" (idem). Vale ressaltar que a autora desse trabalho é filha de uma senhora, que compôs o trono coroado até a sua morte, sendo, atualmente, a sua substituta. Poucas vezes, encontramos pesquisadores oriundos do próprio grupo social, investigando o seu universo.

Patrícia Trindade Maranhão Costa (2006) apresenta um trabalho etnográfico realizado com grupos de congada da região da Serra do Salitre/MG, tendo a congada como foco de análise, para entender as estratégias de sobrevivência desses grupos, no sentido de ajudá-los a lidar com a pobreza e com a discriminação que os afeta. Em suas conclusões, afirma que, ao reviverem a memória da escravidão e os tempos do cativeiro, pela lembrança e atualização da aparição de Nossa Senhora para os negros, os congadeiros estão em busca de reconhecimento social e autoestima, minimizando, dessa forma, as desigualdades sociais de que são vítimas. Apresentarei, ao longo deste trabalho, elementos para discordar da autora, principalmente, por acreditar que o congadeiro se preocupa bem mais com a devoção e a fé, do que com as questões sociais que o afligem.

Como trabalho monográfico de conclusão do curso de especialização em lazer, Dalva Maria Soares (2006, 2007) analisou a ocupação das ruas pelas Guardas de congo no momento da festa, tendo como referência os estudos damattianos sobre a casa e a rua, além da mancha, o trajeto e o pedaço de Magnani.

A partir desse estado do conhecimento sobre a manifestação, de sua atualidade e da constatação de que a maioria dos trabalhos acadêmicos analisados considera os rituais presentes, sob a perspectiva da festa-fato (cultura patente, instituída, fenomenológica), é que optei por aprofundar na festa-questão, pois poucos são os estudos que se debruçam sobre a festa "em si" (cultura latente, instituínte, hermenêutica) e as modulações que ela possibilita, ou seja, numa perspectiva ontológica, como "implicador mítico".

Encontro em Edimilson Pereira e Núbia P. M. Gomes (1988, p. 31) que "a festa em louvor a Nossa Senhora do Rosário é o momento de **reatualização do mito**, pela inserção do homem no tempo unitário, por intermédio da religação do passado, presente e futuro" (grifos meus). Assim sendo, minha experiência, como Rainha, permitiu-me analisar a festa-fato e perceber a possibilidade de transformá-la em festa-questão.

Desse modo, concordo com os autores citados, quando afirmam que a festa reatualiza o mito de Nossa Senhora do Rosário, o que me permite definir as perguntas deste estudo: que imagens estão presentes no mito de Nossa Senhora do Rosário? Como elas constituem o *modus vivendi* de todos aqueles que seguem o rosário de Maria? Que significantes essas imagens concretizam no imaginário de seus devotos? Como se dão os processos educativos, na construção desse imaginário?

O objetivo principal deste estudo, portanto, é analisar o Reinado de Nossa Senhora do Rosário, pondo em relevo as imagens míticas que evoca, investigando as modulações entre o imaginário, o mito, a festa e as práticas educativas que lhes são intrínsecas, tendo a cidade de Belo Horizonte como sua principal fonte de dados e, privilegiando alguns grupos, em particular.

Uma hipótese deste estudo foi a de que o mito de Nossa Senhora do Rosário é um mito de origem para milhares de pessoas, que vivem a fé na Santa de mesmo nome. Seus devotos não só acreditam no mito, como também fazem da sua vida pessoal e religiosa, uma vida de dedicação a ela. Todas as outras dimensões do cotidiano são orientadas por essa opção, ou seja, é a Santa, a Grande-Mãe, quem define o *modus vivendi* do congadeiro. Também, a quem ele recorre em situações de necessidade, materiais e/ou espirituais, e em momentos de sofrimento, dor, alegria e júbilo. Percebe-se que essas práticas educativas não são apenas produtos do imaginário, propiciado pelo mito e pela festa, antes, são constituintes, intrínsecas aos mesmos. Dito de outro modo, são os transdutores híbridos (J. C. de PAULA CARVALHO, 1992) que compõem o trajeto antropológico (G. DURAND, 2002) dos sujeitos que vivem a fé e o *religare*, expresso no corpo que festeja, canta e dança em louvor à Grande-Mãe (E. NEUMANN, 2003).

Mello e Souza (2002) afirma que, além do mito de Nossa Senhora do Rosário, o Congado convive com outro mito fundador, que diz respeito tanto à constituição do Reinado, como também da identidade católica negra na América portuguesa. Em todos os grupos de Congado, ainda hoje, reis e rainhas se fazem presentes. Compõem o trono coroado composto por reis e rainhas congos, reis festeiros, imperadores, príncipes e princesas, além dos santos coroados e, eventualmente, a Princesa Isabel (muitas vezes confundidas com Santa Isabel).

Segundo a autora (p. 305), as embaixadas, danças dramáticas que representavam o embate entre o Rei Congo e os enviados do reino estrangeiro, deflagraram a conversão da elite congolesa ao catolicismo e deu fama a Njinga, rainha do reino do Ndongo. As embaixadas aparecem como peça central das congadas, realizadas por ocasião da eleição do Rei Congo, no Brasil. Elementos da história africana foram incorporados, fazendo da festa um lugar de memória, no qual o passado revivido contribuiu para a afirmação de uma identidade. Misturando história com invenção, elementos africanos com portugueses, catolicismo e crenças bantos, ancestrais com rosários e santos padroeiros e festas de coroação de rei congo, a congada constituía-se uma nova identidade da comunidade negra, fundada no cristianismo e, ao mesmo tempo, com raízes africanas, criada a partir da diáspora[16] imposta pelo tráfico de escravos. Diz ela que "a dança dramática

[16] Para Clyde W. Ford (1999, p. 41) diáspora significa literalmente "plantar sementes por dispersão e é uma descrição poética da jornada heróica do povo africano". Numa leitura crítica, Stuart Hall (2006) afirma que o conceito se apoia numa concepção binária de diferença fundado numa fronteira de exclusão que depende da construção do "outro" e de uma oposição rígida entre o dentro e o fora. O autor, baseado nas configurações identitárias caribenhas propõe a noção derridiana de *différance*, hibridismo, em que a diferença não funciona por meio de binarismos, fronteiras veladas

seria o ritual por meio do qual o mito fundador era periodicamente ritualizado" (p. 307). A autora nos propõe considerar, a partir de Eliade, que:

> A congada seja visa como rito que relembra o tempo mítico do princípio, o ato primordial da transformação do caos em cosmos pela criação divina, a passagem do indiferenciado para o diferenciado. O mito, comemorado pela festa, seria o modelo exemplar que dá sentido a realidade. A sua representação periódica se ligaria à necessidade de renovação, de restauração momentânea do tempo primordial, ao qual o homem é projetado por meio da imitação ritual dos arquétipos. (...) A dança dramática seria, assim, um ritual que reviviam o mito, criado no processo histórico concreto das comunidades negras na América portuguesa, o momento de implantação de uma nova ordem, de criação de uma comunidade de africanos convertidos ao cristianismo" (idem).

Esse mito fundador do Congado, segundo Mello e Souza (p. 308), remete à história do Congo e à D. Afonso I, na qual se ressalta a importância da conversão ao cristianismo para alguns chefes africanos e a catequese. A autora afirma que o mito e o rito só puderam se desenvolver porque havia em nosso país as Irmandades de Homens Pretos, nas quais eram toleradas manifestações marcadamente africanas, desde que estivessem voltadas para a expressão da religiosidade católica.

Outra hipótese para este estudo é que esse mito fundador da festa vem sendo esquecido pelos congadeiros, uma vez que passa a fazer parte da história dessa manifestação cultural e, aos poucos, deixa de ser transmitida e repassada aos mais novos. A devoção a Nossa Senhora do Rosário torna a ser a principal razão da sua existência, apesar de, imaginariamente, talvez esses dois mitos se aproximam, mais do que se diferem, permanecendo semelhantes em suas manifestações simbólicas e, portanto, arquetipais. Esta é minha hipótese de base.

que não separam, mas que se tornam *places de passage* com significados posicionais e relacionais, sempre em deslize, ao longo de um espectro sem começo, nem fim.

Não podemos esquecer que os negros viviam em condições subumanas, aqui no Brasil, e precisavam encontrar uma forma de suavizar esse viver, diminuir o banzo, construir sua própria organizacionalidade. A religiosidade certamente exerceu essa função. Nossa Senhora do Rosário passa a simbolizar a Grande-Mãe África, ou seja, um dos significados possíveis desse significante da Grande-Mãe (permitido pela polissemia do símbolo), aquela que acolhe os filhos da diáspora, escravizados e distanciados da sua terra natal.

Os símbolos, as imagens, os rituais continuam presentes até os dias de hoje, pois vão sendo reproduzidos pela oralidade e pelo mito e, por isso, suas várias versões são imprescindíveis. À medida que passam a ser estudados pelo meio acadêmico, influenciados por artistas, pela sociedade do espetáculo, ou mesmo se relacionando com a sociedade, esses elementos retornam aos grupos, modificando a fala e a ação dos congadeiros.

Assim, se produzem novas doxas, novas verdades, mas o Reinado, como a humanidade, é complexo e sempre existirão desafios a serem perseguidos, tanto pelos pesquisadores, quanto pelos que vivem sua expressividade.

***

Diante do exposto acima, o livro se estrutura em três partes, os três mistérios do rosário de Maria.

Os Mistérios Gozosos na reza do rosário, ou do terço, simbolizam o nascimento de Jesus Cristo. Júbilo e glória! **As folhas.** Neste trabalho referem-se ao nascimento do objeto de estudo e aos primeiros passos seguidos. Na Introdução busco, então, situar como fui conduzida ao tema, desde minha infância, passando pela formação acadêmica e por minha atuação profissional. A partir de um "estado da arte", sobre as pesquisas relacionadas ao Reinado de Nossa Senhora do Rosário, defino as perguntas mobilizadoras deste estudo, os objetivos e as hipóteses.

Os Mistérios Dolorosos, os quais simbolizam o sofrimento de Jesus Cristo, sua *via crucis* até a crucificação, morte e ressurreição, simbolizando o tempo de reflexão e recolhimento, aqui, referem-se à etapa de definição das bases epistemológicas do estudo. **Os espinhos.** Pois, "debruçar" sobre as leituras, conhecer e tentar compreender o que dizem os autores, resenhar os textos, articular com o próprio objeto, é sempre um processo doloroso, principalmente, quando se trata de um referencial completamente novo para o pesquisador. Assim, essa parte se estruturará em quatro capítulos.

No Capítulo I, discuto o paradigma emergente, modelo que vem questionando o paradigma clássico de ciência e possibilitando novas construções. É a partir de seus princípios e concepções que contextualizo o objeto em questão, definindo seu referencial metodológico. As Guardas de Congado são, também, apresentadas nesse capítulo, bem como as condições de pesquisa.

No Capítulo II, aprofundo nas reflexões desse "novo" espírito científico, apoiando-me na antropologia do imaginário, teoria que se baseia no paradigma da complexidade, discutindo seus conceitos fundantes e, ainda, nos autores-base dessa tese. Compreender a presença dos mitos, na vida do homem moderno, foi o objetivo do Capítulo II.

No Capítulo III, apresento a constituição da religiosidade afrodescente no Brasil, destacando as Irmandades dos Homens Pretos, responsáveis pela disseminação do Reinado de Nossa Senhora do Rosário no Brasil. Nesse capítulo, apresento, ainda, o sistema mítico dessa religiosidade, seu mito de origem, o arquétipo do Feminino – a Grande-Mãe. Amplio o debate sobre esse arquétipo e suas aproximações com Nossa Senhora do Rosário. Antes de analisar o regime de imagens, a estrutura, os símbolos presentes neste arquétipo, opto por identificar elementos comuns presentes na devoção por algumas Santas da América Latina e do Brasil.

No Capítulo IV, desenvolvo análises sobre o arquétipo da Grande-Mãe, elegendo as figuras do Feminino, em especial, as águas, o tambor e o rosário.

Os **Mistérios Gloriosos**, ressurreição de Jesus Cristo, serão destaque no Capítulo V, no qual a ênfase é dada ao Filho da Grande-Mãe, responsável pela atualização do mito, por meio das festas em sua homenagem. **As flores.** Como veremos, toda a manifestação do Reinado é vivida durante esses mistérios, que se estendem do Sábado de Aleluia, até a anunciação do nascimento de Cristo.

Nas Considerações Finais, retomo os **Mistérios Gozosos** (pois o fechamento de um ciclo precisa ser comemorado, além de simbolizar o nascimento para novas etapas), apresentando as sínteses deste estudo. Uma coroa de flores para Nossa Senhora do Rosário!

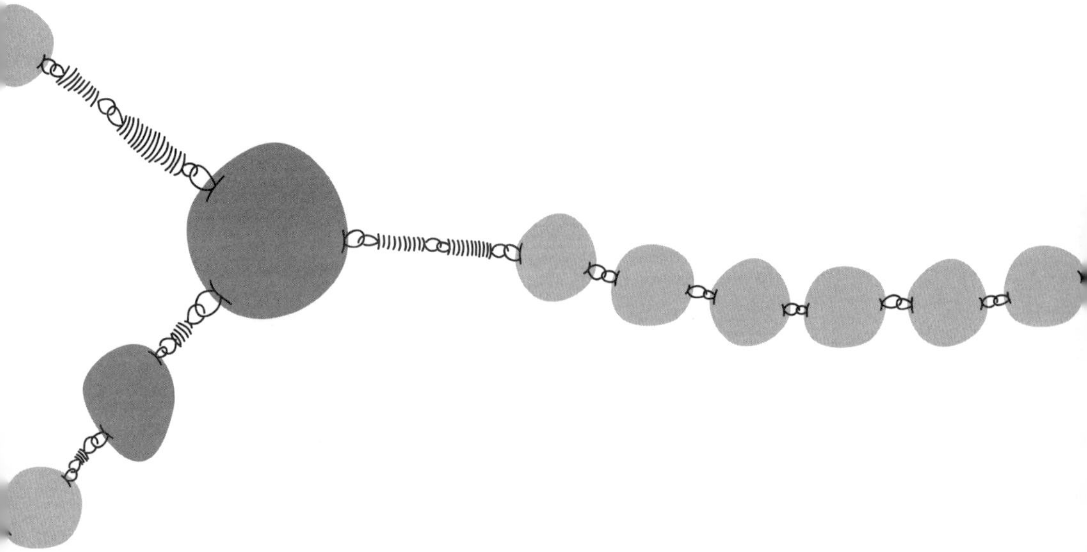

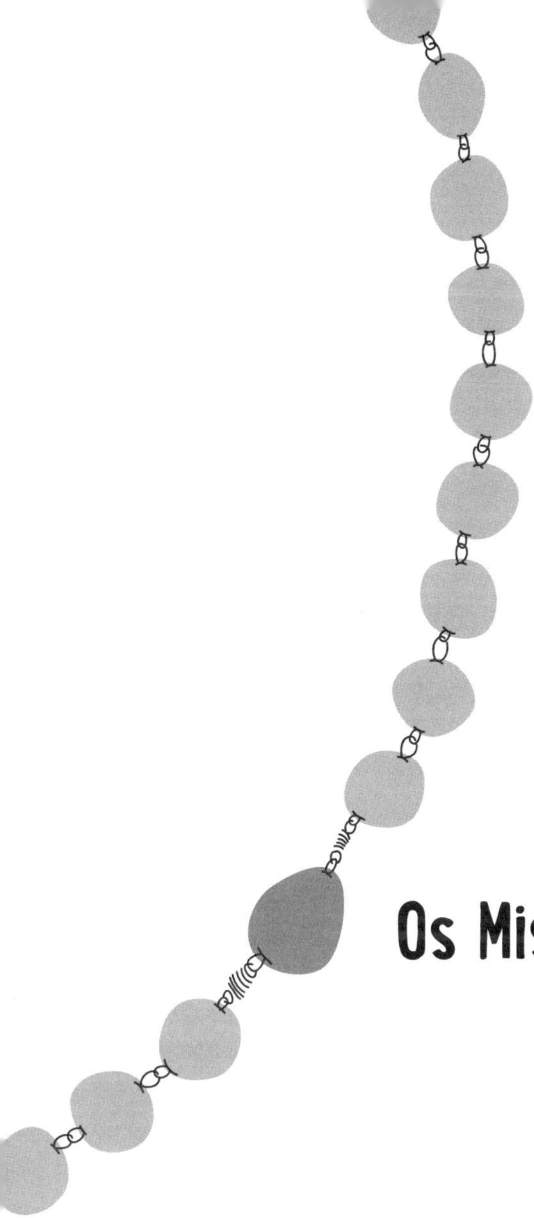

Os Mistérios Dolorosos

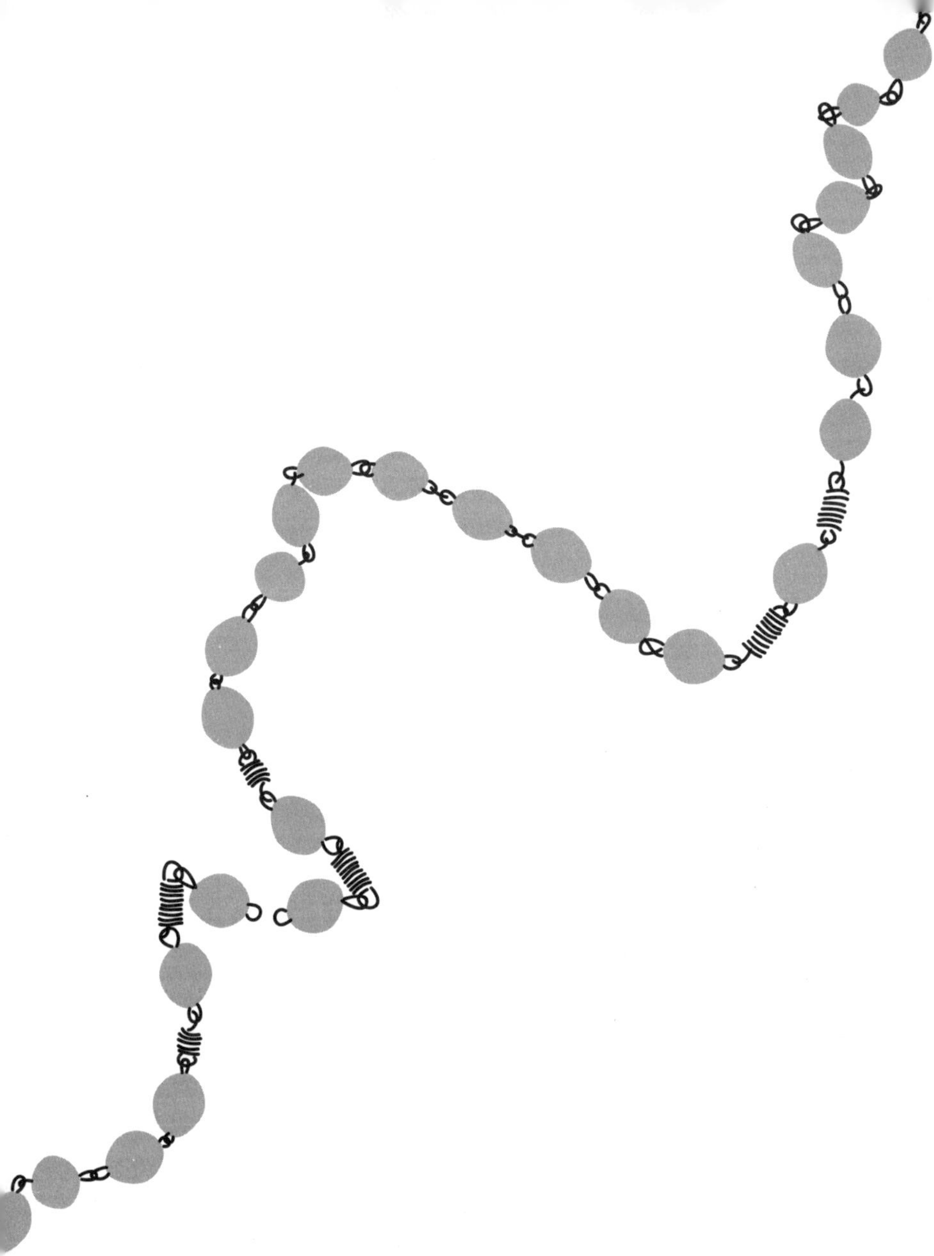

Capítulo I

O Trajeto Teórico-Metodológico

Ao definir a festa como objeto de análise, a partir do entendimento de Duvignaud, para o qual "ela é uma manifestação a-estrutural, que escapa a toda instituição" (1997, p. 7), encontrei no paradigma da complexidade uma nova possibilidade de compreender o fenômeno. Nesse sentido, precisei percorrer um longo caminho de leituras, para minha compreensão sobre esse paradigma emergente e, também, sobre a perspectiva de imaginário que defini para as análises deste estudo. Por ser um referencial teórico novo para mim e pouco discutido, nas áreas em que transito, considero ser pertinente um rápido diálogo com seus principais expoentes e, ainda, com seus conceitos fundantes, trazendo elementos para as análises que processarei a seguir.

Novas teorias para velhas perguntas: compreendendo o paradigma emergente

"*Existe o além e o além do além que o homem não conhece*"!
(Estamira)[17]

Mais uma vez, recorro à linguagem da sétima arte para dialogar com as ciências. Quem teve o prazer de assistir ao documentário que leva o nome da pro-

[17] Documentário com direção e roteiro de Marcos Prado, Brasil, 2006.

tagonista e autora dessa frase citada acima (e de outras tão magnânimas quanto), certamente, sentiu-se extasiado ao se deparar com uma história de vida profunda e complexa. Estamira, uma catadora de lixo, com pouco mais de 65 anos de idade e com a titulação acadêmica de "supletivo incompleto", provoca-nos a pensar na própria existência e em tudo o que se encontra ao nosso redor, desde os tempos imemoriais, até os atuais pós-modernos.

A partir de um discurso lúcido, místico, quase psicanalítico, ela ultrapassa a sua própria loucura (uma vez que foi diagnosticada com quadro psicótico e com presença de alucinações) e transborda filosofia e lucidez (ALMEIDA, 2006), desafiando a metafísica, as ciências, naturais e sociais, enfim a realidade por nós vivida.

Estamira, sem se dar conta e, a seu modo, comunga com vários autores que vêm problematizando o esgotamento dos paradigmas da modernidade, por não explicarem, de maneira satisfatória, a dinâmica da vida humana individual e coletiva. Entendendo, com Edgar Morin (2002, p. 189), que um paradigma contém, para todos os discursos que se efetuam sob o seu domínio, os conceitos fundamentais ou as categorias mestras da inteligibilidade e, ao mesmo tempo o tipo de relações lógicas de atração/repulsão (conjunção, disjunção, implicação ou outros) entre esses conceitos ou categorias. Segundo Marco A. Dib (2002, p. 33), é em virtude dos paradigmas que os sistemas de ideias (valores, crenças, princípios, pressupostos, teorias, representações) são organizados e inscritos, culturalmente, nos indivíduos, proporcionando uma adesão coletiva a uma dada visão de mundo, cujas raízes se tornam profundamente imersas no inconsciente (individual e coletivo), determinando a inteligibilidade e a atribuição de sentidos.

Assim, às velhas perguntas que insistem em perseguir a humanidade, somam-se novas possibilidades de análises e novos elementos teóricos, em busca do entendimento do que vem a ser o homem. Nesse debate, ganham destaque os estudos culturais, envolvendo os grupos sociais e a subjetividade. Para Castor M. M. Bartolomé Ruiz (2003), esses estudos se configuram como fonte inesgotável para análise da dimensão simbólica, a qual implica a subjetividade no horizonte da interpretação e a projeta numa abertura permanente para o devir e, ainda, para a solução de questões, que giram em torno do não-controlável racionalmente e do sensível, dimensão em que incluo a festa.

"*Tudo é abstrato, até Estamira*"!
(Estamira)

Para Boaventura Santos (1988), estamos vivendo um momento de crise do paradigma dominante. Crise que, segundo esse autor, é profunda e irreversível, uma vez que o próprio avanço do conhecimento tem mostrado a fragilidade e a incompletude dos pilares que o fundamentam. O modelo de racionalidade, construído a partir da revolução científica provocada pelas descobertas no campo das ciências naturais do século XVI e estendido nos séculos XIX e XX, para as ciências sociais, tornou-se um modelo global e totalitário e, por isso mesmo, já há algum tempo vem sendo questionado. Pesa sobre esse modelo o fato de negar o caráter racional a todas as formas de conhecimento que não se pautam por seus princípios epistemológicos e metodológicos.

A conjuntura social, política, cultural, econômica e religiosa do planeta, do fim do século passado e início deste, tem provocado mudanças significativas na vida da humanidade, exigindo de todos a adoção de novos hábitos e maneiras de ver, sentir e agir sobre o mundo.

Morin, há algumas décadas, vem denunciando o esvaziamento desse modelo dominante, seu desgaste e erosão, ao mesmo tempo em que anuncia a chegada de uma era, na qual um novo paradigma, possivelmente, está emergindo (2002, p. 197). Estamos em tempo de passagens...

Entende Morin que, o Ocidente, ao transportar os princípios de organização da ciência para a economia, para a sociedade e para o Estado-Nação, produziu nesses os mesmos efeitos mutilantes, reducionistas e simplificadores no tratamento do real (redução/disjunção), na relação do sujeito/objeto, nos pares razão/sensibilidade, teoria/prática, particular/universal, global/local, corpo/alma, natureza/cultura.

A principal consequência dos efeitos do modelo dominante foi a dissociação entre o mundo da cultura humanista e o da cultura científica. Entretanto, ao provocar a dissociação, o próprio paradigma criou a possibilidade de uma dialógica em que o conflito entre os termos antagonistas o tornou produtor e criador, modificando-o, ao interferir no domínio das ideias e do sentimento.

O nó górdio gerado por essa dissociação coloca-nos diante de uma outra revolução paradigmática que, mais uma vez, tem seu germe nas ciências naturais.

Dessa vez, instigada desde Einstein pelos estudos da microfísica, da matemática quântica e, mais recentemente, pela química molecular e a biogenética. Nesse paradigma emergente, o qual Morin define como da complexidade – segundo ele, problemática ainda marginal no pensamento científico, epistemológico e filosófico (2000, p. 175) –, ela [a complexidade] é um obstáculo, um desafio, uma motivação para o pensar.

José Carlos de Paula Carvalho (1990, p. 22) denomina o paradigma da complexidade como holonômico e afirma que este se caracteriza por analisar a cotidianidade oximorônica[18], numa rede de equivalência, com uma razão aberta, evolutiva, residual, complexa, para-reflexiva, en-ciclo-pédica (trans e meta disciplinar), dialógica. Morin (2002) afirma serem os paradigmas modernos construtores dos modelos entrópicos de organizacionalidade social, ou seja, aqueles pautados na razão, normas e códigos, segundo os princípios da ordem, da economia e da eficácia. Em contraposição a esse modo de pensar, ganham força, a partir dos movimentos da contracultura (a partir de 1960), os modelos neguentrópicos de organização que buscam a afirmação do sujeito individual e coletivo no interior dos grupos sociais e na relação destes com o ecossistema. Desse modo, consideram o conflitual, o contraditorial, o diferente, o plural, passando a complexidade da cultura a ser o destaque (PAULA CARVALHO, p. 106).

Homologa, pois, um pensamento complexo diante de uma ontologia pluralista, uma epistemologia subjetiva-interativa, uma lógica polivalente, uma metodologia fenomenológica-compreensiva, uma análise estrutural e uma linguagem simbólica, o qual ultrapassa e se opõe a uma visão determinista e estritamente causal da vida social, ou seja, uma cotidianidade banalizada.

O quadro comparativo apresentado por Paula Carvalho (p. 22) atualizando o proposto por Bentov (1982) ilustra bem as principais divergências entre estes paradigmas:

[18] De *oximoron*, ou seja, uma continuidade que tem como elemento constitutivo a condição de conflitorialidade.

Quadro 1. Divergência entre os paradigmas

PARÂMETROS	PARADIGMA CLÁSSICO	PARADIGMA HOLONÔMICO
Ontologia	Dualista/dicotômica	Monista/pluralista
Epistemologia	Objetiva/analítica	Subjetiva/interativa
Metodologia	Empírica	Fenomenológica/analógica
Causalidade	Determinista	Teleonômica/probabilista
Análise	Redutiva	Metafísica/estrutural
Dinâmica	Entrópica	Nulentrópica/ neg-entrópica

Fonte: PAULA CARVALHO, 1990, p. 22.

Nesse novo paradigma, Morin (2001) afirma ser o princípio organizador do conhecimento, o problema crucial, o que demanda da humanidade, "não só aprender, não só re-aprender, não só desaprender, mas, sobretudo, re-organizar nosso sistema mental para re-aprender a aprender" (p. 21). Assim, os princípios presentes no paradigma dominante da objetividade e os determinismos dos enunciados científicos, baseados nas leis naturais e nas verificações empíricas, bem como a coerência lógica das teorias que se fundam em dados objetivos, na complexidade, cedem lugar para os princípios da recursividade, da dialogicidade e do hologramático, que compõem um sistema aberto e plural.

Para Morin (2001b), recursividade é o processo pelo qual uma organização produz elementos e efeitos necessários à sua própria geração ou existência; processo que realiza um circuito, em que o produto ou efeito último torna-se elemento primeiro ou causa primeira. A recursividade subentende uma relação, ao mesmo tempo complementar, concorrente e antagonista. O princípio da recursividade coloca em xeque os conceitos de causa e efeito, de produto e produtor, ao estabelecer que, tanto os efeitos, quanto os produtos são necessários à sua própria causação e à sua própria produção.

Já o princípio da dialogicidade se funda na associação complexa (concorrente, complementar e antagônica) de instâncias necessárias à existência, ao funcionamento e ao desenvolvimento do fenômeno organizado. Por fim, o princípio hologramático – baseado na imagem física do holograma, em que uma qualidade de seus pontos inclui informações de todo o conjunto – mostra que, não apenas a parte está no todo, mas, o todo está na parte. O mesmo acontece nas sociedades, pois o todo da sociedade está na parte, que é o indivíduo e, por sua vez, o indivíduo contém a sociedade (MORIN, 2001, p. 182).

O autor nos alerta que a complexidade não é o vocábulo mestre, que tudo explica; é, antes, a palavra despertadora que nos impulsiona para explorarmos o inexplorado. O pensamento complexo é aquele que "patrulha no nevoeiro, o incerto, o confuso, o indizível, o indecisível" (p. 179-180), o indecifrável. É um convite a um diálogo com os mistérios do mundo. (E, provavelmente, não encontraremos um universo tão misterioso quanto o da festa.) Assim, a complexidade não deve ser confundida com a completude do conhecimento que apresenta receitas e respostas prontas. Ao contrário, o princípio que a rege é a incompletude, a incerteza. O desafio posto para as ciências é o de encontrar um método que saiba distinguir, sem separar e dissociar, promovendo uma comunicação do que é distinto. Isso exigirá um conhecimento multidimensional, que considere o homem em suas dimensões biológicas e sociais (MORIN).

Nesse sentido, vários são os desafios a serem enfrentados pela complexidade, a saber: a noção de álea e de desordem; a transgressão dos limites quanto à singularidade, localidade e temporalidade; a complicação; os fenômenos organizados a partir da desordem; a organização (*unitas multiplex*, o holograma e a organização recursiva); a crise de conceitos fechados, a contradição e a autonomia; e, por fim, um desafio metodológico, que é a volta do observador nas pesquisas científicas (MORIN).

Diz Morin que esses desafios compõem o *complexus*, tecido formado por diferentes fios que se transformam numa só coisa; tudo entrecruzado, entrelaçado, para formar a unidade da complexidade. Porém, essa unidade do *complexus* considera, e não destrói, a variedade e a diversidade das complexidades que o teceram.

> "*Alguma coisa 'tá fora da ordem,*
> *Fora da nova ordem mundial*"
> (Caetano Veloso)

Tendo como referência os conceitos de estrutura, organização, auto-organização, ordem, desordem, autonomia, dentre outros, Morin nos convida a pensar na complexidade da vida social, para além dos determinismos simplificadores do racionalismo clássico. Nesse sentido, não basta considerar apenas a ordem, mas também a desordem, o acaso, a álea, a imprevisibilidade para compreender o universo e a realidade. Não sem antes perceber que um mundo organizado perde a inovação e a criação, portanto, não se desenvolve; por sua vez, o mundo desorganizado seria incapaz de nascer, por não conseguir constituir a organização, manter a novidade (MORIN, 2001, p. 157). O que o autor sugere é a mistura desses dois mundos (estabelecendo os princípios da complementaridade, concorrente e antagonista), ao se pensar conjuntamente ordem e desordem. Para isso, é preciso saber que a ordem é relativa e relacional e a desordem é incerta.

Morin propõe um tetragrama dialógico, no qual, às ideias de ordem e desordem, ele associa as noções de interação e organização:

ORDEM ⇔ **DESORDEM**

⇕ ⇕

INTERAÇÃO ⇔ **ORGANIZAÇÃO**

O campo dos estudos sociais e humanísticos, a partir da relação recursiva desse anel tetralógico, abre-se para o que é rejeitado, considerado "a louca da casa", como o imaginário, no qual se inclui a festa.

Nesse paradigma, tanto a concepção de homem, quanto o conceito de cultura, precisam ser ampliados. Para Morin (2000) o homem não é apenas biológico ou cultural, e sim, totalmente biológico e cultural. O homo *sapiens* também é homo *demens* e o que nos possibilita compreender a relação entre essas dimensões "é o sistema único, integrado federativamente, fortemente intercomunicante, do cérebro do *sapiens*, que permite a integração federativa do biológico, do cultural, do espiritual (elementos, ao mesmo tempo, complementares, concorrentes, antagonistas, cujos graus de integração serão muito diferentes, segundo os indivíduos, as culturas e os momentos) num sistema único biopsicossociocultural" (1973, p. 137).

Essa dimensão biológica da cultura, ou a neotenia, dá-se em função de o cérebro humano vir ao mundo incompleto e imaturo e precisar ser educado culturalmente. Enquanto um chimpanzé termina seu crescimento cerebral doze meses após o seu nascimento, o ser humano necessita seis anos e depois mais dez ou doze para que seu cérebro se desenvolva. Sem a educação cultural não há desenvolvimento cerebral (DURAND, 1976).

Para Morin (*apud* PORTO, 1997), a neotenia humana é a persistência de traços do processo de hominização, processo este, hipercomplexo, resultante da interação recursiva-organizacional entre os processos de juvenilização, de cerebralização e de culturalização, que, no seu epicentro, produzirá a consciência e os fenômenos noológicos.

A juvenilização consiste na regressão dos comportamentos estereotipados, programados de maneira inata; na abertura extrema ao ambiente (natural e social) e na aquisição de uma grande plasticidade e disponibilidade. A cerebralização corresponde ao desenvolvimento das possibilidades associativas do cérebro, à constituição de estruturas organizacionais ou competências (linguísticas, operacionalmente lógicas, heurísticas e inventivas). A culturização dá-se pela multiplicação de informações, conhecimentos, saber social, regras de organização e modelos de conduta:

> A cultura insere-se complementarmente na regressão dos instintos (programas genéticos) e na progressão das competências organizacionais, simultaneamente reforçada por essa regressão juvenilizante e por essa progressão (cerebralizante), constitui um capital organizacional (Morin, s/d, p. 84-85).

Uma vez que o *antropo* hominiza-se pelos dois processos simultâneos – sua inscrição no mundo biológico e no mundo noológico (PORTO, 1997) – movido, não só pelo *homo sapiens*, mas também pelo *homo demens* –, pela neotenia humana "o ser humano se torna naturalmente cultural" (PAULA CARVALHO, 2000, p. 77). Nossos atos biológicos mais elementares como comer, beber, defecar estão, estritamente, ligados a normas, proibições, valores, símbolos, mitos, ritos, ou seja, impregnados de cultura. Por outro lado, nossas atividades culturais como cantar, jogar bola etc., põem, em movimento, nossos corpos (MORIN, 2002).

Assim, o ser humano como neóteno neg-entropo é um ser aberto para o mundo, um especialista da não-especialização, um aprendiz por curiosidade ativa, um lúdico-explorador, permanentemente incompleto, inacabado, ambíguo, ambivalente e crísico, um ser de perigo, da aléa, do risco, da desordem complexificante (PAULA CARVALHO, p. 184).

O homem é, portanto, bipolarizado entre *demens* e *sapiens*. Um contém e está contido no outro. Essa realidade exprime, ao extremo, a bipolaridade existencial das duas vidas que constituem as nossas vidas: uma séria, utilitária, prosaica; a outra, lúdica, estética, poética. Assim, percebe-se que uma vida totalmente racional, técnica e utilitária seria não apenas demente, mas inconcebível. Do mesmo modo, uma vida sem nenhuma racionalidade seria impossível. O homem vive uma vida de alternância entre prosa e poesia. A privação da poesia é tão fatal quanto a privação do pão (MORIN, 2002).

Nesse sentido, o jogo, a festa, o rito, as atividades de lazer não são apenas distrações, divertimento e entretenimento, com vistas a se recuperar as forças físicas, "recarregar as baterias" e/ou minimizar as mazelas sociais, respondendo, desse modo, satisfatoriamente, num sistema capitalista, como é o nosso, às exigências do trabalho, mercado, capital e sociedade. Essas atividades constituem uma dimensão imprescindível, na formação humana, e têm, como nos diz Morin (2002), raízes que mergulham nas profundezas humanas do psiquismo e da afetividade: a magia, o imaginário, o mito, a religião, o jogo, a festa, a despesa, o desperdício, a estética, a poesia. É o paradoxo da riqueza, da prodigalidade, da (in)felicidade do homo *sapiens-demens*.

Pode-se dizer, com base nessa concepção bipolarizada, que o homem se articula com o ludismo da cultura, como campo exploratório para a criatividade: o neóteno neg-entropo se abre ao campo do possível, na vida imaginária, no trabalho científico criativo, na *poiésis* (PAULA CARVALHO), no lazer e na festa.

Nesse contexto, a cultura passa a ser um sistema metabolizante que assegura as trocas (variáveis e diferenciadas) entre o indivíduo, a sociedade e o cosmo, articuladas à totalidade do sistema social. Ela não é nem superestrutura, nem infraestrutura, e sim, o circuito metabólico que une o infra ao hiperestrutural (MORIN, 2002).

Porto (1999), inspirada em Morin e Paula Carvalho, considera que a cultura:

> É este circuito metabólico simultaneamente repetitivo e diferencial, entre o pólo das formas estruturantes – o instituído

> (cultura patente) – no qual manifestam-se códigos, formações discursivas e sistemas de ação, e o pólo do plasma existencial, das coisas do espírito, das vivências, dos espaços, da afetividade e do afetual, enfim do instituinte (cultura latente). Neste sentido, não há dicotomias, e sim polarização, uma circulação constante entre os pólos bio-físico e noológico, estabelecendo a sutura epistemológica entre Natureza e Cultura, uma "abertura para baixo", em direção à integração da lógica organizacional do ser vivo e uma "abertura para cima", em direção à noologia. Numa relação dialógica entre estes pólos, intermediada pelo símbolo, a cultura passa a ser o universo das mediações simbólicas (PORTO, 1999, p. 95).

Sendo assim, dialogando com esse entendimento e com o de cultura patente, discutido por Paula Carvalho (1991) aproximo o conceito de festa-fato (PEREZ, 2004) aqui explicitado, por entender que este se refere à cultura patente do grupo a ser pesquisado. Porto, ancorada nesse autor, sintetiza que a cultura patente corresponde ao:

> (...) nível racional de funcionamento do grupo ou o pólo técnico das interações grupais, regido pelos perceptos e pelas funções conscienciais pragmático-reflexivas. Trata-se, portanto, do sistema de metas e meios racionalmente dispostos que atuam como fator de agregação do grupo, traduzindo assim sua organização como uma estrutura racional-produtiva', na expressão de Maffesoli, ou seja, sua "praxeologia". Refere-se, pois, ao pólo técnico do grupo e de sua cultura, regido como um subsistema meio-fins, isto é, o nível racional e consciente que define tarefas comuns, procura evidenciar a lógica da ação, a praxeologia e a ofelimidade que caracterizam os grupos sociais instituídos, e a diversidade de paisagens mentais, ritos predominantes, gestos, espaço social-mental, ideário etc. Refere-se às formas estruturantes de Morin: códigos, formações discursivas e sistemas de ação, instituído, organização e instituições em sentido formal (1994, p. 20).

Do mesmo modo, apropriando-me do conceito de Paula Carvalho, aproximo o conceito de cultura latente ao de festa como perspectiva (Perez, 2004). Porto sintetiza que a cultura latente

> (...) é o nível afetivo, ou afetual, de estruturação do grupo ou o pólo fantasmático-imaginal das interações grupais, regido, portanto, pelo dispositivo inconsciente em suas caracterizações analíticas e neuropsicológicas, pelas funções consciênciais emanando do onirismo coletivo, enfim pelo processo de "mythopoiésis" e pelos seus transdutores mitemáticos. Ou seja, o pólo do plasma existencial, das vivências, do espaço e do instituinte, do grupo no sentido próprio, onde se dá a circulação emocional e fantasmática inconsciente, o espaço imaginário do grupo, que permite evidenciar a proxemia, a cenestesia, o comunicacional, o fático da grupalidade e da cultura latente que o "cimenta". É o nível que dá conta da dimensão afetiva e simbólica do grupo, em Morin, do instituinte – do sentimento, do onirismo, da emoção (p. 21).

É na intermediação da cultura que Paula Carvalho (1991) identificará os transdutores híbridos, uma vez que o trajeto entre os dois pólos pode captar, de forma potenciada, e como mediador simbólico, uma cultura emergente. Para o autor, os transdutores híbridos transitam entre o patente, no qual se manifestam, e o latente, no qual são "fermentados". Ou seja, transitam de um pólo a outro, porque nem o latente, nem o patente têm a primazia; ambos são constituintes do imaginário, de modo a exprimir os modos de sentir (latente-afetual), pensar (patente-racional) e, portanto, conduzir à ação. Transitam de um pólo a outro, ou seja, trocando em miúdos, são os mitos, os ritos, as ideologias, os valores, os modos de ação. Como têm uma sólida raiz no latente, emergem sem que tenhamos controle sobre eles, por isso não podem ser enfrentados apenas racionalmente. Os lapsos de memória são exemplos de como, de repente, os transdutores despontam na linguagem e na ação (PORTO, notas de aula, 2006).

Para Paula Carvalho (1990), a cultura, mesmo em sua dimensão patente, é sempre tingida pelo imaginário, portanto, como pontes entre o patente e o latente, os transdutores híbridos são como encruzilhadas nas quais se engendram o sentido da ação e da existência do grupo.

São eles, os transdutores híbridos, que me permitem definir o Congado como uma manifestação cultural, desdobrada em uma prática religiosa, a qual se transmuta nessa dupla articulação (patente/latente, festa-fato/festa-questão), podendo, de acordo com a situação, ser mais vivenciada num pólo do que em outro, sem que, com isso, deixe de ser ela mesma. Até porque, dada à impossibilidade de essa polarização ser interrompida, essa vivência é dominante, mas não exclusiva. As emergências híbridas insistem em se manifestar, em um pólo ou em outro, impedindo aquela dominação estrita de que falamos anteriormente. Veremos como isso se processa no interior dos grupos na última parte deste estudo. Dito de outro modo, o Congado é, abusando da redundância, uma prática simbólica porque social, e, como bem nos diz Paula Carvalho (1990, p. 27), todas as práticas sociais são sempre simbólicas, uma vez que são manifestações de um universo imaginário numa *práxis*, por intermédio de um sistema sociocultural e de suas instituições.

Ainda relembrando o autor, a função das práticas simbólicas é organizar a socialidade dos grupos, na medida em que promovem vínculos de solidariedade e de contato entre os membros de um grupo social, entre grupos diversos e, desses, com a sociedade mais ampla. São elas que criam as redes de significados. Assim, toda prática simbólica é necessariamente educativa, sendo o seu caráter organizacional aquilo que lhe confere esse sentido.

O Congado coloca-nos diante dessa prática, que é permeada pelo simbólico, em que nasce e transforma, dinamicamente, qualquer universo instituído (RUIZ, p. 22). Portanto, é uma prática simbólica, organizacional e educativa (PAULA CARVALHO, p. 27), no qual os dois pólos (patente/latente – festa-fato/festa-questão) se tensionam, equilibram-se e relacionam-se de forma recursiva, de modo que são produzidos uma cultura e um imaginário no trajeto que se estabelece, dinamicamente, exigindo, de nossa parte, um esforço para compreendê-los.

No Congado, é possível identificar, no pólo das formas estruturantes (patente), as irmandades, as diretorias, a associação, os códigos e as regras, os calendários de festas, as falas "oficiais" sobre a festa, os sistemas de ação, o aspecto espetacular da manifestação, a organização (confecção de roupas, preparação da comida, reuniões). No pólo da experiência existencial (latente), dos grupos, propriamente ditos, as vivências, as manifestações de afetividade, as construções e trocas simbólicas, a rede de socialidade, a magia, os sonhos, os milagres, os castigos, os conflitos e a fé.

A análise dessas práticas simbólicas exige uma outra proposição metodológica e, para estudá-las, Durand (1988) afirma ser preciso enveredar pela via da antropologia, liberta da lógica moderna, de forma a conciliar os poderes da imagem e do símbolo com os da razão. Para isso, propõe uma convergência entre as hermenêuticas redutoras – aquelas que reduzem o símbolo a ser apenas o epifenômeno, o efeito, a superestrutura, o sintoma – e as hermenêuticas instauradoras que, ao contrário, amplificam o símbolo, dando acesso a uma espécie de supraconsciente vivido (p. 92).

Paula Carvalho (1995) analisa as contribuições de Paul Ricouer para as discussões propostas por Durand sobre a hermenêutica. Ricouer elabora uma hermenêutica dos símbolos a partir da problemática do seu duplo sentido e da polaridade das hermenêuticas. Segundo ele, é o duplo sentido do símbolo que nos permite compreender que o sentido simbólico é constituído no, e pelo, sentido literal, que opera a analogia, dando o análogo (RICOUER *apud* PAULA CARVALHO). Assim, a problemática do duplo sentido é a de uma hermenêutica dos símbolos

> (...) desde que o sentido literal, primeiro, patente é o "*logos* exterior", a letra e o manifesto, ao passo que o sentido simbólico, segundo, latente, é o "*logos* interior", o espírito e o latente, a hermenêutica tendo-se definido como recondução ao sentido interior ou simbólico, à ordem do latente (p. 10).

Encontro em Paula Carvalho que a hermenêutica do Círculo de Eranos

> (...) é uma hermenêutica criadora, do numinoso/sagrado/imaginal, presentificando-se na existencialidade lida/vivida de modo mitopeico onde, portanto, as estórias de vida, em profundidade, são relatos míticos e veículos de passagem de figuras numinosas (1995, p. 12).

Paula Carvalho, concatenando-se com as ideias de Mircea Eliade, afirma que "a hermenêutica é a busca do sentido, é a des-coberta do sentido cada vez mais profundo das expressões re-ligiosas" (p. 13), sendo criadora por dois motivos. Primeiro, por ser criadora para o próprio hermeneuta que, a partir do esforço de decifrar, de compreender o significado da revelação, presente numa criação re-ligiosa, também enriquece a própria cons-ciência e a vida pessoal. Em segundo, ela re-vela valores que não são evidentes no plano da experiência imediata. "O trabalho hermenêutico re-vela as significações latentes e o devir dos símbolos" (ELIADE *apud* PAULA CARVALHO, idem).

Para Paula Carvalho é a hermenêutica, criadora, que possibilita a homologação entre o trabalho hermenêutico, o processo de individuação e a educação fática, ou educação da alma. A polaridade das hermenêuticas permite compreender que é na relação, entre consciência e inconsciência, que encontraremos o trajeto hermenêutico de construção da consciência mediatizada, do eixo ego-*self* (p. 11).

Essas discussões possibilitaram a André Ortiz-Osés (2003), com base no debate do Círculo de Eranos, encabeçado por Durand, definir a hermenêutica como "hermenêutica simbólica", ou seja, aquela que:

> (...) consiste em passar do mero significado (o que se diz) para o sentido (o que se pretende dizer). Pois, o sentido é aquilo que algo nos quer dizer humanamente, pelo que se preconiza um Humanismo pós-moderno ou descentrado, no qual o homem se apresenta transversalmente enquanto implicado e implicador ao mesmo tempo (p. 138).

Luiz Garagalza (2003), por sua vez, defende que a linguagem da hermenêutica (simbólica) deve ser compreendida como uma linguagem simbólica, pois, o sentido não é dado diretamente, nem na intuição senso-afetiva, nem pela captação intelectual, e sim, indiretamente, na interpretação, pois:

> (...) uma tal linguagem simbólica significa diálogo entre o racional e o irracional, entre o consciente e o inconsciente entre o espírito e a vida, entre o animus e a anima, entre logos e mythos. Tratar-se ia de subtrair sub-repticiamente uma racionalidade (e uma personalidade) mais ampla, mais aberta e integrada; uma

> nova racionalidade que estaria representada pela linguagem (simbólica) como instância intermediária que, ao penetrar nos opostos, os relaciona e articula conservando apesar de tudo a sua diferença (p. 91).

Na hermenêutica simbólica do Círculo de Eranos, Durand (1982) propõe uma filosofia geral, ou seja, a mitodologia (*methodos*, *logos*, *mytho*). Uma vez que o imaginário, pelo mito, constitui-se como um precioso material de análise das visões de mundo (*weltanschauung*) e terminologias presentes, numa sociedade, o autor propõe tratá-lo, a partir de uma linguagem científica, e sugere duas possibilidades para a pesquisa: a mitocrítica e a mitanálise.

Nas palavras do autor a mitocrítica é:

> (...) justamente uma crítica do tipo crítica literária, como se diz, crítica de um texto, crítica que tenta por a descoberto por detrás do texto, quer seja um texto literário (poema, romance, peça de teatro, etc.) ou mesmo o estilo de todo o conjunto de uma época – mas, em rigor, o texto jornalístico – que tenta por a descoberto um núcleo mítico, uma narrativa fundamentadora (p. 65-66).

A mitanálise, por sua vez, desloca a análise do campo literário, ou do texto literário, para um campo mais abrangente, mais aleatório, a saber, das práticas sociais, das instituições ou da Sociologia:

> Consiste, portanto, em examinar ou determinar num segmento de duração social os grandes esquemas míticos, ou mitologemas, a partir de índices mitêmicos que podem passar por mitemas[19] – quer seja um estilo de pintura, quer seja uma atitude social, quer seja uma atitude de estar à mesa... (DURAND, p. 97).

[19] Mitemas são as menores unidades significantes do discurso mítico definidas pelos pontos fortes e repetitivos da narrativa (DURAND).

Dessa forma, a própria sociedade se torna passível de ser fonte para uma leitura profunda de seu contexto, pois, a mitanálise, como extensão do literário para o social, possibilita colocar à mostra as camadas míticas que nela se imbricam. A mitanálise procura identificar os grandes mitos diretores presentes numa sociedade, nos momentos históricos, nos grupos sociais e nas relações sociais (ARAÚJO; SILVA, 2003), uma vez que nenhuma sociedade pode sobreviver, possuindo só um mito; é preciso existir correntes compensadoras.

Ainda com base nessa discussão metodológica, Ferreira Santos (2005) propõe um estilo mitohermenêutico para a análise das obras de arte, isto é,

> (...) um trabalho de interpretação simbólica, de cunho antropológico, que pretende compreender as obras da cultura e das artes, a partir dos vestígios – traços míticos e arquetipais – captados através do arranjo narrativo de suas imagens e símbolos na busca dinâmica de sentidos para a existência (p. 65).

Penso que em meu trajeto antropológico, para me tornar uma hermeneuta (o que Ferreira Santos denomina "jornada interpretativa"[20]) vivi esse processo criador, deslocando do lugar de simpatizante, para o atuante; deste para o militante; e por fim, para o de pesquisadora, em (con)fusão.

Assim é que, abraçando as reflexões desses autores, assumo como método de análise deste estudo, como mitodologia, a *mithopoiésis*, definida por Ferreira Santos (1998) como: "uma elaboração/construção pessoal (*poiésis*), narrativa e dinâmica de imagens e símbolos (*mytho*) determinada pela invariância arquetipal, e, dessa forma, narrativa determinada pela facticidade do mundo em sua relação com o humano" (p. 37). Dito de outro modo, a *mithopoiésis* é a elaboração de sentidos dada pelos congadeiros a sua própria vida, orientada pelo fundo mítico de Nossa Senhora do Rosário.

[20] Segundo esse autor (2005a, 2005b) a jornada interpretativa é o processo em que o sujeito é o início, o meio e o fim de suas próprias descobertas propiciadas pelo contato com o outro. Esse processo nos conduz ao caminho de nós mesmos, ao nosso específico e íntimo, numa reconstituição dos nossos próprios sentidos.

Adoto como uma das heurísticas deste estudo, relatos fornecidos pelos congadeiros a respeito da festa e, em especial, do mito do aparecimento de Nossa Senhora do Rosário, colhidos em longas entrevistas, realizadas durante a pesquisa. Penso que posso fazer um paralelo desses relatos com aquilo que Paula Carvalho e Badia (2000) denominam "estórias de vida", quando estes afirmam que "a nossa estória, a estória de vida de cada um de nós é uma passagem, páscoa para essas figuras numinosas, ou arquetípicas, ou mítico-imaginais" (p. 79). Ou seja,

> (...) como "matéria imaginária" e "matéria imaginal", isto é, como portadoras enquanto **relatos** que são, da dinâmica da função simbólica ("função transcendente" em Jung) e manifestações "hierofânicas" da "imaginatrice", **relatos míticos**; portanto, de modo latente e profundo, portadoras das **figurações mítico-imaginais** e das **figuras míticas** e **imaginais**, num percurso que é (...), um "trajeto iniciático" ou um "itinerário espiritual", cujo teor cabe ao intérprete revelar, evidenciando os "núcleos mitemáticos" como "imperativos mitogênicos" (p. 13) (Grifos dos autores).

Esses relatos, que se configuram como textos, tais como as estórias de vida, para os autores, só podem ser compreendidos numa "onto-lógica da '*complexio oppositorum*' ou da '*coincidentia oppositorum*'", nos quais o instante é:

> (...) instante instântaneo ou *exaiphnes* (...) esse instante é o **"tempo" do arquétipo e do mito**, e portanto das **figuras numinosas**, constituindo-se destarte na **temporalidade mitodológica das estórias de vida e nas enações destas figuras mítico imaginais (de nós mesmos)...** (PAULA CARVALHO e BADIA, 2000, p. 85) (Grifos dos autores).

Segundo os autores, é o instante *(mytho)poiético* que nutre as estórias de vida na abordagem mitodológica, na trama das relações entre eternidade/alma/tempo, considerando-se o tempo como "imagem móvel da eternidade" (p. 87), constituinte do mundo imaginal. Para eles, esse mundo imaginal (*mundus imaginalis* de

Henry Corbin), que só um olhar oximorônico consegure apreender, é o mundo intermediário entre o inteligível e o sensível. "O mundo da Alma" e dos "eventos da Alma", da "espiritualização dos corpos e da corporificação dos espíritos" (PAULA CARVALHO; BADIA, 2000), lugar das teofanias e das epifanizações, das experiências visionárias com o numinoso, enfim, o mundo da realidade do arquétipo, das "figuras numinosas de nós mesmos" (p. 89).

Para captar o mundo imaginal e as figuras numinosas deste ser mítico que é o congadeiro, e de seu universo, por meio de seus relatos, lanço mão da "oralitura" dos sujeitos. Este termo foi cunhado e adotado por Martins (1997):

> (...) aos atos de fala e de performance dos congadeiros denominei oralitura, matizando neste termo a singular inscrição do registro oral, que como ***littera***, letra, grafa o sujeito no território narratário e enunciativo de uma nação, imprimindo ainda, no neologismo, seu valor de ***litura***, rasura de linguagem, alteração de significante, constituinte da diferença e da alteridade dos sujeitos, da cultura e das suas representações simbólicas (p. 21) (Grifos da autora).

É minha intenção, assim como o fez Martins, dar voz ao nativo (congadeiro), permitindo que sua fala, "como hálito" (p. 22), conduza o texto, consciente de que, quando este fala, não é do sujeito único, de si mesmo, que o faz, mas de toda uma nação, de seres ancestrais, de um "registro de linguagem que o torna imanente" (idem).

As condições de produção da pesquisa

Essa construção metodológica permitiu a realização de entrevistas nos anos de 2006 e 2007, com representantes de 26 das quase 50 (esse número é impreciso uma vez que ocorre fechamento de guardas e abertura de novas de modo imprevisível) Guardas de Congado da cidade de Belo Horizonte.

O processo coleta de dados exige cuidados. Nesta etapa foram mapeadas as Guardas da cidade, localizados os endereços e contatos de seus representantes, definidas as perguntas e agendadas as entrevistas. As condições de produção das entrevistas foram bastante variadas, as quais foram realizadas na sede das Irmandades, ou nas casas dos Capitães. Localizar o endereço era o primeiro desafio a enfrentar, pois, muitas das Guardas se situam em vilas e favelas, nas periferias da cidade, algumas em lugares de grande índice de vulnerabilidade social. Desse modo, inseri-me em comunidades bem diversas (ALVES, 2007).

Os informantes são pessoas simples: a maioria não possui estudos, quase todos trabalham fora de casa, o que dificultava o agendamento. Os de idade avançada têm a fala mansa e o tom de voz baixo que, quase sempre, concorriam com o barulho externo (som alto, choro de criança, latido de cachorro), que não podia ser controlado, comprometendo a qualidade da gravação.

As entrevistas duravam, em média, uma hora e trinta minutos. Entretanto, o principal problema ocorrido foi em relação à tecnologia para a gravação das entrevistas. Iniciei as mesmas, utilizando o gravador comum, mas logo percebi que a qualidade do som não era satisfatória. Graças ao desenvolvimento tecnológico, favorecido pelas ciências, nesses tempos contemporâneos, adquiri um gravador digital que valorizou, sobremaneira, a qualidade das entrevistas.

Porém, outros problemas surgiram. Como ainda não dominava a tecnologia, por várias vezes, cometi erros imperdoáveis como: pilhas que descarregavam no momento da entrevista, arquivos que foram deletados por engano, parte de entrevistas que não foram salvas no computador. Desse modo, alguns dados foram perdidos. Tais erros comprometeram a coleta de dados, mas ainda assim, após a transcrição e revisão das entrevistas, foi produzido um material com, aproximadamente, 300 páginas, que foi a base para a escrita deste texto e para as análises, que, aqui, desenvolvo.

Ainda, no sentido de desvendar as estruturas imaginárias, presentes na festa do Reinado de Nossa Senhora do Rosário, foram coletados dados com base em levantamento etnográfico registrado em diário de campo, desde 2003, fruto da observação participante em festas de várias Guardas de Congado da cidade, e de um rico acervo imagético, de filmes e fotos. Também foi considerado o acervo sonoro, possibilitado pela gravação dos cantos.

Assim, defini a análise dos dados, a partir da perspectiva oximorônica que considerou a trajetividade, o movimento pendular, presente entre as polaridades, transitando da festa-fato para a festa-questão, na cotidianidade. As falas dos congadeiros definiram minhas veredas, que foram as imagens arquetípicas. Imagens estas que estão na passagem, no trajeto de uma viagem continental, psicológica e espiritual, coletadas a partir dos textos orais, consubstanciados de uma riqueza expressiva e carregados de pulsação do cotidiano, da vida, da devoção que ancora, no corpo, uma narrativa que constrói uma identidade integradora, múltipla e diversa entre os congadeiros.

Quadro 2. Guardas de Congado de Belo Horizonte/MG

	GUARDA	ENDEREÇO	ENTREVISTADO (S)	PEQUENO HISTÓRICO	DIA DA ENTREVISTA	DATAS DAS FESTAS
1	Irmandade Nossa Senhora do Rosário do Jatobá	Rua Paulina, n°21. Bairro Jatobá.	Capitão Daniel Galdino – 22 anos; Leonor Pereira Galdino – 90 anos; Alcides Galdino de Lima – 71 anos	Nao se sabe ao certo o ano da fundação mas acredita-se que foi na década de 1920 por Virgulino Mota. Houve um desentendimento entre as irmandades do Jatobá e de Ibirité. Ficou uns quinze anos sem ter festa. Foi retomada por João Lopes e outros. Possui três Guardas: Congo Masculina, Congo Feminina e Moçambique.	10/05/2006	Agosto
2	Irmandade Nossa Senhora do Rosário de Justinópolis	Rua Francisco Labanca, n° 189. Bairro Justinópolis. Única Guarda da Região Metropolitana entrevistada.	Capitão Dirceu Ferreira Sérgio – 48 anos	Fundada em Areias/MG pelos antepassados vindos de Vera Cruz e Pedro Leopoldo. Transferida em 1919 para Justinópolis em terreno cedido pelo fazendeiro Francisco Labanca para construir a sede e capela própria. A Irmandade é constituída por duas Guardas: Congo e Moçambique, um Candombe, uma Folia de Reis, o Boi Manta, um grupo de capoeira, um de Maculelê e uma quadrilha.	08/04/2006	Maio Outubro

3	Guarda de Congo São Benedito e Nossa Senhora do Rosário	Centro Social, n°260, Bairro Gameleira.	Capitã Odete Maria dos Santos – 61 anos; Presidente Carmelita Aparecida dos Santos – 36 anos	Fundada em 1993; dá continuidade ao trabalho desenvolvido por Vicente da Cruz, que trouxe o Congado da região de Moeda/MG quando muitos dançantes vieram morar em Belo Horizonte. Diz a depoente que seu pai, Sr. Zezé, três dias antes de morrer pediu a ela dois pauzinhos e, batendo um no outro, pediu a ela que se ele morresse continuasse com a Guarda. Passaram-se dois anos até que montaram a Guarda. Hoje são em torno de 40 participantes.	24/06/2006	Maio
4	Guarda de Congo Nossa Senhora do Rosário	Rua Copacabana, n° 364. Bairro Serrano.	Capitão João da Cruz – 82 anos Gleison Rodrigues Batista Passos – 17 anos	A Guarda foi fundada para atender o pedido da própria Santa. Possui sede própria.	22/05/2007	Novembro
5	Guarda de Nossa Senhora da Providência	Rua Américo Martins da Costa. Bairro Providência.	Capitão Cleone de Souza Pedro – 25 anos	A Guarda surge a partir de uma promessa para São Benedito. Segundo o depoente, muito tempo atrás barulhos de correntes eram ouvidos como se fosse um prenúncio para a fundação da Guarda. Após a primeira festa (sem informação da data) não se ouviu mais os barulhos.	10/03/2007	Junho

6	Guarda de Moçambique Nossa Senhora do Rosário 13 de Maio	Rua Jataí, n° 1309. Bairro Concórdia.	Rainha Izabel Cassimiro das Dores Gasparino – 62 anos Princesa Margarida Cassimiro Gasparino – 39 anos	Fundada 1944, por Maria Casemiro das Dores, primeira Rainha Conga de MG com seus dois filhos Isabel e Efigênio. Naquela época as Guardas não podiam ser presididas por mulheres, quem assume é seu filho Efigênio. Surgiu de uma promessa de sete anos que a D. Casemira fez e até hoje não conseguiu parar. Com a morte da D. Casemira a Isabel recebe o cargo de Rainha Conga.	01/04/2006	Maio
7	Guarda de Congo Feminina São Benedito	Rua Marcassita, n° 07. Bairro São Cristóvão.	Capitã Morgana dos Santos Vieira – 33 anos	Foi herdada da primeira Guarda de Congado fundada em BH por Maria Matilde e o Sr. Alvino Vieira. Foi assumida anos depois pelo filho do casal, Sr. Alcides, que em 1994 passa a sua filha Morgana. A sede é em Santa Luzia mas a festa é realizada em BH, local onde mora a maioria dos integrantes.	12/05/2006	Maio
8	Guarda Nossa Senhora do Rosário e São Benedito	Vila Cafezal.	Capitão Raimundo de Jesus – 64 anos	Fundada pelo Capitão Raimundo em 1998. Ele nao conhecia o congado e foi participar da Guarda de Vera Cruz a convite de seu compadre com o Vice-Capitão. Ao se mudar para o Cafezal monta uma folia de reis que se desfaz e só depois monta o seu congado. Aprende sobre o congado em livros e atuando em outras Guardas.	26/05/2006	Novembro

9	Guarda de Moçambique Sao Benedito	Bairro Floramar.	Capitã Maria Solange Leandro Esteves – 49 anos	A Guarda segue a herança dos pais da Capitã que participavam no Bairro São Geraldo. Segundo a depoente "ela nasceu no congado". Participou da Guarda dos bairros Suzana, São Paulo e Pirajá. Após alguns desentendimentos com esses grupos, ela e seu primo Roberto Marques da Rocha montam este Moçambique. Não possui registro em cartório nem sede.	20/12/2006	Maio
10	Guarda de Moçambique Nossa Senhora do Rosário São João Batista	Rua Prado Lopes, n° 62. Bairro Santo André.	Rainha Conga Maria Elizabeth Mendes (Dona Bela) – 103 anos	Fundada em 1954. Possui sede própria onde funciona também um terreiro de umbanda.	15/05/2007	Junho
11	Guarda de Congo Nossa Senhora do Rosário e Patrono São Sebastião	Rua Valeiro, n° 185. Bairro Pirajá.	Rei Congo Amaro Francisco Ferreira – 79 anos	Fundada no bairro Susana por João Nonato. Foi herdada por Hilda Moreira quando o ex-Capitão mudou de religião. Hilda foi Rainha Conga e regeu a Guarda por mais de 20 anos. Estava doente no momento da entrevista.	09/06/2006	Outubro
12	Irmandade Nova Granada de Nossa Senhora do Rosário	Rua do Rosário, n° 90. Vila São Jorge, Bairro Nova Granada.	Capitão Hélio da Silva – 77 anos	Fundada em 1939 por Joaquim Marques e Dona Antonia. O Sr. Helio participava da Guarda desde os sete anos e depois da insistência dos fundadores, assumiu o grupo. Possui sede própria e uma capela. São duas Guardas: Congo e Moçambique.	11/03/2006	Maio Setembro

13	Irmandade de Nossa Senhora do Rosário dos Ciríacos	Rua Balneário, n° 240. Bairro Novo Progresso.	Capitão Antônio Jorge Muniz – (Toinzinho)	Fundada no Retiro, bairro depois da cidade de Contagem, em 1954 pelo pai do Capitão. Na ocasião o pai morava no Engenho Nogueira e montou uma guarda com Luiz, filho de Chico Mestre no bairro Aparecida. O Sr. Luiz muda para São Paulo e entrega para o pai a Guarda. Toinzinho e seu irmão nesta época dançavam na guarda dos Muniz e com a dificuldade de número de dançantes passam para a do pai. Hoje a sede é na residência de Toinzinho, capitão com mais tempo à frente das duas Guardas: uma de Congo e outra de Moçambique.	13/02/2006	Maio Setembro
14	Guarda de São Jorge de Nossa Senhora do Rosário	Rua Tamboril, n° 639. Bairro Concórdia.	Capitã Vilma Lima da Conceição – 61 anos	A Guarda é da década de 1930 e foi fundada por Alcir de Isabel da Cruz e Rosa de Lima Cruz, pais da Capitã Vilma junto com alguns amigos. Foi fundada uma guarda de congo e outra de Moçambique, hoje é apenas uma. Foi registrada anos mais tarde. A Capitã conta que era princesa, foi participando mais e mais. Com o falecimento da mãe, que era Rainha Conga e a pouca dedicação de quem assumiu o seu lugar, tornou-se também uma coroada. Assim assumia vários papéis e os dividia principalmente com as filhas Kelma e Kelly, também Capitãs.	21/03/2006	Abril

15	Guarda de Congo Velho do Rosário	Rua Nova Suíça, n° 12. Bairro Olhos D'água.	Capitão Damião dos Reis – 19 anos	Surgiu em 1908, com o senhor Mariano Catarino, tataravô de Damião, em Itabirito e, em 1981, foi trazida para BH no bairro Anchieta. Com a morte do Sr. Mariano assumem o Sebastião, Pedro Candido e Zé Noronha. Até esse momento era só masculina. Com a morte dos senhores assumem Geralda Angélica e Geraldina Apolinária, avó e tia do Capitão Damião, deslocando para o bairro Olhos D'Agua, por volta de 1970. Também participavam o Sr. José Bonifácio e Ailton. Com o falecimento de ambos o Damião que vinha sendo preparado assume o grupo.	12/07/2006	Setembro
16	Guarda de Marujos São Cosme e Damião	Rua União, n° 16. Bairro São Pedro.	Capitã Maria das Graças de Oliveira	Guarda surgiu no Morro do Papagaio, por volta da década de 1960, após herdar uma que já existia na região e era apenas masculina. Única guarda de marujo pesquisada, diferencia-se pela batida do tambor. Tem este nome por que havia muitas crianças no início, sendo Cosme e Damião considerados delas padroeiros.	20/05/2006	Setembro

17	Guarda de Congo Feminina de Nossa Senhora do Rosário Bairro Aparecida	Rua 1° de julho, n° 194. Bairro Aparecida.	Capitã Maria do Nascimento Silva – 56 anos, Fundadora e Cozinheira Neuza Pereira Teixeira, Rainha Conga Adélia Rosalino – 86 anos	A guarda masculina funcionava desde 1940 na Vila Maria Aparecida (atual bairro Aparecida). As filhas dos senhores da Guarda de Congo masculina (Neusa e Zilda) e a depoente, que era Capitã de uma Guarda no bairro Salgado Filho, montaram a primeira feminina da cidade. Durante um tempo permaneceram as duas até que, com a morte dos mais velhos, a masculina acabou. São mais de quatro décadas de festejos ininterruptos.	03/06/2006	Outubro
18	Guarda de Caboclinhos do Espírito Santo	Rua Santa Rosa de Lima, n° 84. Bairro Nova Cintra.	Mestre Zelita Pereira da Silva – 72 anos Contra-mestre Iara Bárbara de Andrade – 28 anos	A Guarda segue tradição deixada pelo pai da Capitã, vinda de Baldim/MG. É a segunda geração de um grupo familiar. Segundo a depoente não tem data certa de sua fundação mas é anterior ao nascimento do seu avô que se deu em 1901. Com o falecimento dos mais velhos a Guarda fica parada por mais de 30 anos. Zelita, que fazia parte da primeira geração faz uma promessa para o Divino Espírito Santo pela saúde e restabelecimento de seu neto. Durante sete anos ele foi coroado Imperador do Divino e ao final, ela resolve erguer a Guarda de Caboclinhos. É a única Guarda da cidade. Nesta não tem capitão, e sim, Mestre, Contra-Mestre, Papai-Vovô e Caciquinho. As roupas possuem penas e cocares. Nos festejos o Imperador é a autoridade máxima.	30/05/2006	Julho

19	Guarda de Moçambique do Divino Espírito Santo do Reino de São Benedito	Rua Henrique Dias, n° 107. Bairro Aparecida.	Capitão Rodrigo Lúcio Sabino – 25 anos	Possuem parentesco com as Guardas dos bairros Aparecida e Nova Cintra. Em 1996 os filhos das mulheres da Guarda de Congo Feminina do Bairro Aparecida recebem um convite da Zelita (da Guarda de Caboclinhos) para montarem um quadro do Divino como promessa para o reestabelecimento do seu neto. Como não poderiam participar da Guarda de mulheres fundam a de Moçambique. Possuem sede própria.	11/11/2006	Junho
20	Guarda de Congo São Bartolomeu e Nossa Senhora do Rosário	Rua Tamboril, 856. Bairro Concórdia.	Presidente Vânia de Aparecida da Cruz – 42 anos Rei Perpétuo Francisco Adriano Cornélio	O interesse pelo congado vem da participação do irmão da depoente, Antonio Roberto de Oliveira como Capitão na Guarda 13 de Maio. A iniciativa de Antonio provocou outros parentes que também gostaram. Alguns participaram também da Guarda de São Jorge, ambas no bairro da Concórdia. Após discordâncias entre os dançantes em outras Guardas foi decidido que o grupo montaria a sua própria. 40 componentes.	24/05/2006	Agosto
21	Guarda de Moçambique Nossa Senhora do Rosário	Rua Garça, n° 229. Bairro Santo André.	Capitão Veríssmo Moreira -	É uma das guardas mais antigas. Foi fundada em 1936. Possui sede própria.	10/08/2006	Maio Outubro

22	Guarda de Moçambique de Nossa Senhora do Rosário e São José	Rua José Romano, n° 227. Bairro São José.	Capitã Edna Aparecida dos Santos	Foi fundada em 1953, em Contagem/ MG. Segue a tradição dos familiares.	02/09/2006	Setembro
23	Ordem Templária da Cruz de Santo Antônio de Pádua	Rua Boaventura. Bairro Jaraguá.	Rei Manoel Fonseca dos Reis – 48 anos	Segundo o depoente Manoel Fonseca dos Reis, seus avós Ana Morais dos Reis e Manoel dos Reis vieram de Portugal para o Arraial de Santo Antonio da Pampulha Velha, por volta de 1930. Nesta época eles construíram uma Capela em honra de Santo Antonio de Lisboa. Seu filho Manoel dos Reis Filho foi responsável pela fundação de 54 associações religiosas na cidade. O congado não é tradição da família. O interesse vem do depoente que se envolve com um grupo de danças folclóricas da cidade e aproxima-se do congado. Em contato com Raimundo Nonato da Guarda de Moçambique de Santo Antonio de Lisboa no bairro Floramar ele descobre que esse senhor havia sido atendido por sua avó (benzedeira) e, com ela, feito um trato de que um descendente seu receberia a coroa de Santo Antonio. Assim, o depoente abre o Reino e em 1989 faz a primeira festa. Torna-se Rei Perpétuo. Construíram capela e sede próprias. É a única Ordem Templária. Usam calças pretas, camisas brancas e uma cruz no pescoço. Manoel também foi responsável pela substituição da Federação dos Congados pelo Centro das Tradições do Rosário em Minas Gerais.	20/05/2006	Junho

24	Guarda de Moçambique Três Coroas Nossa Senhora do Rosário	Rua São Roque, n° 632. Bairro Sagrada Família.	Rainha de Santa Efigênia Francisca Enitéria Evangelista – 55 anos	Fundada em 1954 como pagamento de promessa à Nossa Senhora. Constituída por um grupo de familiares. Tem aproximadamente 60 participantes.	12/05/2006	Novembro
25	Irmandade de Moçambique de Nossa Senhora do Rosário do Bairro Gameleira	Rua F, n° 06. Bairro Nova Gameleira.	Capitão-Mor Jeremias Felipe Gomes Rainha Conga Maria Alice Rocha – 58 anos Rainha de São Jorge e Vice-presidente Maria da Conceição Colder – 70 anos	Foi fundada há mais de 40 anos pelo pai de Maria Alice, o Sr. José Faustino, Jairo Corrêa, seu irmão e sua mãe Maria de Lourdes Santos, para pagamento de promessa. Tinham dificuldades com os Capitães, pediam emprestado na Federação, até que o Zé Matias assumiu e depois o Jeremias que está desde 1986.	27/02/2007	Setembro
26	Guarda de Moçambique Nossa Senhora do Rosário do Alto dos Pinheiros	Rua Mariano Procópio, n° 857. Bairro Alto dos Pinheiros.	Secretária Márcia Costa da Silva – 44 anos	Fundada em 1998 a partir da participação de seus dançantes em outra Guarda. São em torno de 35 participantes.	03/07/2006	Novembro

Fonte: Dados da pesquisa (2006-2007).

O Mito em Imagens

Lendas do Rosário. Óleo sobre tela. 100 x 70. Antônio do Rosário, 2002.

Símbolos do Reinado

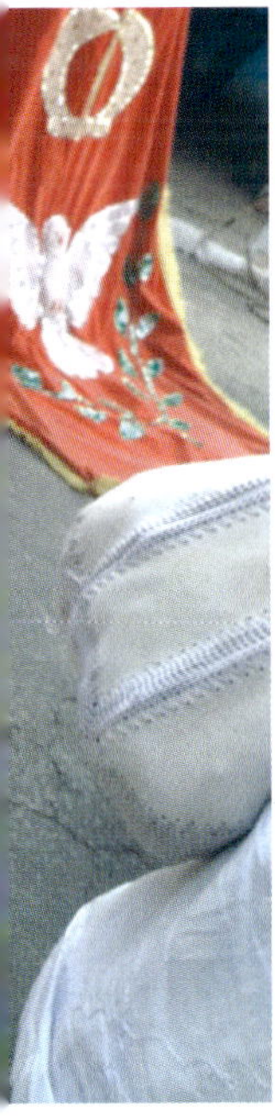

Guardas de Congo, Moçambique e Caboclinhos

BANDA DE

OMUNIDADE SÃO GERALDO
SSVP

Trono Coroado

Reverências aos Símbolos

Instrumentos Sagrados

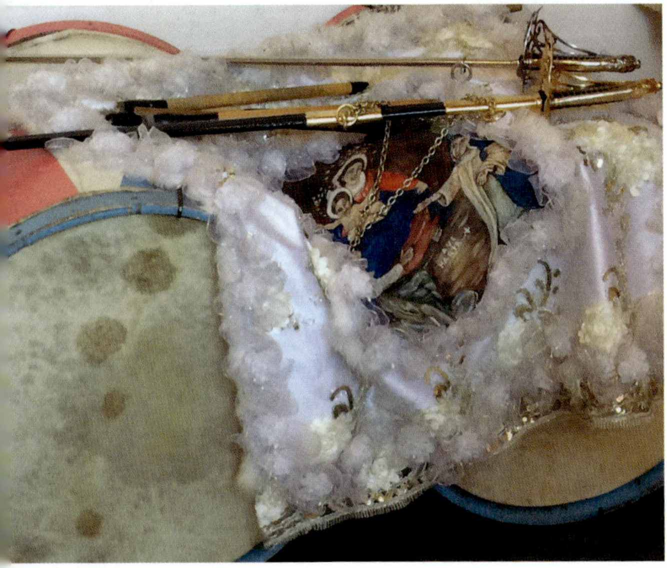

Capítulo II

O "Novo" Espírito Científico

Da complexidade ao imaginário

"*Tudo que é imaginado existe, é e tem*"!
Estamira

Envolvida com as teorias do pensamento complexo inauguradas por Morin e, ainda, com o objetivo de perseguir as imagens mythopoiéticas do Reinado de Nossa Senhora do Rosário, encontrei na antropologia do imaginário e em um de seus principais expoentes, Gilbert Durand, o apoio teórico que necessitava para desenvolver este estudo. Enquanto Morin discute a noologia, Durand, comungando com suas ideias, prefere aprofundar os estudos sobre o imaginário.

Em seus escritos sobre o imaginário e os modos de aprendê-lo, Durand (2004) tece importantes análises sobre a desmitologização ocorrida no pensamento europeu e ocidental que, ao se tornar cientificista e racionalista, desvalorizou ontologicamente o imaginário e psicologicamente a função da imaginação. As imagens passaram a ser consideradas a "louca da casa" (p. 13), pois, num universo mecânico, a arte de persuadir dos pregadores, dos poetas e dos pintores, jamais terá acesso à dignidade de uma arte de demonstrar. Dessa forma, a abordagem poética cedeu lugar ao conhecimento determinista constituído pela experiência perceptiva e o raciocínio.

Numa incursão histórica (1982), na qual o autor chama atenção para os perigos de seu reducionismo, ele mostra como, desde Aristóteles, o pensamento clássico rejeitou tudo que é do sonho e do imaginário como pensamento enganoso. Desse modo, o *logos* substituiu o mito, transformando-o numa fábula que nossa sociedade, ainda nos dias de hoje, equivocadamente considera como falácia ou inverdade. Durand ressalta as contribuições de Augusto Comte para que o imaginário caísse no obscurantismo, quando este dividiu em três estados o devir da humanidade, precedidos pela idade metafísica e, antes dela, a idade obscura, teológica (ou a idade do imaginário). Destaca a tentativa tímida de Kant em reabilitar a imaginação e afirma ser Gaston Bachelard o primeiro cientista a se reconciliar com as imagens, percebendo existir uma ordem metodológica e epistemológica da ciência, mas, também, uma ordem da não ciência, ou seja, do imaginário, da poética. A Bachelard atribui-se o mérito de ter traduzido o "novo espírito científico", que emergia a partir das descobertas dos físicos e teóricos do início do século passado.

A essência desse novo espírito científico era a convicção de que o objeto não era independente do observador. Ressalta-se, mais uma vez, a fundamental contribuição da teoria da relatividade de Einstein, que abalou e pôs em xeque as certezas do racionalismo clássico, obrigando epistemólogos e cientistas a repensar a totalidade da *episteme*.

Durand destaca três importantes consequências desse novo espírito científico. Primeiro, a discussão sobre a linearidade e a irreversibilidade do tempo. O princípio da repetitividade demonstra que um fenômeno pode repetir as causas, tornando, assim, o tempo irreversível. Em relação aos espaços da geometria (euclidiana e não euclidiana), os fenômenos são transcendidos por um real semântico que escapa a uma espacialização (princípio da semanticidade). O real da física contemporânea aparece como velado, sem a objetividade pesada de Newton, Galileu ou Descartes. Por fim, o determinismo não é mais de causa e efeito, mas de complexidade. Aproximando-se de Morin, Durand afirma que é a ordem a partir da des-ordem (ou uma certa desordem) que é a produtora da ordem (teoria do caos). Tudo isso muda radicalmente a noção de objeto e traz consequências também para as ciências do homem.

Nesse novo espírito científico, Bachelard (2002) defende uma doutrina filosófica da imaginação, responsável pelos estudos das relações entre a causalidade material e a causalidade formal presentes no psiquismo humano. Segundo esse autor, é a existência dessas duas forças imaginantes que caracteriza o psiquismo humano e elas se desenvolvem também em duas linhas diferentes, apesar de poderem atuar juntas: uma imaginação que dá vida à causa formal, ou imaginação formal (valoriza os modelos científicos da tradição aristotélica, cartesiana e positivista); e outra que dá vida à causa material ou imaginação material (poética), "modo de expressão do devaneio poético que propõe uma mediação substancialista do sujeito com seu mundo" (FREITAS, s/d, p. 10).

A formação do Eu segue estas duas vias opostas: numa, o sujeito apreende a imagem como obstáculo epistemológico, purifica-a de qualquer sobrecarga simbólica e lentamente adquire uma racionalidade abstrata; na outra, o sujeito deixa-se arrastar pelas imagens, deforma-as, enriquece-as para fazer nascer uma vivência poética que atinge a sua plenitude no devaneio. A imagem é apreendida como fonte criadora (WUNENBURGER; ARÁUJO, 2003, p. 25).

Desse modo, percebe-se no psiquismo humano a preexistência de representações metafóricas carregadas de afetividade que imediatamente organizam a relação do homem com o mundo exterior. Segundo Bachelard (2002), "é necessário que uma causa sentimental, uma causa do coração se torne uma causa formal para que a obra tenha a variedade do verbo, a vida cambiante da luz" (p. 2). As imagens da matéria, nós as sonhamos, elas passam a ter um peso, são um coração e encontram sua dinâmica criadora na experiência do corpo, na linguagem, nos gestos, na consciência temporal descontínua, rítmica e nos espaços, em variadas ações da vida humana, como no trabalho ou no lazer, e como manifestação expressiva nas festas.

Ao contrário do que diz a etimologia, que considera a imaginação a faculdade de formar imagens da realidade, Bachelard afirma que ela é a faculdade de formar imagens que ultrapassam a realidade, que cantam a realidade. Essa é uma faculdade de sobre-humanidade, pois este super-homem define-se pelo conjunto de tendências que o impelem a ultrapassar a humana condição. Para ele,

> (...) a imaginação inventa mais que coisas e dramas, inventa vida nova, inventa mente nova; abre olhos que têm novos tipos de visão. Verá se tiver visões. Terá visões se se educar com devaneios antes de educar-se com experiências, se as experiências vierem depois como provas de seus devaneios (p. 18).

Bachelard introduz ao mundo ocidental uma nova razão, aberta, dinâmica, em equilíbrio vital com a capacidade imaginante e criadora, na qual se percebem os sinais da interação entre o humano e o cósmico na formação das imagens, entre as pulsões humanas e as intimações do meio ambiente material (DIB, 2002, p. 38). Rosa Meloni (1999) destaca que, para Bachelard, a imaginação humana recupera seu lugar de elemento fundador e motivador da vida psíquica do homem, revelando-o para si mesmo, tornando-o espetáculo de si próprio.

É por meio dos princípios da fenomenologia que Bachelard prioriza e analisa a imaginação poética, trazendo à plena luz a tomada de consciência do sujeito. Dessa forma, atribui-se aos fenômenos da psique um valor subjetivo às imagens, durável, que muitas vezes encerram apenas uma "objetividade duvidosa" (BACHELARD, 2001, p. 1). Observa-se um crescimento do ser, pois "toda tomada de consciência é um crescimento de consciência, que é contemporânea de um devir que propaga seu vigor por todo o psiquismo e que é, por si só, um ato humano" (p. 5). Isto nos faz crer que antes de qualquer pensamento consciente existe a imaginação.

Em seus devaneios, Bachelard nos convida a imaginar sobre os quatro elementos básicos do mundo, o fogo, a água, a terra e o ar. Diz:

> Só um filósofo iconoclasta pode empreender esta pesada tarefa: discernir todos os sufixos da beleza, tentar encontrar, por trás das imagens que se mostram, as imagens que se ocultam, ir a própria raiz da força imaginante (p. 2).

Para Bachelard (2001, p. 52), a imagem "só pode ser estudada pela imagem", sendo um contrassenso pretender estudar objetivamente a razão, uma vez que "só recebemos verdadeiramente a imagem quando a admiramos". Entre as imagens e os conceitos não há nenhuma síntese, pois estes se desenvolvem sobre duas linhas divergentes da vida espiritual e se formam nos dois pólos opostos: da imaginação e da razão. A imagem não pode fornecer matéria ao conceito. Por sua vez, o conceito, dando estabilidade à imagem, iria asfixiar-lhe a vida (p. 50).

Assim é que o autor, aproximando-se das análises de Jung, afirma que quem se entrega com entusiasmo ao pensamento racional, domínio do pólo masculino – *animus* –, certamente se desinteressará da poesia ou das coisas do pólo feminino da psique – *anima* (p. 52). Ao reino do *animus* pertencem os projetos e as preocupações; ao reino do *anima*, o devaneio que vive o presente das imagens felizes. As imagens poéticas são manifestações da *anima* e se fundem num calor íntimo, na constante doçura em que se banha, em toda alma, o âmago feminino (p. 61).

Desde "As estruturas...", Durand (2002) vem argumentando que o imaginário[21] "é o conjunto das imagens e relações de imagens que constitui o capital pensado do *homo sapiens* – aparece-nos como o grande denominador fundamental, aonde se vêm encontrar todas as criações do pensamento humano" (p. 18).

A partir dessa argumentação, Durand afirma que o mundo não é natural, ele é humano. Não é dado ao homem, e sim representado. Ruiz (2003) afirma que esta representação produz o simbólico e possibilita que o "ser humano, antes de pensar logicamente as coisas, imagine-as", de modo que "os objetos passam de elementos sem sentido a ser coisas com significado" (p. 48). A representação só pode existir na forma de linguagem, pois "qualquer imagem do mundo está sempre impregnada de uma significação particular" (p. 193).

Para Durand, essa representação, ou seja, o imaginário, produz-se no trajeto antropológico que consiste na

> (...) incessante troca ao nível do imaginário entre as pulsões subjetivas e assimiladoras e as intimações objetivas que emanam do meio cósmico e social. (...) Há uma gênese recíproca que oscila do gesto pulsional ao meio ambiente material e social, e vice-versa. É nesse intervalo, nesse caminhamento reversível que se deve instalar a investigação antropológica (p. 41).

Em outras palavras, trajeto antropológico é o produto da articulação entre o bio-psíquico e o sociocultural, o subjetivo e o objetivo, que permite ao homem realizar a sutura epistemológica entre Natureza e Cultura mediada pelo símbolo e, ainda, construir seus aparelhos simbólicos (PAULA CARVALHO, 1990).

[21] Ruiz (p. 32) chama a atenção para distinção semântica entre imaginação e imaginário. O imaginário corresponde ao aspecto insondável do ser humano em que se produz o elemento criativo. Constitui o sem-fundo humano que possibilita a imaginação e também a racionalidade. Ambas, imaginação e racionalidade, são criações do imaginário e coexistem necessariamente na dimensão simbólica inerente ao ser humano.

Durand se preocupa em superar a lógica cartesiana, explicativa, linear e arbitrária para o símbolo propondo compreendermos a sua ambivalência e a busca por um método que "viabilize a apreensão, compreensão e interpretação dos motivos simbólicos em sua complexidade" (DIB, p. 2). A composição etimológica da palavra símbolo na língua alemã define mais claramente o seu duplo caráter: *Sinn* (sentido) corresponde às variações das configurações socioculturais (variações das imagens) e *Bild* (forma), às invariâncias arquetipais (arquétipo) (DURAND, 1988, p. 1). Em suas origens gregas, *symbolon* consistia num pequeno objeto divido em dois. Uma metade era oferecida ao hóspede ou convidado, ficando a outra com o anfitrião. Esse laço de hospitalidade era transmitido pelas gerações e, quando ocorria dessas metades se encaixarem, era prova de reconhecimento e relação entre os seus antecedentes. As duas partes separadas não tinham valor real, mas reunidas compunham um sentido pleno (BRANDÃO, 2004, p. 38).

O ser humano, *sapiens-demens* (Morin) confere sentido ao mundo pela mediação do simbólico (*homo symbolicus*) que transita pelos níveis do consciente e do inconsciente, do objetivo e do subjetivo, da razão e da imaginação. Esse simbolismo é constitutivo do processo de individuação[22] do ser, pela equilibração de *Sinn* e *Bild*, ou seja, a consciência clara (em parte coletiva, formada pela conduta, métodos, línguas inculcadas na psique pela educação) e o inconsciente coletivo (libido) (DURAND, 1988, p. 62). Para o grande mitólogo do século XX, Joseph Campbell (2004), "os símbolos são metáforas reveladoras do destino do homem, bem como de sua esperança, fé e obscuro mistério" (p. 257).

Dialogando com Bachelard de "O ar e os sonhos", para o qual a imaginação de um movimento reclama a imaginação de uma matéria e desse encontro formam-se os complexos de cultura que vêm render os complexos psicanalíticos, Durand afirma que o trajeto antropológico pode partir da cultura ou do natural

[22] Para Jung, o processo de individuação é fruto da ação de uma espécie de tendência reguladora ou direcional oculta, gerando um processo lento e imperceptível do crescimento psíquico que interfere na personalidade de cada ser humano (JUNG, 2002, p. 160). Meloni traduz esse entendimento, afirmando ser o processo de individuação um crescimento para dentro, na captura da imagem configurada pessoalmente por cada ser. Ela afirma que "... o caminho da individuação propugna alcançar o universo simbólico e imagético do homem, porque a riqueza da vida psíquica consiste numa abundância de imagens, e a saúde mental depende da fruição delas" (p. 50).

psicológico, uma vez que o essencial da representação e do símbolo está contido entre esses dois marcos que são reversíveis, porque o meio elementar é revelador de atitudes.

O imaginário não é nem mera criação individual, nem simples produção social, ele articula o pólo biopsíquico com o sociocultural, expressando tanto as invariâncias arquetipais, como as variações das configurações socioculturais. Nesse sentido, o imaginário se manifesta nos dois pólos, mas é produzido no circuito entre eles, ou seja, na confluência do subjetivo e do objetivo, do pessoal e do meio sociocultural (TEIXEIRA, 2001). Paula Carvalho (*apud* TEIXEIRA) vai além e afirma que se pode utilizar o termo cultura para as formas organizacionais e o instituído, e o termo imaginário para o instituinte ou plasma existencial.

Para Wunenburguer e Araújo (2003) o imaginário não é apenas um termo que designa um conglomerado de imagens heteróclitas, mas remete a uma esfera psíquica na qual estas adquirem forma e sentido devido a sua natureza simbólica. O imaginário de cada indivíduo está enraizado numa bio-história pessoal (diz de seu temperamento, caráter, estrutura pulsional, fantasias) que é levado a expandir-se, a renovar-se por meio de processos de simbolização que o fazem participar na totalidade do mundo. Para esses autores, o imaginário individual inscreve-se e apoia-se no imaginário coletivo que o alimenta e se renova a si próprio por ocasião das obras individuais, constituindo uma gramática simbólica, de imagens primordiais ou arquetípicas. Cada imaginário cultural consiste numa configuração retirada da totalidade das imagens possíveis, obedecendo a uma estrutura funcional universal.

Ruiz (2003) defende que a principal característica do imaginário, esse sem-fundo humano, é a criação. Para esse autor, o imaginário, assim como o humano, é paradoxal, pois emerge com força criativa, mas só pode existir na forma de identidade delimitada. É indeterminável, porém sua concretização só se dá a partir da determinação. Para o autor "o imaginário humano é um manancial criativo que (re)sente o mundo de forma criadora; um mistério que emerge de nós na forma de criação divina e que transforma o húmus insignificante da natureza em mundo humanizado" (p. 24).

Enfim, a imaginação é, para Durand, o dinamismo organizador, fator de homogeneidade na representação. Comungando com a crítica de Bachelard à etimologia, afirma ser a imaginação

> (...) potência dinâmica que "deforma" as cópias pragmáticas fornecidas pela percepção e esse dinamismo reformador das sensações torna-se o fundamento de toda a vida psíquica porque as leis da representação são homogêneas, a representação sendo metafórica a todos os seus níveis, e, uma vez que tudo é metafórico, ao nível da representação todas as metáforas se equivalem (p. 30).

Assim, a imaginação é "dinamicamente negação vital, negação do nada da morte e do tempo" (DURAND, 1988, p. 99). Em outras palavras, sua principal função é permitir que o homem encontre meios de enfrentar a angústia original do tempo que passa e da consciência da morte.

Desse modo, o equilíbrio biopsicossocial, nos grupos, se dá a partir do pensamento simbólico e suas funções, que, segundo Durand (1988), traz benefícios de acordo com quatro aspectos. Por sua função fabuladora e eufemizadora, o símbolo restabelece o equilíbrio vital comprometido pela noção de morte (apesar de não ter sido considerado como um meio terapêutico direto, nem para Freud, nem para Jung), cabendo à pedagogia eleger e dosar as coleções e as estruturas de imagens, que uma sociedade exige para o seu desenvolvimento evolutivo. Nesse caso, o equilíbrio sócio-histórico de uma sociedade "... seria a constante realização simbólica e a vida de uma cultura seria feita dessas diástoles e sístoles, mais ou menos lentas, mais ou menos rápidas, conforme a própria concepção que essas sociedades têm da história" (p. 105).

Também o equilíbrio antropológico do homem é fruto de sua relação afetiva com as imagens que instaura o *homo simbolicus* e "... erige enfim o domínio do supremo valor e equilibra o universo que passa, através de um Ser que não passa, a quem pertence à eterna infância, a eterna aurora; e o símbolo então resulta numa teofania" (DURAND, p. 100).

Sendo assim, o imaginário não é um elemento secundário do pensamento humano, mas a matriz dos sistemas filosóficos, lógicos e conceituais, de modo que não há oposição, mas integração entre imaginário e razão (PORTO, 2007), e se expressa em sistemas e práticas simbólicas, ou seja, em produções imaginárias como o mito, os ritos, a linguagem, a arte, a religião, a ciência, a ideologia, as formas de organização e as demais atividades e criações humanas. No cerne etimológico do imaginário coloca-se a imagem que, para Durand (p. 29), é "portadora de um sentido que não deve ser procurado fora da significação imaginária". De forma literária o autor afirma que "as imagens não valem pelas raízes libidinosas que escondem, mas pelas flores poéticas e míticas que revelam".

Na constituição do imaginário, Durand adota o método de convergência para mostrar as vastas constelações de imagens que se constituem pelos símbolos. São constelações, praticamente, constantes e parecem estruturadas por certo isomorfismo dos símbolos convergentes. Segundo ele, os símbolos constelam porque são desenvolvidos de um mesmo tema arquetipal, são variações de um mesmo arquétipo e constituem os conjuntos simbólicos. Na verdade, há uma atração (ou um pólo atrator) entre as imagens arquetípicas, que as constituem em constelações. São esses conjuntos, ou essas constelações, em que as imagens convergem em torno de núcleos organizadores, que a arquetipologia antropológica vem tentando distinguir nas manifestações humanas da imaginação e que, neste estudo, privilegiará as imagens mitopoiéticas presentes no Reinado de Nossa Senhora do Rosário, como nos relatos dos congadeiros.

Para estabelecer o princípio de classificação das constelações de imagens, Durand comunga com a intuição bachelardiana, para o qual as metáforas axiomáticas indicam o movimento. A reflexologia, por meio dos conjuntos sensório-motores, mais arcaicos, constitutivos dos sistemas de "acomodações" elementares e originários, fornece pistas para entendermos como as dominantes reflexas atuam e intervêm nos processos de assimilação constitutivos do simbolismo. Assim, concorda Danielle da Rocha Pitta (2005) que as imagens não vêm prontas e transmitidas pela hereditariedade. Elas se formam pela interação dos reflexos e das pulsões, às quais estão ligadas com o meio material e social.

Sem dúvida, as contribuições de Bachelard, as da psicanálise de Freud e a descoberta do inconsciente, as da psicologia das profundezas[23] de Jung e das noções de arquétipo e de inconsciente coletivo, e as da reflexologia abriram possibilidades para que Durand desenvolvesse uma organização classificatória do ima-

[23] Para James Hollis (1997a), o assunto de que trata a psicologia profunda é cuidar da abissal aflição de que padece o homem na busca do significado existencial de cada um; é dar atenção à alma (p. 178). Dessa forma, não é o espiritual que aparece primeiro, e sim o psíquico (p. 5).

ginário humano (ROCHA PITTA), realizando um inventário imagético e uma classificação dos dinamismos intrínsecos a ele (DIB).

As matrizes originárias, nas quais vão se constituir os grandes conjuntos simbólicos, são definidas por Durand (2002), a partir de três grandes séries de gestos dominantes: a postural, a de nutrição e a copulativa. A primeira é aquela que coordena ou inibe todos os outros reflexos, quando se coloca o corpo de um bebê em pé. Essa dominante faz com que a verticalidade e a horizontalidade sejam privilegiadas e que toda perturbação da postura provoque um reflexo postural dominante. Aqui, se acumulam o *analogon* afetivo e o *analogon* cinestésico da imagem. Por sua vez, a dominante de nutrição se manifesta nos recém-nascidos pelo reflexo de sucção labial e de orientação adequada da cabeça; ela pode ser considerada como um princípio de organização, como uma estrutura sensório-motora. Por fim, a dominante copulativa, a do acasalamento que traduz a pulsão sexual, ou o próprio ato sexual, segue um ciclo e é acompanhado de movimentos rítmicos. Para alguns autores, são organizações inatas que dependem da erotização do sistema nervoso.

Durand, baseando-se nos estudos de Leroi-Gurhan, mostra como esses três grandes gestos, dados pela reflexologia, se desenrolam e orientam a representação simbólica, pois "cada gesto implica ao mesmo tempo uma matéria e uma técnica, suscita um material imaginário e, senão um instrumento, pelo menos, um utensílio" (p. 54).

Apesar de esse esquema contar com três estruturas, Durand (2002) classifica-as em dois regimes, um diurno e um noturno. O regime diurno é estruturado a partir da dominante postural e se identifica com a tecnologia das armas, a sociologia do soberano mago e guerreiro, os rituais de elevação e da purificação. As armas, as flechas e os gládios seriam símbolos frequentes. Por outro lado, o regime noturno compreende as dominantes digestiva e cíclica, e supõe as técnicas do continente e do habitat, os utensílios continentes como as taças e os cofres, os valores alimentares e digestivos, a sociologia matriarcal e alimentadora, as técnicas do ciclo, do calendário agrícola e da indústria têxtil, os símbolos naturais ou artificiais do retorno, a roda, a cruz, os mitos e os dramas astrobiológicos.

Reproduzo o quadro de classificação isotópicas de Durand para facilitar a visualização dessas imagens, uma vez que as encontraremos no mito de Nossa Senhora do Rosário, a serem discutidas nos próximos capítulos.

Quadro 3. Classificação isotópica das imagens

REGIMES ou Polaridades	**DIURNO**		**NOTURNO**		
Estruturas	Esquizomórficas (ou heroicas)		Sintéticas (ou dramáticas)		Místicas (ou antifrásicas)
Princípios de explicação e de justificação ou lógicos	Representação objetivamente heterogeneizante (antítese) e subjetivamente homogeneizante (autismo). Os Princípios de **exclusão**, de **contradição**, de **identidade** funcionam plenamente.		Representação diacrônica que liga as contradições pelo fator tempo. Princípio de **causalidade**, sob todas as suas formas (especialmente final e eficiente), funciona plenamente.		Representação objetivamente homogeneizante (preservação) e subjetivamente heterogeneizante (esforço antifrásico). Os Princípios de **analogia**, **similitude** funcionam plenamente.
Reflexos dominantes	Dominante **postural** com os seus derivados manuais e o adjuvante das sensações à distância (vista, audiofonação)		Dominante **copulativa** com os seus derivados motores rítmicos e os seus adjuvantes sensoriais (quinésicos, músico-rítmicos etc.).		Dominante **digestiva** com os seus adjuvantes cenestésicos, térmicos e os seus derivados táteis, olfativos e gustativos.
Esquemas "verbais"	Distinguir Separar ≠ Subir ≠ Misturar Cair		Ligar Amadurecer Voltar Progredir Recensear		Confundir Descer, Possuir, Penetrar.
Arquétipos "atributos"	Puro ≠ manchado Claro ≠ escuro	Alto ≠ baixo	Para a frente, Futuro	Para trás, Passado	Profundo, Calmo, Quente, Íntimo, Escondido.
Situação das "categorias" do jogo de Tarô	O GLÁDIO	(O cetro)	O PAU	O DENÁRIO	A TAÇA

<table>
<tr><td rowspan="2">Arquétipos
"substantivos"</td><td rowspan="2">A luz ≠
As trevas
O ar ≠
O miasma
A arma heroica ≠
a atadura
O batismo ≠
A mancha</td><td rowspan="2">O cume ≠ o
abismo
O céu ≠ o
inferno
O chefe ≠ o
inferior
O herói ≠ o
monstro
O anjo ≠ o
animal
A asa ≠ o réptil</td><td rowspan="2">O fogo-chama
O Filho
A Árvore
O Germe</td><td rowspan="2">A roda
A Cruz
A Lua
O Andrógino
O Deus plural</td><td rowspan="2">O Micro
Cosmo
A Criança
O Polegar
O Animal
gigogone
A Cor
A noite
A Mãe
O recipiente</td><td rowspan="2">A Morada
O Centro
A flor
A Mulher
O Alimento
A Substância</td></tr>
<tr></tr>
<tr><td rowspan="2">Dos Símbolos aos
Sistemas</td><td rowspan="2">O Sol,
O Azul celeste,
O Olho do Pai,
As Runas,
O Mantra,
As Armas,
A Vedação,
A Circuncisão,
A Tonsura etc.</td><td rowspan="2">A Escada de
mão,
A Escada,
O Bétilo,
O Campanário,
O Zigurate,
A Águia,
A Calhandra,
A Pomba,
Júpiter etc.</td><td colspan="2">O Calendário, A Aritmologia, a
Tríade, a Tétrade, a Astrobiologia.</td><td rowspan="2">O Ventre,
Engolidores e
Engolidos, Kobolds
Dáctilos,
Osíris,
As Tintas,
As Pedras
Preciosas,
Melusina,
O Véu,
O Manto,
A Taça,
O Caldeirão etc.</td><td rowspan="2">O Túmulo, O
Berço,
A Crisálida,
A Ilha,
A Caverna,
A Mandala,
A Barca,
O Saco,
O Ovo,
O Leite,
O Mel,
O Vinho,
O Ouro etc.</td></tr>
<tr><td>A Iniciação,
O "Duas-vezes
nascido"
A orgia, O
Messias, A Pedra
Filosofal,
A Música etc.</td><td>O Sacrifício,
O Dragão.
A Espiral
O Caracol,
O Urso,
O Cordeiro,
A Lebre,
A Roda de fiar,
O Isqueiro,
A Baratte etc.</td></tr>
</table>

Fonte: Durand (2002) - Anexo II

O imaginário é o dinamismo equilibrador, que se apresenta como a tensão entre as duas "forças de coesão" desses regimes, cada um relacionando a imagens em dois universos antagonistas – o heroico e o místico – que se acomodam, no estado médio e normal da atividade psíquica, em outro universo: o dramático. Neste, as imagens antagonistas conservam a sua individualidade, a sua potencialidade e só se reúnem no tempo, na linha narrativa, num sistema, e não, propriamente, numa síntese (DURAND, 1988 *apud* TEIXEIRA, 2001).

Durand ainda nos deixa pista para melhor compreendermos a dinâmica intrínseca e o uso de conceitos sobre a teoria do imaginário. Esclarece que os três reflexos dominantes se prolongam em esquemas (*schémes)*, entendidos como generalização dinâmica e afetiva da imagem, que constituem a factividade e a não substantitividade geral do imaginário e fazem a junção entre os gestos inconscientes da sensório-motricidade, entre as dominantes reflexas e as representações. São esses esquemas que formam o esqueleto dinâmico, o esboço funcional da imaginação. Os esquemas se diferem dos gestos reflexológicos, porque já não são engramas teóricos, e, sim, trajetos encarnados em representações concretas. Durand exemplifica: ao gesto postural correspondem dois esquemas, o da verticalização ascendente e o da divisão visual e manual; ao gesto do engolimento corresponde o esquema da descida e o acocoramento na intimidade (p. 60).

Esses gestos diferenciados em esquemas, em contato com o meio ambiente e o social, para Durand, determinam os grandes arquétipos, no sentido junguiano, e sua importância é estabelecer o ponto de junção entre o imaginário e os processos racionais.

Para Jung (2002), os arquétipos são as imagens primordiais. São formas mentais cuja presença não encontra explicação na vida dos indivíduos, mas são como formas primitivas e inatas que representam uma herança do espírito humano. É uma tendência instintiva que pode se manifestar como fantasias e revelar a sua presença apenas por imagens simbólicas (p. 69). A partir desse conceito, Jung abriu para a Psicologia a possibilidade de perceber nos mitos os caminhos simbólicos para a formação da consciência coletiva, uma vez que todos os símbolos existentes e atuantes numa cultura são marcos da passagem do inconsciente para o consciente. É, ao mesmo tempo, a matriz que forma os símbolos para estruturar a consciência e, também, a fonte que os realimenta.

Os arquétipos são o "estádio preliminar, a zona matricial das ideias" (JUNG *apud* DURAND, p. 61), que não exercem primazia sobre as imagens. A ideia seria o comprometimento pragmático do arquétipo imaginário, num contexto histórico e epistemológico dado. Jung já dizia que os arquétipos são "porções da própria vida", imagens ligadas ao indivíduo, por meio de uma "ponte de emoções"; daí ser impossível dar a ele uma interpretação arbitrária. O arquétipo, segundo Jung em Durand, precisa ser explicado de acordo com as condições totais de vida do indivíduo, ao qual se relaciona (p. 96).

Durand afirma que a falta de ambivalência do arquétipo, sua universalidade constante e sua adequação ao esquema são o que o diferencia do símbolo. Um mesmo arquétipo pode se ligar a imagens muito diferentes nas culturas e vários esquemas podem, nela, imbricar. O arquétipo está no nível da ideia e da substantificação, enquanto o símbolo é substantivo e nomeia. No prolongamento dos esquemas, arquétipos e símbolos, encontram-se o mito, que, para Durand, é o grande articulador entre esses uma vez que é:

> (...) um sistema dinâmico de símbolos, arquétipos e esquemas, sistema dinâmico que, sob o impulso de um esquema, tende a compor-se em narrativa. O mito é já um esboço de racionalização, dado que utiliza o fio do discurso no qual os símbolos se resolvem em palavras e os arquétipos em ideias. O mito explicita um esquema ou um grupo de esquemas (2002, p. 63).[24]

O mito, para Durand, promove a doutrina religiosa, o sistema filosófico, a narrativa histórica, e sua organização se constitui, também, numa constelação de imagens. Durand concorda com Jung sobre as imagens arquetipais que estão

[24] Campbell (1990), diz-nos a respeito que: "aquilo que os seres humanos têm em comum se revela nos mitos. Mitos são histórias de nossa busca da verdade, de sentido, de significação, através dos tempos. Todos nós precisamos contar nossa história, compreender nossa história" (p. 5). E mais: "[Os mitos] São os sonhos do mundo. São sonhos arquetípicos e lidam com os magnos problemas humanos. (...) Os mitos me dizem onde estou" (p. 16).

na base das teorias científicas, as quais, para ambos, são as mesmas que inspiram contos e lendas (p. 61).

É esse isoformismo dos esquemas, arquétipos e símbolos, presentes no seio dos sistemas míticos e, também, das constelações estáticas, que permite verificar a existência de certos protocolos normativos de representações imaginárias, bem definidos e, relativamente, estáveis, agrupados em torno dos esquemas originais, que Durand denomina de estruturas. Dito de outro modo, as estruturas são como uma forma transformável, que desempenham o papel de protocolo motivador, para todo um agrupamento de imagens. A própria estrutura está suscetível de se agrupar em outra, mais geral, que são os regimes.

São essas estruturas e regimes simbólicos formados pelas constelações de imagens e pelo mito que permitem ao ser humano enfrentar a angústia, provocada pelo tempo que passa e o aproximar da morte[25], expressando "situações actanciais dominantes (esquemas de ação) que encarnam e polarizam as atitudes imaginativas básicas" (DIB, p. 48).

Assim, no regime diurno, cuja dominante é a postural, o enfrentamento do "monstro devorador" se dá pelo combate ou pela fuga. As imagens são polarizadas em torno de símbolos teriomorfos (animalidade agressiva), nictomorfos (trevas terrificantes) e catamorfos (queda assustadora). Os esquemas são os de ascensão, de separação e do arquétipo da luz. Estes símbolos correspondem à estrutura esquizomorfa ou heroica (separar) que possui como noção básica, a potência. Colocam sempre, em confronto, os contrários e possuem como princípios lógicos, a explicação, a justificação e a exclusão (DURAND, p. 443).

O regime noturno compreende duas estruturas: a mística ou antifrásica (confundir) e a sintética ou dramática (ligar). A primeira tem a ver com as dominantes digestivas, nas quais a fase trágica do tempo é minimizada ou eufemizada pela negação. As noções básicas são: a analogia e a similitude. A segunda busca a harmonização dos contrários, sendo a noção básica a de causalidade, principalmente, nas formas final e eficiente.

[25] "Todos nós precisamos compreender a morte e enfrentar a morte, e todos nós precisamos de ajuda em nossa passagem do nascimento à vida e depois à morte. Precisamos que a vida tenha significação, precisamos tocar o eterno, compreender o misterioso, descobrir o que somos" (CAMPBELL, 1990, p. 5).

Durand está convencido de que é a circulação do mito que define e descreve uma sociedade; portanto, é o imaginário a matriz das práticas simbólicas de um conjunto social. Encontraremos tantos mitos, quanto existirem culturas, pois as representações não são homogêneas. Mesmo no interior de culturas diversas, será possível encontrarmos, em diferentes momentos e épocas, diferentes mitos, em superposição, em atualização, ou mesmo adormecidos, obrigados a permanecerem na sombra, mas capazes de, a qualquer momento, serem potencializados[26].

O esboroamento da epistemologia clássica, o desenvolvimento da antropologia, a abertura para a construção de novos saberes, a partir de outros referenciais, a descoberta em conjunto do poder das imagens e da própria realidade dos símbolos e a subversão mitológica da história vêm contribuindo para a ressurgência dos mitos (DURAND, 1982).

Para Durand o regresso do mito é, verdadeiramente, um regresso, pois não há mitos novos e esses também não são muitos, uma vez que se ligam aos arquétipos, que também são em número limitado.

O autor identifica a presença de três níveis míticos, que atuam em conjunto em nossa sociedade, na atualidade. O primeiro data do século passado e refere-se à pedagogia. Segundo ele, nossas pedagogias ainda são do século XIX, prometeicas, positivistas e fragmentadas, que se preocupam mais com os resultados do que com os processos educacionais; mais com o ingresso dos estudantes nos níveis superiores do que com o aprendizado para a vida, e mais com a escolha das profissões, que atendam às demandas sociais, do que com os desejos do próprio sujeito. "Fazemos entrar as crianças numa linha de muitas e para que haja uma saída qualquer no fim" (p. 32).

O outro nível é o do *mass media*, da televisão, do cinema. Esse nível mítico representa o minuto de libertação dos sujeitos frente à pedagogia, uma vez que não é pensado e preparado por professores, ou pedagogos e, portanto, permite certo erotismo e certa anomia. Em outras palavras, cultivam os mitos dionisíacos e órficos.

[26] "Os motivos básicos dos mitos são os mesmos e têm sido sempre os mesmos. (...) Toda mitologia cresceu numa certa sociedade, num campo delimitado. Então, quando as mitologias se tornam muitas, entram em colisão e em relação, se amalgamam, e assim surge uma outra mitologia, mais complexa" (CAMPBELL, 1990, p. 23).

Mas o próprio Durand (2004a) denuncia as imagens "enlatada[s]" (p. 18) que vêm sendo veiculadas pelas mídias, que paralisam, anestesiam e transformam os espectadores, quase sempre os trabalhadores, em consumidores passivos, não só de produtos como de ideologias.

O terceiro nível mítico é o dos sábios, dos investigadores que constroem novas mitologias e reconhecem nelas o seu poder e eficácia.

Neste caso:

> O mito não é uma fantasia que se opõe ao real perceptivo e racional. É realmente alguma coisa que se pode manipular para o melhor e para o pior: entendo pelo melhor o desenvolvimento das virtudes do *homo sapiens*, porque o *homo sapiens* tem virtudes bem específicas, virtudes de elevação mental; e pelo pior a arregimentação de aventuras tais como as que conhecemos na primeira metade deste século [XX] (DURAND, 1982, p. 35).

São constatações como essas que permitiram a Durand (2004) elaborar o conceito de bacia semântica, na qual o imaginário de uma sociedade segue um percurso semelhante ao curso de um rio. Na bacia semântica, pode-se observar uma sucessão de seis fases: o escoamento, a divisão das águas, as confluências, o nome do rio, a organização dos rios e os deltas e meandros.

O escoamento é o surgimento nos movimentos gerais, oficiais, de pequenas correntes descoordenadas e antagonistas que, quando se unem a outros escoamentos, a divisão das águas, formam uma oposição, mais ou menos, acirrada contra os estados imaginários precedentes e outros escoamentos atuais. Assim, como um rio é formado por seus afluentes, a confluência ocorre quando uma corrente consolidada necessita ser reconfortada pelo reconhecimento, pelo apoio das autoridades locais e das personalidades e instituições. O nome do rio é o nome do pai, solidamente mitificado, e esboça-se quando um personagem real ou fictício caracteriza a bacia semântica como um todo. A organização dos rios consiste numa consolidação teórica dos fluxos imaginários. E a última fase, os deltas e os meandros, é o momento de saturação de um mito e o prenúncio de novos.

A ideia de bacia semântica nos permite afirmar, como bem percebe nossa personagem Estamira e os autores até aqui discutidos, que estamos (con)vivendo, nesse início de século e milênio, com a crise da modernidade e a revolução paradigmática e epistemológica, numa "zona de alta pressão imaginária" (DURAND, 2004b, p. 7). Como nos diz Durand, encontramo-nos, atualmente, em ressonância com o tema do retorno do mito e das problemáticas sobre as visões do mundo, gravitando ao redor do símbolo, ou do que o autor denomina "galáxia do imaginário", donde se desdobra o mais profundo pensamento contemporâneo. Por isso, torna-se cada vez mais atual uma discussão sobre a presença do mito na vida da humanidade.

Os mitos e os homens

"O mito é o nada que é tudo."
(Fernando Pessoa)

Em conversas com o jornalista Bill Moyers nos anos de 1985 e 1986, Campbell (1990) discute a atualidade dos mitos, afirmando que neles encontraremos elementos para compreendermos o presente e nós mesmos. Para ele, ao contrário do que muitos pensam, não estamos buscando um sentido para a vida, e sim "procurando uma experiência de estar vivos", sendo que o que for vivido no "plano puramente físico" terá "ressonâncias no interior de nosso ser e de nossa realidade mais íntimos, de modo que realmente sintamos o enlevo de estar vivos" (p. 5). Os mitos são as pistas para encontrarmos as potencialidades espirituais dentro de cada um de nós e sua concretização se dá pelos símbolos.

Os mitos continuam presentes na contemporaneidade, seus motivos básicos são os mesmos e têm sido sempre os mesmos, reforçando suas origens na experiência humana no passado (CAMPBELL, p. 23). Diz Ruiz (2003) que "o humano, verdadeiramente humano, descobre nossa irrenunciável condição de seres mitológicos. Fora do símbolo-razão, mito-logos, não existe o humano" (p. 24).

É ainda Campbell (2002) quem afirma que "o todo de uma mitologia é uma organização de imagens e narrativas simbólicas das possibilidades da experiência humana e a realização de uma dada cultura num determinado tempo" (p. 28). Para ele, as mitologias tradicionais cumpriam (e ainda cumprem) quatro funções: a mística, onde o mito faz uma conexão entre a nossa consciência desperta e o todo do mistério do universo, representa a descoberta e o reconhecimento da dimensão do mistério do ser; a cosmológica, que nos permite ver a nós mesmos na relação com a natureza, como quando falamos do Pai Celestial ou da Mãe-Terra; a sociológica, pela qual o mito sustenta e dá validade a uma certa ordem social e moral; e, por fim, a psicológica, pela qual ele nos oferece um caminho para fazer a travessia e lidar com os vários estágios do nascimento à morte (p. 201). O mito explica todas as coisas para o primitivo, e continua nos explicando, pois, "o primitivo está em nós" (MORAIS, 1998, p. 72).

Vários autores concordam com Durand que o mito de Prometeu reina triunfante na modernidade com toda sua mitologia progressista. Vejamos em que consiste esse mito.

Prometeu, filho do titã Jápeto e de Clímene, irmão de Epimeteu, Atlas e Menécio, era um benfeitor da humanidade, mas seus atos custaram caro a si mesmo e também aos homens. Foi por esses que enganou, por duas vezes, seu primo Zeus. Numa delas, dividiu um boi enorme em duas porções: uma, com as carnes e as entranhas, cobertas pelo couro do animal; a outra, com apenas os ossos, cobertos por uma gordura branca. Zeus escolheria uma delas e a outra seria ofertada aos homens. O deus escolheu a segunda e, ao ver que havia sido enganado, sentiu cólera e ódio. Como castigo, privou o homem do fogo, que simbolicamente quer dizer inteligência, e assim imbecilizou a humanidade. Prometeu mais uma vez entra em ação. Rouba uma centelha do fogo celeste, privilégio de Zeus, e a entrega aos homens, reanimando-os. Novamente, o Olímpico pune exemplarmente os homens e seu benfeitor. Contra os primeiros, Zeus imaginou sua perda eterna por meio de uma mulher ideal, a irresistível Pandora, a detentora de todos os dons. Pandora não poderia abrir a caixa de presentes recebida dos deuses, mas sua curiosidade não a impediu. Ao abri-la, permitiu que todas as desgraças e calamidades passassem a atormentar os homens. Apenas a esperança não saiu da caixa. Por isso é que as calamidades visitam o homem, dia e noite. Também a necessidade do trabalho é uma punição imposta aos homens por Zeus, diante da desobediência de Prometeu e Pandora. Contra o segundo, a punição foi mais terrível: Prometeu foi acorrentado numa coluna. Uma águia enviada por Zeus lhe devorava o fígado durante o dia, que voltava a crescer à noite. Foi Héracles, com a anuência do deus, quem matou a águia e libertou Prometeu (BRANDÃO, 2004). Prometeu é, portanto, considerado um ser revolucionário. Ao transgredir as leis divinas instaura uma nova ordem. Ao trazer o fogo (conhecimento) para os homens, torna-os juízes de si próprios, mas, ao mesmo tempo, fechados em si mesmos. Assim, ele instaura o grupo social que depende do outro *per si*. Seu mito (ciência) é fundador da modernidade: liberta o homem do poder da Igreja e do Estado. Traz a ideia de autonomia, desenvolvimento e progresso.

Mas é o próprio Durand (1982) quem afirma que uma estrutura mítica numa sociedade, um dia, termina no enfado e satura-se, fazendo com que novos mitos emerjam. É o caso do mito de Prometeu. Ao priorizar a tecnologia, a ciência traz de volta o poder e o próprio mito sedimenta a velha ordem. Assim, a tecnologia prometeica nada mais é do que a ciência esvaziada de sua carga simbólica, e o mito de Prometeu tende a esvair a sua carga mítica, saturar-se e ser substituído. Para muitos, o Ocidente já se ressente dessa saturação e o mito de Hermes, para Durand, de Dionísio, para Michel Mafessoli, ou da antiga Deusa e seu consorte (Dionísio), para Edward Whitmont, já começam a ganhar forças. Vejamos os traços desses mitos. O mito da Grande-Mãe, por ser o foco deste estudo, será amplamente discutido em momento oportuno.

Hermes, filho de Zeus e de Maia, veio ao mundo enfaixado, colocado no vão de um salgueiro, árvore sagrada. Neste mesmo dia, desliga-se das faixas, demonstrando sua precocidade e seu poder de ligar e desligar. Furta uma parte do rebanho guardado por Apolo, seu irmão. Sacrifica duas novilhas e divide-as em doze pedaços, dando um a cada um dos onze deuses e ficando com o último. Esconde o resto do rebanho. Em seguida, encontra uma tartaruga, mata-a e com as tripas faz a primeira lira. Apolo descobre o ladrão e acusa-o perante Maia, que nega, por ter deixado o menino enfaixado. Hermes continua mentindo, mas é interrogado pelo pai Zeus. A ele promete que nunca mais vai mentir, mas também não se sente obrigado a falar a verdade por inteiro. Apolo troca com ele a lira por seu rebanho. Hermes faz uma flauta e Apolo também a quer. Dessa vez oferece o cajado de ouro, o caduceu, e Hermes aceita, com a condição de que este tenha o poder da adivinhação. Assim, esse deus torna-se símbolo de astúcia, ardil e trapaça, um verdadeiro *trickster* (criança trapaceira); é também o deus dos pastores, protetor dos rebanhos. Enriquecido pelo mito cretense, torna-se o "companheiro do homem", deus da pedra sepulcral, do umbral, guardião dos caminhos, protetor dos viajantes. Com seu bastão mágico, tangia as almas para outra vida.

Tornou-se, assim, um deus *psicopompo*, ou seja, condutor de almas, sem o que estas não poderiam alcançar a eternidade e a felicidade que a religião cretense prometia aos iniciados. Transformou-se em mensageiro dos imortais do Olimpo e deus das ciências ocultas (BRANDÃO, 2004, 2005). Hermes é considerado o mediador entre a natureza e a cultura, entre os deuses e os homens, protetor dos animais. Segundo Ferreira Santos (1998, p. 70), são seus correlatos: Mercurius (latino), Merlin (medieval), Hermes-Thot (alquímico), Osíris (egípcio), Odin/Wotan (germânico), Mithra e Masdah (persa), São Francisco (cristão), Exu (iorubá).

Dionísio ou Baco possui também os epítetos Iaco, Bromio e Zagreu. Filho de Zeus e da princesa Sêmele, foi perseguido por outros deuses, numa perspectiva mítica, como parte de um rito iniciático e catártico de purificação pela água. Numa empreitada política, foi perseguido por piratas etruscos, pela oposição à sua penetração na *polis* aristocrática da Grécia antiga. Nasceu duas vezes. Na primeira, fruto dos amores de Zeus e Perséfone (Zagreu), foi morto pelos enviados de Hera, a esposa ciumenta do deus. Estes atraíram o menino com brinquedos místicos. Cortaram-no em pedaços, cozinharam-lhe as carnes e as devoraram. Zeus fulminou os titãs e de suas cinzas surgiram os homens. Isto explica porque o ser humano tem dois lados: o mal, dos titãs e o bem, da parte que comeram de Dionísio. Sêmele, que engoliu o coração de Zagreu (Dionísio), fecundada por Zeus, ficou grávida do segundo Dionísio. Novamente Hera, por ciúmes, ataca e mata a princesa. Zeus, então, pega o feto e o gera em sua coxa. Após o nascimento, transforma-o em um bode e pede a Hermes que o leve para ser cuidado pelas Ninfas e Sátiros, no monte Nisa. Lá, morando numa gruta sombria, cercada de frondosa vegetação de onde pendiam cachos de uvas, vivia feliz. Certa vez, ainda adolescente, ele colheu alguns cachos de uvas, colocou-os numa taça de ouro, espremeu e bebeu o suco em companhia de sua corte. O vinho acabava de nascer. Bebendo repetidas vezes o néctar, Sátiros, Ninfas e Dionísio começaram a dançar ao som dos címbalos. Embriagados do delírio báquico, caíram por terra desfalecidos e, nesse estado, acreditavam "sair de si" pelo processo do êxtase. Dionísio é considerado o deus da vegetação, da transformação, da metamorfose. Os mortais, através do êxtase e do entusiasmo, aceitaram de bom grado "alienar-se" na esperança de uma transfiguração, pois o homem em êxtase e entusiasmo comunga com a imortalidade, torna-se um herói que ultrapassa a medida de cada um. Do ponto de vista simbólico, o deus da mania (loucura) e da orgia configura a ruptura das inibições, das repressões e dos recalques (BRANDÃO, 2005). As festas de Dionísio mais populares constavam no calendário agrícola e eram conhecidas como as dionisíacas campestres, as leneias, as antestérias e as Grandes-Dionisíacas. As antestérias eram consideradas as mais antigas e importantes, e ocorriam durante três dias. No primeiro, eram abertos os tonéis de argila que conservavam o vinho desde o outono. No segundo, era realizado o concurso de beberrões (ligada ao enredo de concursos e justas de todo o gênero, como os esportivos e oratórios, que tinham o caráter de renovação da vida), além da procissão representando a chegada do deus à cidade, vindo do mar, numa embarcação com quatro rodas de carroça que se encontrava com a Rainha, considerada sua esposa. O último dia era destinado às almas dos mortos. Rezava-se por eles, além de lhes prepararem uma comida especial. Em todas essas cerimônias, Dionísio se revela ao mesmo tempo deus da fertilidade e da morte, por isso se relaciona com a totalidade da vida, a unidade. Mais do que outros deuses gregos, Dionísio assombra pela multiplicidade e novidade de suas transformações. Está sempre em movimento e penetra em todos os lugares, terras, povos e meios religiosos, pronto para associar-se a divindades diversas e até antagônicas (ELIADE, 1978).

Ao problematizar o declínio do individualismo nas sociedades de massa e ao discutir a constituição do social nesses nossos tempos, Mafessoli (1987) identifica a presença de Dionísio, afirmando que estamos vivendo uma "nebulosa afetual" que traz indícios de um *ethos* em formação. Nesse novo espírito de tempo que ele denomina "socialidade", é possível perceber novas construções afetivas, baseadas na relação e na experiência do eu com o outro, na fusão da comunidade de modo desinvidualizante, onde a massa (as tribos) "se cruza, se roça, se toca, onde interações se estabelecem, cristalizações se operam e grupos se formam" (p. 102) numa ambiência especial. Dionísio se faz presente nas religiosidades, nas explosões orgiásticas, nos eventos esportivos, festivos e musicais, nas redes sexuais, nas agências informáticas, no espetáculo, enfim, nas diversas solidariedades efervescentes e fundadoras de redes em busca de "formas lúdicas de socialização" onde o "estar junto" se torna um dado fundamental.

Bachelard (1989) afirma que, "quando nos apoiamos em fatos mitológicos é porque reconhecemos neles uma ação permanente, uma ação inconsciente sobre as almas de hoje" (p. 19). É o que faz Hollis (1997a) defender que "ler mitos é uma forma de psicoterapia pessoal e cultural... é ouvir a alma. Os motivos recorrentes do mito constituem o movimento da alma através das eras e da existência de cada um" (p. 33). Por isso é que, para o autor, "ler os mitos com a perspectiva da imaginação, como uma receptitividade imaginal, informa-nos que os deuses não se foram, na verdade. Só mudaram de forma e hoje nos movimentam de modos novos" (p. 177).

Assim, somos convocados a reler o mundo à nossa volta e isso inclui a dança diária de imagens fornecidas pelos jornais, pela televisão, pelos filmes e pelas manifestações populares. Para Hollis, nessa dança de imagens os "deuses não ficam longe" (p. 209), tampouco, as ciências.

Campbell (1990), por sua vez, acredita que um mito novo não poderá se furtar de tratar sobre a sociedade planetária:

> Você não pode prever que mito está para surgir, assim como não pode prever o que irá sonhar esta noite. Mitos e sonhos vêm do mesmo lugar. Vêm de tomadas de consciência de uma espécie tal que precisamos encontrar expressão numa forma simbólica. (...) Ele (o mito que está por vir) lidará exatamente com aquilo com que todos os mitos têm lidado - o amadurecimento do indivíduo, da dependência à idade adulta, depois à maturidade e depois à morte; e então com a questão de como se relacionar com esta sociedade e como relacionar esta sociedade com o mundo da natureza e com o cosmos. É disso que os mitos têm falado, deste sempre, e é disso que o novo mito terá de falar. Mas ele falará da sociedade planetária. Enquanto isso estiver em curso, nada irá acontecer (p. 33).

São essas reflexões que nos permitem concordar com os autores sobre a ressurgência dos mitos. Como vimos, os mitos do regime diurno, heroicos, prometeicos, não se preocupam com essa perspectiva planetária anunciada por Campbell e, desse modo, estão estimulando o aparecimento de sinais do regime noturno em nossa sociedade.

O regime noturno é o reino das Grandes-Mães, arquétipo matriz dessa simbologia noturna, em cujos cultos misturam-se simbolismos aquáticos e terrestres. Uma das imagens que predomina neste regime é a do ventre materno, protetor e acolhedor. O surgimento de uma nova postura de vida, que pode ser percebida, sobretudo, no retorno à natureza, nos movimentos ecológicos, na preocupação com a saúde, no culto ao corpo, na feminilização do olhar e da postura, expressam bem essa atitude imaginativa (PORTO, 2007).

É o retorno da deusa de que nos fala Whitmont (1991)...

É o retorno do matriarcado.

É nessa anunciação que situo a manifestação do Reinado de Nossa Senhora do Rosário, pois sendo ela a Virgem Maria, é também a Grande-Mãe. No contexto do catolicismo oficial, há mais de dois mil anos ela se faz presente. Uma vez adotada pelos negros escravizados no Brasil, nunca deixou de "reinar". Provavelmente, pelo fato de representar esse retorno do matriarcado, inconscientemente, tem despertado o interesse dos sujeitos não só em participar da manifestação aqui em pauta, mas também pela busca de sua compreensão.

Mas antes de nos aprofundarmos na discussão sobre o regime noturno de imagens e a inserção das Grandes-Mães nesse regime, buscando nas imagens míticas presentes no mito de Nossa Senhora do Rosário, vejamos como a estrutura religiosa africana se consolidou em nosso país, deixando impressas as marcas de sua tradição, do seu matriarcado, das culturas agrárias e noturnas.

> *Por isso é que se carece principalmente de religião:*
> *para se desendoidecer, desdoidar.*
> *Reza é que sara loucura.*
> *No geral, isso é que é a salvação da alma*
> (João Guimarães Rosa)

Capítulo III

Um Rastro de África no Brasil

A constituição de uma religiosidade mítica afrodescendente no Brasil

Roger Bastide (1971) já dizia que poderíamos conviver com uma diversidade de religiões de origens africanas, aqui no Brasil, em função das numerosas etnias que para cá foram transportadas. Cada uma, a seu modo, contribuiu para a formação da religiosidade do povo brasileiro. Uma característica, comum em todas elas, sem exceção, é que estavam ligadas às famílias, às linhagens.

Segundo Bastide, os bantos de Moçambique ainda cultuam os ancestrais familiares, sendo o pai de família o que exerce o sacerdócio. Também o culto aos antepassados domina a religião de Angola, considerada a mais complexa, onde as mulheres são possuídas, durante as cerimônias, pelos mortos de suas famílias.

No Congo, o animismo é mais desenvolvido; há toda uma mitologia ligada ao deus celeste, a uma deusa terra e às grandes famílias reais. Os deuses são considerados os fundadores das dinastias reinantes e existe, também, o culto aos ancestrais. Entre os iorubás e os daomeanos, é possível encontrar uma religião urbana e outra rural.

O catolicismo já imperava em nosso país quando, aqui, chegaram os negros. A transmissão dos valores católicos para os africanos foi mais eficaz, segundo o autor, entre o povo banto (de Congo, Angola e Moçambique, espalhados pelas lavouras de cana-de-açúcar, no Rio de Janeiro, São Paulo, Espírito Santo e Minas Gerais). Isso se deu devido às aproximações, relacionadas aos seus cultos aos ancestrais e mortos, à condenação ao suicídio e à ideia de que a concepção de um ser não ocorre sem a vontade de um ancestral (que no catolicismo é Deus). Desse modo, os bantos foram mais permeáveis que as outras etnias à aceitação das irmandades (QUINTÃO, 2002).

As confrarias (irmandades) religiosas da Virgem do Rosário ou de São Benedito, segundo Bastide, ofereciam aos bantos uma possibilidade de intermediação e adaptação à sua própria religiosidade, por dois motivos. Primeiro, a concepção de que os santos eram os intercessores entre os homens e Deus identificava-se com a ideia de que os ancestrais eram responsáveis por levar seus pedidos a Zumbi ou Zâmbi. Essa ideia vinha do entendimento de que a Virgem e os Santos viveram na terra antes de alcançarem o reino de Deus. Segundo, a existência de virgens e santos negros podia fazê-los pensar que estes tivessem sido ancestrais de suas raças, ainda que deslocados do familiar e vistos sob a perspectiva da esfera nacional (QUINTÃO, p. 88).

Assim, as irmandades serviram como ponto de concentração de reivindicações sociais, de construções das igrejas em homenagens aos santos e, principalmente, para assegurar aos africanos, habituados ao culto dos mortos, que cada um de seus membros, mulheres e filhos tivessem uma sepultura e enterros adequados[27].

Apoiada em Scarano, Quintão afirma que as irmandades negras, ao se pautarem nos modelos das associações dos brancos, inevitavelmente, assimilavam também seus comportamentos e atitudes. Isso fez com que "as irmandades se tornassem uma forma de manifestação adesista, passiva e conformista das camadas inferiores" (p. 15).

A cultura negra, no Brasil, há muito, é uma cultura híbrida. Entretanto, na literatura, ainda é comum o discurso sobre a adesão dos negros a um catolicismo pautado no modelo europeu, visível pela constituição de suas irmandades, pela coroação de seus reis e rainhas e, também, por alguns de seus rituais. Assim entendida, a manifestação do Congado (e outras), muitas vezes, é vista como ideologia, como resistência do negro à história de escravidão de seus antepassados, que viveram em cativeiros e, apesar do sofrimento, sobreviveram. Uma ideologia

[27] Diz o Capitão Antônio Muniz, Toinzinho (2006), que, naquela época, "quem não tinha irmandade, quando morria ele era jogado de qualquer jeito". Esse objetivo ainda é seguido pelas Irmandades.

presa a um passado mítico de uma África nostálgica, de algo que, se já existiu, certamente, não mais existe.

Este *leitmotiv* é recorrente nas lutas da militância do movimento negro por melhores condições de vida para essa parcela da população, gerando políticas governamentais como, atualmente, as ações afirmativas. Porém, não é essa discussão que pretendo trilhar neste estudo.

Minha proposta, tomando outro caminho, é perseguir as imagens presentes na narrativa mítica em louvor a Nossa Senhora do Rosário e aos santos negros, com a intenção de contribuir para um processo ontológico sobre a nossa sociedade e sobre nós mesmos, revelando aspectos dessa prática simbólica educativa, com vistas a uma educação fática.

Assim, concordo com Duvignaud (1997) quando dialoga com Bastide e afirma que a estrutura dessas sociedades trazidas ao Brasil não reconstitui o sistema mítico africano (principalmente, as formas da possessão do candomblé ou do *vudu*). Diz ele:

> Desprendidos de sus bases, arrojados fuera de la vida independiente, encajados en el monocultivo del azucar y reducidos a la servidumbre, los africanos han salvado su existencia de hombres, no reconstituyendo una sociedad perdida, sino reinventado sus formas (p. 70).

A esse movimento Duvignaud dá o nome de *bricolage*, ou seja, os africanos perdidos deram novas formas às imagens do seu sistema mítico, apoderando-se de figuras, tomadas do catolicismo português, ou caribenho e, também, dos índios. Assim, eles criaram uma livre e poderosa invenção: um mundo africano, onde eles se reconhecem. "Los negros deportados reconstituyen el África fantasma com ayuda de figuras nuevas" (p. 71). Em outras palavras, nos diz o Rei Perpétuo Francisco:

> *Os estudos que a gente foi buscar sobre a congada, porque na verdade a palavra certa é congada, começou em Pernambuco. As guardas, as marujadas e tudo, e hoje só restou em Pernambuco, apenas o maracatu. E veio para Minas, e Minas hoje, é o foco das congadas. E pelas histórias lá, soa de des-*

> *cendente de afro... De africanos, que tinham o rei congo, que é o rei Coriongo e a rainha, que eu não me lembro agora, nome bem exatos, porque são dialetos e os nomes, bem... né. E foi formado, assim em louvor a Nossa Senhora porque era os negros, no início estas coisas, eram assim para os brancos, eram escravos, e eles tinha até então os próprios santos de devoção deles que eram os orixás, lá da África, os santos da África. E quando eles chegaram ao Brasil e, o Brasil já tinha os Jesuítas, que já foi impondo (porque a verdade era esta) a religião, o catolicismo, aos negros. Então, os negros tinha, para eles se aliviarem das dores da chibata, eles fizeram... Eles se pegaram a Nossa Senhora, que veio a ser Nossa Senhora do Rosário. Como tem a Nossa Senhora Aparecida...* (2006)

E ainda, a Capitã Odete:

> *Por incrível que pareça tem coisas engraçadas. Dentro da própria África existem africanos que não conhecem o Congado e lá tem a cidade de Moçambique e tem a cidade do Congo, mas o congo surgiu mesmo dentro do Brasil, por isso que, às vezes, a gente chama de afro-brasileiro, pois surgiu aqui dentro do Brasil. Então eu acho que os nossos bisavós, tataravós, nem sabiam o que era o Congado direito, acho que surgiu aqui mesmo com as proibições das igrejas que só entravam sinhazinhas.* ***Então o negro, esses que vieram para o Brasil, eles mesmos fizeram a sua doutrina em si perante Deus,*** *pois o Congado, se você for em uma missa conga, ela é quase igual a missa tradicional. A única coisa que muda é que o congo canta e acompanha, já a missa destinada ao movimento negro é feita de outra maneira. Ela tem um ritual totalmente diferente, então,* ***a nossa origem é dividida de sete formas também, tudo que vem da África é divido em sete****, eu não sei por quê. Então, tem sete tipos de movimentos negros, como tem sete tipos de Congado. Se eu alembrar, eu sei: o congo, o moçambique, catopé, marinheiro, marujo, caboclo e tem outro também, o candombe. Esses são os sete e Congado se refere a todos eles, mas cada um tem sua especialidade. Eu não conheço o candombe direito, só conheço o congo, moçambique, marinheiro e o cabloco que é uma mistura de índio com negro. Então, assim é um estudo,* ***se a gente for fazer um***

> ***estudo dessa vida africana, este estudo afrobrasileiro, ela é muito rica, riquíssima.*** *A gente mesmo que participa de certo movimento não conhece algumas coisa ainda. Eu mesmo, tem muita coisa para mim conhecer, porque nem mesmo sobre o congo direito, ainda, eu não tenho aquela informação* (2006). (Grifos meus).

Nessa bricolagem, a vivência do mito de Nossa Senhora do Rosário foi uma das formas que o povo africano encontrou de expressar sua religiosidade. Uma das maneiras mais fortes de expressão do mito é a religião, a outra, seguramente, a arte.

O mito de Nossa Senhora do Rosário, hibridizado tanto na religião, como na arte (por seu aspecto dramático), é uma manifestação negra ligada à terra, à agricultura, à vida nas aldeias, à Mãe-terra, à Grande Deusa, que é a própria Santa. Trata-se de um catolicismo negro que encontrou brechas em nossa religião ocidental – instituída, patriarcal, solar e diurna – para viver a Grande-Mãe Terra, instituinte, matriarcal, lunar e noturna, características herdadas do contexto africano.

Sem dúvida alguma, a figura matriz, nessa configuração do catolicismo negro, é a Grande-Mãe Nossa Senhora do Rosário e sua história se fundamenta numa narrativa que é contada e recontada, diferentemente, em cada guarda. Mas é sempre a história de Nossa Senhora do Rosário, que nunca é a mesma, é sempre diferente de si mesma e, independentemente disso, continua a ser a mesma.

Esse modo de contar e recontar, sempre, diferentemente reposto, faz com que o conto originário deslize pelo tempo e pelo espaço, representando diversos acontecimentos, os quais podem ser associados a diferentes situações existenciais dos congadeiros. É essa história que faz com que o devoto nunca esqueça o seu passado, o qual, segundo Duvignaud (1997), é ele próprio, uma invenção. O passado não existe. Provavelmente, "a memoria colectiva es tambien um mito, inventado para reconstruir uma evolución continua em la discontinuidad que rige la diseminación de las sociedades em la duración" (p. 72).

Assim, podemos pensar, a partir de Duvignaud, que o mito, a religião e até o símbolo são também esquecimento, foram criados para lembrar. Em contrapartida, a escritura e, cada vez mais, a imprensa, capazes de registrar e garantir a memória da ciência, são armas poderosas na luta contra o esquecimento.

Desse modo, é fato que as irmandades negras, ao adotarem os modelos das associações dos brancos, aderem ao catolicismo europeu, mas, o que atua é o esquecimento, expresso no corpo rítmico, marcado pelo canto e pela dança. O mito permanece intacto, ao mesmo tempo em que se torna história e vira ideologia (LÉVI-STRAUSS, 1975). Tudo se dá num movimento, no qual o relato, que vai sendo esquecido, torna-se dramatizado, como se isso não fosse uma recontagem, e sim, uma atuação. Porém, o substrato basal, primordial – a presença da virgem hierodúlica, sagrada – se mantém. Recontar o mito, constantemente, é necessário para que o grupo o reviva, fazendo com que os sujeitos, mesmo que tenham perdido as suas histórias, se mantenham unidos de forma coerente com ela. É o que nos confirmam os depoimentos abaixo:

> *O Congado, além de ser uma festa folclórica, é uma festa religiosa, né? É uma coisa de Deus. E é uma coisa que a gente tinha que ter, assim, na memória, né, para as crianças que não sabem o que é uma libertação. Como é que era antes. Como é que era para os negros, como é que era o sofrimento deles. Vivia só amarrados e na senzala apanhando, né? Trabalhando... Então, agora que eles foram libertados eles têm o direito...* (Presidente Raimundo de Jesus, 2006).

> *O Congado veio da África, né? Veio lá daquela época da escravidão, que, antigamente, os preto não entravam na igreja e tinham que cantar na porta, pra poder entrar, eles levavam o senhor deles, né? E deixavam eles na porta da igreja, eles* [senhores] *entravam e eles* [negros] *ficavam do lado de fora, eles não podiam assistir uma missa, aí depois que eles iam embora eles faziam a missa deles lá, né? Batiam os tambores e ficavam cantando, porque negro não participava, não podia entrar... Não tem escravidão no Brasil mais, mas tem que ter a festa, né? Porque a gente tem que fazer a* **representação**, *pra não* **esquecer** *as origens, né? Que a gente teve a escravidão né!?* (Capitã Solange, 2006).

> *Porque foram tragos negros de vários países, cada país tem sua linguagem, lógico, tem seu dialeto, de um bairro pro outro tem conversas diferentes que são dialetos. E quando eles vieram pro Brasil, que veio tudo junto num cargueiro,*

> *num navio negreiro, eles, às vezes, certamente, eram até inimigos, mas quando eles estavam naquele navio eles se tornaram irmãos, irmão de dor, irmão de sofrimento. Foi-se criada também a* ***raça Exu****, Exu quer dizer assim despatriado, entendeu? Então eram várias pessoas de nações diferentes que se juntaram, que tavam dentro de uma coisa pra vim pro Brasil. Então, aí, já assim, já é aquela coisa da raça Exu.* (Rainha Conga Isabel e Princesa Margarida, 2006). (Grifos meus)

Para Durand (2002) o esquecimento traz a "memória afetiva", que significa a possibilidade de síntese entre uma representação revivescente, lavada da sua afetividade existencial de origem, e a afetividade presente. "A recordação mais funesta é desarmadilhada de sua virulência existencial e pode entrar assim num conjunto original, fruto de uma criação" (p. 402). Ao permitir a volta ao passado, a memória autoriza, em parte, a reparação dos ultrajes do tempo, por isso ela pertence ao "domínio do fantástico, dado que organiza esteticamente a recordação".

A memória permite um redobramento dos instantes e um desdobramento do presente. Como imagem, é essa magia que permite que um fragmento do vivido resuma e simbolize a totalidade do tempo reencontrado (p. 403). Não é isso o que ocorre nas festas? Daí percebermos o seu caráter fundamental e também imaginário, que é ser ambivalência e eufemismo ou, nas palavras de Durand dialogando com Griaule:

> Com efeito, o ritual, quer seja o da grande festa cíclica *Sigui* dos *dogon* ou dos funerais e do fim do luto como ritual dos antigos mexicanos, tem o único papel de domesticar o tempo e a morte e de assegurar no tempo, aos indivíduos e à sociedade, a perenidade e a esperança (p. 405).

Assim, a festa oculta a morte, ao mesmo tempo em que desvenda sua ação dissolvente e aterradora. Ao fazer nascer um universo artificial, como o da festa, o homem se destrói e se conserva simultaneamente (DUVIGNAUD, 1983).

Roger Callois (1988), autor de concepções presentes na teoria clássica da festa, também destaca essa função da festa no imaginário. Para ele, é a festa que nos coloca diante da noção da finitude, da morte, do tempo que esgota, extenua, nos faz envelhecer e desgasta. A festa renova a natureza e a sociedade. Apresenta-se como uma atualização dos primeiros tempos do universo, como a recriação do mundo, daí sua função revigorante. A festa é celebrada no espaço-tempo do mito e, assim, regenera o mundo real. É, justamente, ao renascer, que o mundo tem a possibilidade de remoçar e de reencontrar a plenitude de vida e de robustez que lhe permitirá enfrentar o tempo durante um novo ciclo. É o caos reencontrado e de novo moldado, simbolicamente.

Eliade (2002) comenta a capacidade de regeneração no tempo que as festas proporcionam. Elas se passam num tempo sagrado incitando nos homens "o desejo de abolir o tempo profano já passado e de instaurar um tempo novo" (p. 322). Para ele, encontramo-nos, assim, diante de um desejo e uma esperança de "regenerar o tempo na sua totalidade, de poder viver, "viver humanamente", "historicamente", na eternidade, pela "transfiguração da duração em um instante eterno" (p. 331).

As imagens arquetípicas, presentes no mito de Nossa Senhora do Rosário e em todo o sistema mítico no Reinado, nos trarão elementos para melhor compreensão desse esquecimento, da duração, das mudanças e permanências, do eufemismo na manifestação, que se alocam nos fantasmas, nos ancestrais do povo negro que vive essa devoção, e que se tornam presença, por meio da oralidade, característica fundamental do Congado. Por isso é que Duvignaud (1997) destaca a criação a partir do esquecimento. Ele afirma que na memória coletiva africana:

> (...) solo el olvido provoca a pesar de los pesares la innovación, porque las estructuras sociales, más fuertes que el recuerdo, llaman a reconstituir los modelos que devuelven al hombre el sentimiento de uma totalid em la fragmentación del esclavismo o la dispersión de la duración (p. 70).

O Reinado de Nossa Senhora do Rosário: apresentando um sistema mítico-religioso

É na narrativa mitopoiética, sobre a história de Nossa Senhora do Rosário, que o congadeiro encontra explicações para que possa viver a sua religiosidade, imbricada de códigos, arquétipos, símbolos e cosmovisões, legados dos africanos e também do catolicismo. O congadeiro se reconhece como católico, devoto de Nossa Senhora do Rosário e de outros santos negros, como São Benedito, Santa Efigênia, Nossa Senhora das Mercês e São Elesbão[28]. Diz o Capitão Toinzinho que:

> *Nossa Senhora é a mãe. Ela te dá condições de ajoelhar ali e pedir. Se você é devoto de São Benedito, pede pra São Benedito, se é de Santa Efigênia, 'cê vai pedir para Jesus, porque o supremo maior é ele, através dela 'cê chega nele. Se você 'tá bem espiritualmente, protegido pelo manto de Nossa Senhora do Rosário, 'cê tá livre de muitos perigos e em condição de pedir socorro a qualquer Santo* (2006).

Entretanto, quando vive seus cantos, danças e cerimônias do Reinado, não é, somente, às divindades católicas que o faz, mas também às "nanãs das águas africanas, Zâmbi, o supremo Deus banto, os antepassados e toda a *gnosis* africana" (MARTINS, 1997, p. 21). Assim diz o Capitão Hélio:

> *Isto veio dos antigos lá, né? Aqueles negros africanos, que existia a escravidão ainda.* ***Nossa Senhora foi um milagre que existiu no meio dos negros.*** *O patrão batia muito nos escravos, nos empregados, acorrentava, judiava, que não era possível. E eles adoravam a lua, as estrelas. "Mãezinha do céu, estrela do céu ilumina a todos nós." E o patrão ia judiando com eles. Judiando, e eles pediam: "me dá uma luz". Por Jesus eles falavam "Zâmbi. Zâmbi, mãezinha lá do céu" "Zâmbi, me ajuda". Aí vem a história ....* (2006) (Grifos meus)

[28] Sem dúvidas, São Benedito e Santa Efigênia são os mais adorados entre todos. O primeiro foi um homem simples que dedicou sua vida aos pobres e humildes, sendo uma de suas marcas a fé e os atos de solidariedade e partilha. Era cozinheiro em um Convento. Como reprimia o desperdício em nome dos pobres é considerado o Santo protetor das cozinhas para que o alimento nunca falte. Por sua vez, Santa Efigênia é considerada a primeira santa da África. Ela fundou um mosteiro que foi salvo das chamas por ela mesma, ao invocar o nome de Jesus. Por esse feito, sua imagem traz uma casa em suas mãos. É a protetora dos lares e invocada pelos que desejam ter uma casa própria. Em suas homenagens, os congadeiros cantam pontos específicos. (Síntese do depoimento de vários congadeiros).

Os congadeiros confirmam que de tanto implorar a Deus, o Pai, eles foram ouvidos e Nossa Senhora foi enviada para protegê-los. A força da narrativa pode ser sentida na fala do Capitão Dirceu, quando diz que "o Congado, pra mim, é uma vida, porque tudo que eu faço é pautado dentro da Irmandade". Ele afirma que aprendeu a história dos negros com "os troncos", com seus antepassados, e comenta que ela é o fundamento da sua (e também da de todos congadeiros) religiosidade, que é passada de geração em geração pela oralidade: Ele continua:

> *É aquilo que eu falei no começo, quando a história é uma história escrita pode passar anos que é a mesma história, né? Quando é uma história oral, cada um, às vezes, conta de uma forma. Num lugar, eles conhecem de uma forma, mas o fundamento é um só: Nossa Senhora apareceu nas águas e apareceu pra um negro. O fundamento da história é esse!* (2006).

Uma das várias versões[29] orais sobre o mito de Nossa Senhora do Rosário conta que:

> *Lá na história de Nossa Senhora, lá no primórdio de tudo, quando Nossa Senhora apareceu no mar, os negros estavam ali e os brancos tentou tirar e não conseguiram. E aqueles negros humildes pediram a seus senhores: "Ah, pelo amor de Deus, deixa nós pelo menos tentar, porque ela não vem." Porque o branco foi lá e* ***colocô ela na capela e ela voltou*** *para a água. Aí os negros com aquela coisa e tal. Os branco falô: "Vai, então, sua imundice, vai tentar então, porque vocês não andam com nossas roupas e ela não veio, então com vocês ela vai ir? Faça o que vocês quiserem." Então uma triagem de sete negros, seis negros e uma negra* ***(essa é a história que eu sei)****, foram na beira do mar cantar para Nossa Senhora pra ver se ela acompanhava eles. Nunca que eles imaginavam que ela ia acompanhar eles. Eles queriam simplesmente*

[29] Ver outras versões do mito em Martins (1997), Gomes e Pereira (2000), Giovannini Junior (2005), Lucas e Luz (2006), além do filme *Salve Maria!* (2006).

fazer só uma homenagem. Então, eis aí a lenda: o congo bateu, eram só sete negros, não era uma guarda de congo que foi lá bater, eles bateram no ritmo do congo. Os tambor, fizeram os tambor, consagraram do jeito deles, as coisas, do jeito deles e bateram no ritmo de congo e cantaram no ritmo de congo. Cada negro era de uma legião, um negro era cativo de Moçambique, um negro era cativo de Congo, tem esses nomes na África. Tinha o negro cativo de Angola, o de não sei daonde, da Costa, cada qual com a sua tradição. Então, o negro do Congo bateu no tambor e falou: Vamos cantá. E cantou na linha dele tum tum tum, tum tum tum e cantou, na linha de congo. Ela [a santa] *balanceou pra cá, balanceou para lá e veio um pouquinho. Eles emocionaram: Nossa Senhora envém. Aí o outro negro que 'tava com a mão no outro tambor: Vão bater, gente. E bateu no moçambique. Moçambique era serra abaixo* [ritmo do tambor], *não existia serra acima, era tum tum tum tum, tum tum tum tum, era uma coisa serena. Moçambique original é serra abaixo. Eles tentaram mais uma vez, ficaram emocionados e bateram e cantaram. Isso faz parte do fundamento, quem sabe o que eles cantaram num fala, isso é segredo de estado, isto é uma coisa trancada debaixo de tantas chaves. E cantaram, no ritmo de moçambique. Ela veio mais um pouquinho, chegou bem mais na areia. Essa é a lenda, eles ficaram bobo. O último negro, o mais sábio, o mais velho, falou: "Nós vamos bater agora no ritmo do candombe", que era o ritmo deles original, da África. E bateram tucutucu tucutu tucutu tucutucu, uma mistura do congo, do moçambique e do batuque deles. Então, cada tambor bateu do seu jeito, então, cada qual fazendo a sua própria homenagem. "Ocê, fulano, bate o seu ritmo do congo", "ocê vai conservar seu ritmo e eu vou no meu ritmo". O candombe é uma jogada dos 3 ritmos. Cada tambor bateu de um jeito, quando eles fizeram isso, então, ela veio. Ela veio homenagear as três raças, os três ritmos. Só quando eles conscientizaram disso, que não foi mais pra um, mais pro outro, não, os três ritmos. O congo é isso, ele vai abrir o caminho, o moçambique vai trazer a coroa. O pouquinho de congo que eu entendo é isso, ele vai pra abrir os caminhos igual ele fez com Nossa Senhora, ele bateu, ela veio um mocadinho, por isso que o moçambique bate e a coroa vem.* (Capitão Daniel, 2006) (Grifos meus)

Podemos perceber, assim como fez um dos principais mitólogos e historiadores da religião, o romeno Mircea Eliade (2006), que o mito designa uma "história verdadeira" e preciosa porque sagrada, exemplar e significativa. Ele fornece modelos para o comportamento humano e, por isso mesmo, confere significado e valor à existência. É uma realidade cultural, extremamente complexa, podendo ser abordada e interpretada em perspectivas múltiplas e complementares.

Os mitos se referem sempre a uma "criação", narram como algo começou a existir. É por isso que eles constituem os paradigmas de todo ato humano significativo: conhecendo o mito, conhece-se a origem das coisas. Não se trata de um conhecimento exterior, abstrato, mas de um conhecimento que é vivido, ritualmente, quer narrado, cerimonialmente, ou efetuando o ritual, ao qual ele serve de justificação. De uma maneira, ou de outra, "vive-se" o mito, pois se fica imbuído da força sagrada e exaltante dos acontecimentos evocados, reatualizados. (ELIADE).

Eliade diz, ainda, que viver os mitos é uma experiência, verdadeiramente, religiosa, pois está na ordem do extraordinário da vida cotidiana. Reatualiza acontecimentos fabulosos, exaltantes e significativos, que possibilitam assistir de novo às obras dos seres sobrenaturais. Daí a função da repetição, da oralidade, pois as personagens do mito tornam-se presentes e passam a ser seu contemporâneo. Assim, já não se vive o tempo cronológico, mas o tempo primordial, *in illo tempore*, no qual o acontecimento teve lugar, pela primeira vez.

Ferreira Santos (1999) define mito como a narrativa dinâmica de imagens e de símbolos, que orientam a ação na articulação do passado (*arché*), e do presente, em direção ao futuro (*telos*).

Vaz (2003) nos chama a atenção para o sentido dos mitos de origem em geral. Segundo ele:

> (...) são narrações imaginárias portadoras de significações figuradas. Enquanto relatos etiológicos intentam compreender e interpretar as realidades humanas e mundanas, contando as suas origens e atribuindo-se a ação criadora da divindade "no princípio" de tudo o que existe. São autênticos atos de fé escritos de contemplativos que com uma intuição religiosa veem de forma unitária Deus e todas as coisas e apreendem todas as coisas a luz de Deus, até porque o pensamento mítico é inseparável de textos

> religiosos. (...). Mas as representações simbólicas do mito não são formas degradadas do pensamento abstrato, ao contrário, são formas de pensar, instituições que se transformam em produções literárias geradoras de sentido. O mito é revelador de sentido e não imposição de verdade única; serve de veículo ao espírito humano para remontar do sensível para o seu sentido, do tempo para o eterno. Assim, o mito não é um conceito ou uma ideia, mas é uma forma expressiva de significação que está para o pensamento lógico como a compreensão para a explicação conceitual abstrata (p. 411).

Os depoimentos das integrantes da Guarda de Moçambique 13 de Maio, a Rainha Conga Isabel e a Princesa Margarida, corroboram o que dizem Eliade e Vaz:

> *Você sabe que cada um puxa a sardinha pro seu lado, né?* ***(rsrsrsrs).*** *Então como trata-se de lenda,* ***quem escuta acha que é lenda, quem conta tem certeza absoluta daquilo que tá contando. Agora, se foi verdade ou não foi, pra nós não interessa mais****, porque a certeza nossa que aquilo aconteceu é muito grande.* (Grifos meus)

E relatam a história que aprenderam com os avós:

> *Então fala-se que na ... eu não gosto de usar África que é muito grande, mas no continente africano,* ***num tempo qualquer****, pessoas estavam numa praia e o Reinado já é muito antigo, tanto que quando eles vieram, cada um sabia da sua fé, sabia do que que vinha pra fazer e eles cantavam. E alguém avistou uma senhora no meio do mar e acreditava-se que era a* ***Mianganá****, que é a Santa dos negros, que é a Nossa Senhora do Rosário, Virgem Maria. Aí cantavam, cantavam, cantavam e a Santa vinha caminhando, caminhando, caminhando. Quando ela chegava na praia que eles viravam as costas e levavam pra fazer uma Capela para a Santa, a Santa virava, sumia de novo e retornava no mesmo lugar. Aí, foi, chegou, retornou e tal, chegou o ponto de que todos que foram lá tentar levá-la pro altar, ela voltou. Aí chegou um pes-*

> *soal, os candombeiros que são o pai do moçambique, eles usam instrumentos e são instrumentos pesados que é aquecido com fogo. Então, eles chegavam e falavam: "Ah, deixa a gente cantar um pouquinho e tal, também". "Não, vocês não vão cantar não." "Ah, deixa." "Então canta" - o pessoal deixou eles cantarem. Aí, o pessoal foi cantar. Aí, tiveram que acender fogueirinha pra aquecer os instrumentos. Aí, ela se aproximou um pouco mais da praia com a cantiga do Candombe. Mas tá ficando tarde, vamos levar a Santa para onde a gente arrumou, o lugarzinho que a gente arrumou pra colocar, mas como é que esse pessoal vai sair pra poder conduzir essa Santa, porque ela periga voltar. Aí, nasceu o moçambique, porque os outros grupos visualizando mais pra frente, eles não vão olhando para trás. Então, pelo fato de ter virado as costas para ela, ela voltou para as águas; aí, quando os candombeiros chegam e cantam, tipo assim, em roda, fazem uma fogueira, aquecem os instrumentos e quando vão cantando a Santa se aproxima.* ***Questão de fé.*** *Com isso, vem a dúvida de como fazer para levar a santa, eles cantavam de frente para ela, virava as costas, ela retornava para o lugar de origem. Porque os instrumentos do Candombe, não sei se vocês sabem, eles são feitos de tronco de árvore, porém a diferença é que eles não cortavam árvores para fazer instrumentos, eles usavam arvores tombadas. Era uma árvore que o vento tombou, era uma árvore centenária, era uma árvore assim... uma árvore desse estilo; porém pesados e grandes. Aí eles colocaram alças nos instrumentos que passou a se chamar moçambique, guiado pelo povo de Moçambique. E aí conseguiram levar a Santa para o lugar que eles queriam e ela também, mas sempre de frente para a Santa, sempre olhando para ela.* **Isso conta a lenda.** *Agora, o povo do Congo conta que quem tirou foi o povo do Congo. O Caboclinho e o Catopé vão falar "não", foi o Caboclinho que foi lá e conseguiu tirar a Santa. Catopé e Caboclinho já são coisas nascido no Brasil, já é outra história. Eles contam a história puxando a sardinha pro lado deles, eles não podem ficar fora da história (rsrsrsrs). Vão dizer: vovô me contou. Eu não 'tava lá não, mas o vovô contou. Aí, um vovô vai contando pro netinho, o netinho vira vovô, e outro vai contando e, assim, por diante...* (2006) (Grifos meus)

Eliade nos lembra que "para o homem religioso, a existência real, autêntica, começa no momento em que recebe a comunicação dessa história primordial e assume as suas consequências" (p. 81). A história é sempre divina, uma vez que as personagens são os Seres sobrenaturais e os Antepassados míticos, como na narração dos congadeiros.

Os relatos sobre a aparição da santa para os negros me fazem concordar com Vaz (2003), quando afirma que:

> O pensamento em ato no mito, em lugar de captar as verdades na sua natureza abstrata e despersonalizada, personifica-as e dramatiza-as em imagens. (...) Em lugar de pensar um conteúdo em abstrato, o pensamento mitificante desenrola-o na temporalidade de uma história com sentido. (...) Em vez de questão sobre a essência e a substância (o que é), apresenta uma pessoa que configura concretamente o sentido abstrato (respondendo a questão "quem é?"). Os feitos e as provas das figuras míticas enunciam os nossos feitos, provas e situações. É por isso que o leitor de um mito sente que as suas imagens e personagens não lhe são estranhas, mas análogas: o do mito é um mundo que nos fala diretamente e nos prende por dentro, comanda a vida, conta o diálogo dos vivos com o mistério fundamental da sua vida, que nenhum conhecimento racional permitirá esclarecer. **Contar uma história mítica não é transportar um fato ou uma ideia para um relato imaginário, mas manifestar um sentido por meio duma narrativa.** O mito é particularmente fecundo para dar mais sentido a tudo o que não é inteiramente redutível ao visível (a vida, a morte humanas, o nascimento, o sonho, o amor, o sofrimento, afetividade, a sexualidade, etc.). **Através do mito, até os mínimos fragmentos de realidade se carregam de significações e nos dirige a palavra que transportam dentro de si** (p. 412-23). (Grifos meus).

Com Vaz, concluímos que:

> Os relatos míticos tornam-se, pois, mediações imaginárias, que não são simples divertimentos estéticos e ou exercícios de pirotecnia fantástica, mas modos de aprofundar o sentido onde a argu-

> mentação conceitual manifesta limites, impasses ou aporias; são uma viagem ao interior e ao conhecimento da vida da pessoa. O objetivo do mito é dar a sua verdadeira dimensão aos limites e à sede de transcendência da condição humana: é uma revelação do ser e da vida da pessoa a si própria. A imaginação narrativa tem um lugar legítimo na procura de sentido para as realidades da vida, como abertura da razão para o que a ultrapassa (p. 413).

É interessante observar que cada Guarda se apropria da narrativa mítica, a partir dos elementos aos quais o próprio grupo atribui os seus significantes. Convido Hollis (1997a):

> Todo mito é a dramatização daquelas energias invisíveis que fluem através do universo e por algum tempo habitam em nós. Enquanto grupo, contam a história humana completa e todo o drama cósmico. **Cada um expressa um fragmento do conjunto, uma parte de um capítulo. Cada um de nós vive um verso ou outro, movendo-nos de acordo com ritmos mais profundos que os que a consciência consegue atingir.** Sejamos gratos por essas imagens da mesma maneira que por sonhos, esses dinamismos nos dizem, em forma visível, o que o invisível está operando, tanto na história como dentro de nós (p. 177). (Grifos meus)

Confesso meu desejo em trazer para este estudo as diferentes versões do mito, que encontrei no trabalho de campo, mas, certamente, isso tornaria a leitura enfadonha. Contento-me em reproduzir apenas mais uma delas, para que o leitor possa perceber o que diz Hollis e, ainda, em função dos diferenciados elementos que se fazem presentes, além de sua importância para a extração daqueles recorrentes, fundantes da narrativa, e dos que compõem a cena mítica, o que nos servirá às análises posteriores. Na versão do Capitão Dirceu:

> *Nossa Senhora do Rosário, segundo as história, segundo a tradição, fala, né, que Nossa Senhora do Rosário apareceu para um negro que já 'tava*

bem cansado. Já tinha trabalhado bastante, quando 'tava numa certa idade que eles não precisava mais do trabalho dele. Eles, então, pensava, pensaram em chibatar o negro, até ele morrer que eles não precisava mais do trabalho dele, né? Eles achavam que, dali pra frente, o negro só ia dar despesa, só ia beber, comer, tal, que não poderia mais trabalhar, né? E ele, assim, muito triste, quando ficou sabendo da notícia, ele sentou na berada de um rio, assim, pra poder pensar na sua vida sossegadamente, quê que poderia acontecer e Nossa Senhora do Rosário apareceu pra ele. Ela tão bonita, disse, assim, pra ele ficar tranquilo, que ele tranquilizasse. Então, o negro viu Nossa Senhora do Rosário e, a partir desse momento ele ficou, assim, com o coração mais tranquilo, né, sabendo que o que pudesse vim daquela hora por diante, seria de bom agrado, que Nossa Senhora do Rosário já tinha dado pra ele uma luz né? Então, o que acontecesse pra ele seria lucro dali por diante. E aí, a partir disso, ele começa a rezar pra ela. Ela apareceu e ele saiu contando história que ele poderia ficar tranquilo, porque já tinha visto Nossa Senhora do Rosário tal, aí, que juntou-se os negros todo, né, para poder ver se é verdade o que ele falava. Aí ela aparecia e sumia, aparecia e sumia. Quando ela apareceu, aí, aqui que todo mundo chegava numa fazenda, chegava num coisa, falava, chegava num quilombo falava que Nossa Senhora do Rosário tinha aparecido. Então, os brancos ficou assim, né, surpreso com aquilo que acontecia e tal, aquele acontecimento e tal, e foi pra ver também, né, eles viram e se interessaram pra poder tirar, mas eles se interessaram por ela, mas não era por eles que ela interessava, né. Então, que vem aquela história que ela dançou na água, que ela andava, vinha, encostava, depois voltava. Eles com muito custo conseguiram tirar com banda de música, com festa e tudo, tirou, mas ela tornou a voltar pra lá, aí que os negros fizeram aquele compromisso de tirar e fizeram... é, é como se fosse uma berganha, né, os senhores deu pra ele o direito que eles fossem pra lá pra cantar pra Nossa Senhora, mas com propósito, se eles conseguissem daria para eles o dia de forra, né, que hoje chama-se folga, chama-se domingo, feriado, daria o negro o dia de forra. Se eles não conseguissem que o trabalho, então, dobrava e havia as chibatas. Se ganhasse 10 passaria a ganhar 20, então foi um desafio grande. Aí, que eu falo que entra a fé, né? E eles falavam: nós vamos, nós aceitamos

> *um desafio, é um desafio grande. Então, Reinado foi sempre pautado no desafio.* ***Reinado, ele é o desafio.*** *Então, a partir desse momento que começou a história que eles fizeram os primeiros tambucos, né, com toras de madeira de lenha seca do pasto. Pegô, pegô um coro daquele boi lá que já tinha morrido no pasto. Com jeito, fez o tambor pra ir lá pra cantar pra Nossa Senhora. A história que o tambor chama Tambor de Santana.* ***Nossa Senhora saiu das águas, sentou primeiro no tambor, né, então, Tambor de Santana.*** *Então, aí que veio a história, aí que nasceu o Candombe, depois que veio a história que nasceu o Moçambique, que vem as histórias, né, o Reinado, que vem todo esse processo.* (2006) (Grifos meus)

Segundo Martins (1997), o mito de Nossa Senhora do Rosário deriva-se de uma narrativa fundadora tecida pelo cruzamento do texto católico, com repertórios textuais de arquivos ágrafos africanos, que, ao serem disseminados pela tradição oral, transmutam-se num texto terceiro. Como vimos, esse texto terceiro, ou seja, a fala dos congadeiros, base da matriz dialógica e fundacional dos sujeitos que encenam o mito e que por ela são constituídos, também, não é um único texto. Várias são as roupagens dadas ao texto mitopoiético nessa oralitura, sendo possível percebermos elementos diferenciados em destaque, numa *gnosis* comum, compartilhada e reconhecida pelos diferentes grupos, que se dá pelo aparecimento da imagem da Santa e se materializa nos fundamentos ritualísticos e nas cerimônias sagradas. Diz Campbell (2002, p. 40) que um sistema de símbolos mitológicos somente atua se operar na esfera de uma comunidade de pessoas que tenham experiências, essencialmente, análogas ou que partilhem do mesmo domínio de experiências de vida.

Também Martins recolhe, em seu estudo, narrativas sobre o mito de origem do Congado e do "núcleo comum através do qual se processa essa reengenharia de saberes e poderes na estrutura dos Reinados negros" (p. 56). A autora destaca, para suas análises, três elementos: a *descrição da repressão* vivida pelo escravo; a *reversão simbólica dessa situação*, uma vez que é o negro, e não o branco, que retira a Santa das águas (em alguns relatos "ela" aparece na pedra); e a *instituição de uma hierarquia entre os grupos*. Concordo e considero pertinentes suas análises, porém, quero enfatizar que meu olhar se dá, a partir do imaginário mítico presente na manifestação.

Para isso, são consideradas a diacronia presente, no desenrolar discursivo da narração, e a sincronia percebida, no interior do mito, com a ajuda da repetição das sequências, dos grupos de relações evidenciadas e a comparativa com outros pares (DURAND, 2002). Ainda Durand nos mostra como a repetição possui uma função na estrutura sincrônica, a de tornar manifesta a estrutura do mito, exatamente, por ser eterno recomeço de uma cosmogonia e, com isso, remédio contra o tempo e a morte, por conter em si "um princípio de defesa e de conservação que comunica ao rito" (p. 361). A estrutura sincrônica é, com efeito, o regime noturno em sua estrutura musical, pois "o mito é uma repetição rítmica com pequenas variantes, de uma criação. Mais do que contar, como faz a história, o papel do mito parece ser o de repetir, como faz a música". É por esse duplo caráter discursivo e redundante que todo mito comporta estruturas sintéticas (noturnas).

O mito de Nossa Senhora do Rosário introduz, pelo seu diacronismo, uma relação causal entre a Santa e os motivos que a tornaram protetora dos negros, uma vez que os brancos tentam sua retirada das águas, antes deles, mas não é para esse que ela aparece. A crença no mito é no transcendente, e o que importa é a mensagem trazida por algum elemento. Esse elemento não é uma pessoa terrena, pois se investe da deidade que traz a mensagem. É Hermes que pode se tornar vários, na imagem do sujeito, ao qual ela aparece. Conforme as versões recolhidas: para "alguém", os negros, um velho, uma criança, uma mulher, São Benedito. Lá no fundo (do rio ou do mar, numa ilha, numa loca de pedra), em forma humana, de luz, uma voz. Vejamos mais uma:

> *(...) Ela apareceu no meio do mar, ela apareceu lá, foi até uma negra que avistou ela lá. A negra saiu de casa cedo para buscar água na beira do rio pra levar pra fazenda. Quando ela olhou, viu aquele clarão, aquele resplendor, voltou pra trás sem fala, assustada com aquilo...* (Capitão Jeremias, 2007).

Para identificar Hermes, esforço-me, num exercício conjectural: ao admitir que para os negros da diáspora, sair de sua terra natal simbolizava a morte, podemos também pensar que a chegada em outras terras pudesse significar renascimento. Podemos afirmar, dialogando com Durand (2002) que "o tema da morte e da ressurreição é acrescentado para indicar a instabilidade do presente que morre e renasce perpetuamente" (p. 303); donde um drama alquímico se liga à figura de

Hermes, o Filho, o substituto masculino da Deusa Mãe. A 2finalidade dessa alquimia seria "engendrar a luz", "acelerar a história" e "dominar o tempo". "Hermes é o princípio do devir", "da sublimação do ser", é hermafrodita, por isso, pode ser o masculino ou o feminino que vê a imagem, no mito. É o mensageiro que comunica aos outros o "milagre" e o "mistério" do ocorrido. É o filho da Grande-Mãe. Sua mensagem, mais importante do que quem a transmite, redobra, (re) atualiza o mito (típico do regime noturno) e é transmitida de boca em boca, de lugar pra lugar, possibilitando a construção deste mundo imaginal, *in illo tempore.* Na imagem do Filho, a intenção de vencer a temporalidade é sobredeterminada pelos desejos de perpetuação da linguagem mítica, que é o fundo dessa narrativa dramática e cíclica, em cerimônias ou práticas iniciáticas, sacrificiais e orgiásticas, como veremos adiante. Todo ritual é hermesiano e também dionisíaco, pois traz o transcendente para o imanente e, dessa forma, (re)atualiza o mito.

Ainda na imagem da Santa que aparece para um mensageiro hermesiano, vejo os arquétipos do *senex* (velho) e *puer* (novo) que, para Hillman (1989), "não podem realmente se separar" (p. 127), um depende do outro. O *senex* é o ancestral africano, o "grande *anganga muquixe*", portador das velhas sabedorias e dos mistérios, ("o último negro, o mais sábio, o mais velho" diz o Capitão Daniel) e o *puer* é o iniciado, aquele que, segurando o bastão de Hermes, dará continuidade à tradição, "até o dia que a Mamãe do Céu quiser" (Capitã Alice, 2007). É a harmonização dos contrários de que nos diz Durand. A mensagem transmitida precisa movimentar-se do *senex* ao *puer*. Para que o primeiro não seja esquecido, o segundo canta:

Grande Anganga Muquixe
Sua gunga não bambeia
Nganga Berê Berê
Ah, vai te guardar
Vai lhe proteger
Na sombra do Jatobá
(Canto tradicional do Congo em homenagem ao ancestral)

Ô Minas Gerais...
Ô Minas Gerais...
(adaptação de Maurício Tizumba)

Mas, nesse imaginário mítico, indiscutivelmente, destacam-se quatro imagens-chave, arquetípicas, presentes no regime noturno, encontradas na estrutura mística e também na sintética. São elas: a **figura**, a **mulher sagrada**, a Virgem Hierodúlica[30], a Santa, a Grande-Mãe Nossa Senhora do Rosário – e seu **fundo**, a **água**, unidas numa *gestalt*, e, por isso mesmo, inseparáveis – além de duas outras figuras numinosas, também, especialmente, emblemáticas do imaginário do congadeiro: o **tambor** e o **rosário** (regime dramático/sintético). Essas imagens serão aprofundadas e junto delas virão outras, que, não menos importantes, contribuirão para trazer, à cena, sombras sobre o real (CRAPANZANO, 2005) do contexto, aqui analisado.

A constituição do arquétipo do Feminino (Grande-Mãe) e o mito de Nossa Senhora do Rosário

Considero essa discussão cara e imprescindível para esse estudo. Diante de sua complexidade, confesso estar exercitando a ousadia e correndo o risco de fazer leituras simplistas, principalmente, pela fragilidade em minha formação, para desenvolver análises mais consistentes e coerentes com uma antropologia e uma psicologia profundas.

Entretanto, não posso me furtar de encarar os desafios, que eu mesma e o objeto escolhido foram colocando em meu caminho. Como vimos, é a Grande-Mãe a principal característica do arcabouço mítico africano, no qual estão presentes valores matriarcais (noturnos) fundantes de toda a manifestação do Congado, o que justifica a discussão para posteriores aproximações e análises. Nossa Senhora do Rosário, mãe dos negros, remete-nos, inevitavelmente, à discussão do arquétipo da Grande-Mãe e sua importância para o processo de conscientização da humanidade (individual e coletivo), do qual a fase matriarcal é necessária e imprescindível. Para a Capitã Odete:

[30] *Hieródula* em grego, Serva do Sagrado (WHITMONT, 1991, p. 155).

> *Nossa Senhora do Rosário prá mim, quer dizer, ela, com aquele rosário, ela "tá em cada mistério", ela "tá sempre implorando a Deus pelos filhos dela", porque nós temos a mãe da terra, mas nós temos a nossa mãe lá do céu, porque ela acolhe todos nós. Igual, tem um canto, quando a gente, às vezes, chega num determinado lugar, às vezes, a gente vê alguma coisa assim, sabe, aí, eu sempre canto um cântico, sempre quando a gente chega, se vocês não importa, eu vou cantar um pedacinho:*
>
> *Oh, Senhora do Rosário!*
> *Oh, Senhora do Rosário!*
> *Lembra, mamãe, alembra*
> *Lembra, mamãe, alembra*
> *Alembra de seus filho amado!*
>
> *Lembra, mamãe, alembra*
> *Lembra, mamãe, alembra*
> *Alembra de seus filho amado!*
> *Vou pedir pra Nossa Senhora*
> *Que abençoa os nossos filhos*
> *Veja, mamãe, oh veja!*
> *Veja, mamãe, oh veja!*
> *Oi, veja seus filhos queridos!*
> *Veja, mamãe, oh veja!*
> *Oi, veja seus filhos queridos!*
>
> *Então, neste momento eu creio que ela tá de lá do céu, olhando por todos nós, né, com aquele Rosário na mão, né, protegendo os filhos dela, o que eu acho de uma importância muito grande* (2006).

Baseado na moderna psicologia profunda, a partir da psicologia analítica de Jung, Neumann (2003) escreve um de seus clássicos *História da origem da consciência*, no qual mostra que "uma série de arquétipos é o principal constituinte da mitologia; que esses arquétipos mantêm entre si uma relação orgânica e que a sua sucessão ocorre por estágios que determinam o crescimento da consciência" (p. 13). A consciência individual do ego precisa, necessariamente, passar pelos mesmos estágios arquetípicos, que determinaram a evolução da consciência, na vida da humanidade. Ou seja, o indivíduo precisa percorrer uma estrada já trilhada pela humanidade na qual ela deixou marcas – os arquétipos –, em suas imagens mitológicas. Essa travessia do desenvolvimento da consciência se processa no homem, de modo natural, como o próprio desenvolvimento físico e a maturação corporal. Vale ressaltar que a imagem arquetípica da Grande-Mãe, além de ser viva, tanto no indivíduo, como no grupo, ocorre tanto com os homens, como com as mulheres.

O processo evolutivo da consciência é também uma forma de evolução criativa e peculiar da consciência do ego do homem ocidental. Por intermédio de um processo contínuo, que abarca milhares de anos, e diferentes estágios, o homem absorveu em seu sistema consciente um número, cada vez maior, de conteúdos inconscientes, estendendo, progressivamente, suas próprias fronteiras. Assim, pode-se dizer que a evolução da consciência é, ao mesmo tempo, um fenômeno humano particular, coletivo e individual (transpessoal e pessoal). Os fatores transpessoais são coletivos e devem ser considerados não como condições externas da sociedade, mas como elementos estruturais internos. Por sua vez, os fatores pessoais são aqueles pertencentes a uma personalidade individual e não são compartilhados por nenhum outro indivíduo, sejam eles conscientes ou inconscientes (NEUMANN).

Para Neumann, o desenvolvimento da consciência em estágios arquetípicos é um fator transpessoal, um autodesdobramento dinâmico da estrutura psíquica, que domina a história da humanidade e do indivíduo. O autor afirma que o primeiro estágio na evolução da consciência é o mitológico, no qual encontraremos símbolos que se relacionam aos mitos da criação, à fase urobórica, à Grande-Mãe e à necessidade da separação dos pais primordiais (feminino e masculino), imprescindíveis para a compreensão das conexões, entre os símbolos e os vários estratos do desenvolvimento consciente do homem.

Diz Neumann que, cada vez mais, torna-se evidente ser a psique humana a fonte de todos os fenômenos religiosos e culturais, o que pode ser comprovado pelas mitologias e religiões que possuem a Grande-Mãe como referência. A ligação com a Mãe-Terra inicia-se nas sociedades primitivas, nas quais a Deusa era associada à agricultura e às sociedades agrárias. "A mulher dá à luz assim como da terra se originam as plantas. Assim a magia da mãe e a magia da terra são a mesma coisa" (CAMPBELL, 1990, p. 177).

Segundo Hollis (1997a), os cultos à Deusa datam de, pelo menos, 25.000 anos atrás. Esse mito central da "deusa natureza cíclica da Natureza" (p. 80) – as estações, as marés, a sístole e a diástole da corrente sanguínea – antecipa o culto dedicado às deidades masculinas. "No mundo antigo as deusas floresciam como manifestações do arquétipo da Grande Mãe, como *numinas*, locais da terra e da água". A ela se associam a procriação e o provimento das necessidades, a transformação por meio das passagens na vida, o mito do eterno retorno, o grande círculo, a lua, além de também ser conhecida como a tecelã do destino.

Diz Neumann (2003) que o aparecimento do arquétipo da Grande-Mãe, bem como seus efeitos, podem ser observados, ao longo de toda a história da humanidade, tanto nos rituais, nos mitos, nos símbolos, como nos sonhos, nas fantasias e nas realizações criativas dos sujeitos. Um traço fundamental desse arquétipo consiste no fato de que ele reúne atributos positivos e negativos e, ao mesmo tempo, grupos de atributos, numa *coincidentia oppositorum* (união de opostos). Essa ambivalência é a característica da situação original do inconsciente. O homem pré-histórico vivenciou a paradoxal simultaneidade do bom e mau, do amistoso e terrível, como qualidades atribuídas à Grande-Mãe como unidade. Durante o processo de desenvolvimento da consciência, a deusa bondosa e a deusa terrível passam a ser reverenciadas, cada uma, em sua vez, como seres dotados de poderes diferenciados (p. 25).

O significado central da vivência da Grande-Mãe é o ciclo do sacrifício. O arquétipo da Grande-Mãe aparece em diferentes mitos e representa, em geral, além da questão psicanalítica, a sobrevivência da religião e dos valores matriarcais, durante a cultura patriarcal guerreira dos povos invasores, ligados às atividades agrícolas dos povos primitivos. Esse vestígio da antiga consciência matriarcal da Deusa-Mãe, também, sobreviveu na devoção católica popular da Virgem Maria, entre os povos do Mediterrâneo e, depois, no catolicismo, em geral. No antigo simbolismo de ciclo agrário, e por essas características maternais, ela corporifica o útero da terra, onde a semente é plantada a cada ano e vinga em abundância de alimentos. Daí o sentido de sacrifício e de morte, com um significado de renascimento. O próprio parto é um rito iniciático, nesse sentido. Morrer para renascer é o sentido da iniciação de vários mistérios pelo mundo afora. Assim, transcende-se a dualidade entre vida e morte.

A deusa corporifica o ciclo de vida-morte, alimentado por sacrifícios, pois todas as formas de vida se alimentam de outras vidas e, do mesmo modo, tornam-se alimento para outras (HOLLIS, p. 82). Esse é o estágio mitológico do Grande Círculo, que para Neumann possui como primeiro símbolo, o círculo, o ovo, o redondo da alquimia.

> O círculo, a esfera e o redondo são aspectos do Autocontido, sem começo nem fim, na sua perfeição pré-mundo, precede todo o processo, é eterno, porque em sua rotundidade, não há antes nem depois, não há em cima nem embaixo, não há espaço. Tudo isso só pode surgir com o surgimento da luz, da consciência, que ainda não está presente; aqui ainda domina a divindade não exteriorizada (2003, p. 27).

O círculo é, portanto, o núcleo do princípio, de onde surge o mundo. É o estado perfeito, no qual os opostos estão unidos – o princípio perfeito, pois, como os opostos, ainda não se separaram; o mundo, ainda, não começou; é o final perfeito, pois os opostos tornaram a se juntar, numa síntese, e o mundo se encontra, mais uma vez, em repouso (p. 27). Contém o continente dos opostos, o negro e o branco (a mônada chinesa *yin* e *yang*), a noite e o dia, a terra e o céu, o masculino e o feminino. O repouso absoluto é também o lugar de origem e a célula-semente da criatividade. É a cobra circular, a *uroboros*, que, vivendo no ciclo da sua própria vida, simboliza o dragão primal, do princípio que morde a própria cauda, a autogerada (p. 28).

A *uroboros* representa o redondo que contém, em que tudo é um, numa grande *union mystique* (BOFF, 1979). É o ventre primal materno, o útero e, ainda, a união do antagonismo masculino-feminino (os pais primordiais). Às suas imagens arquetipais, além do ventre da mulher, ligam-se todas as coisas profundas: o abismo, o vale, o solo, o mar, as fontes, os lagos, os poços, a terra, o mundo interior, a caverna, a casa e a cidade – imagens arquetípicas do regime noturno –, como também o tambor e o rosário, presentes no congado, sobre os quais discutiremos, oportunamente.

Assim, percebe-se o lado positivo da Grande-Mãe: aquela que fornece alimento e prazer, protege, aquece, conforta e perdoa. É o refúgio de todo sofrimento, alvo de todo desejo, em que a mãe é sempre a realizadora, doadora e auxiliadora. Segundo Neumann essa imagem foi, em todos os momentos de aflição, o refúgio da humanidade, e sempre o será, porque o estado de ser, contido no todo, é paradisíaco e, jamais, pode ser realizado outra vez, de maneira despreocupada, na vida adulta, como o era em momentos anteriores (p. 31).

Por outro lado, a Grande-Mãe não é só boa, ela possui um lado negativo que retém, prende, aprisiona, sufoca, rejeita e até mata (NEUMANN, 1998). "O Grande Feminino, como Deusa Terrível da terra e da morte; é ela mesma a terra em seu poder devorador, em que as coisas se decompõem" (p. 63), tornando-a "a devoradora dos corpos mortos da raça humana e a senhora soberana da tumba" (p. 145).

Em seu também clássico *A Grande-Mãe*, Neumann (2003) discute, com propriedade, o duplo caráter do feminino: o caráter elementar e o caráter de transformação.

O caráter elementar é o fundamental do feminino. Contém as ideias de conservar, manter sob proteção tudo que nasce do feminino (plantas, animais, homens), pois tudo lhe pertence, dele depende para sobrevivência e, por ele, é tutelado. Desse modo, se relativiza qualquer autonomia: além dos atributos positivos, também se pode rejeitar e estrangular.

O caráter de transformação é o que leva à mudança. Emerge quando o feminino encontra-se com o tu, fascina, enamora e trai, uma vez que é vivenciado como o inspirador. Nesse caráter, a mulher se modifica e modifica o homem. Boff dialogando com Neumann, afirma que o caráter elementar do feminino é vivenciado nas instituições, nas tradições da Igreja, em todas as situações, em que homens e mulheres vivem a sensação de aconchego e segurança. É vivido no nível pessoal, nos relacionamentos que provocam mudanças, nas histórias de amor e amizade, nos momentos de criação, quando surgem riscos, conflitos, desafios e medos.

Neumann (1998) nos faz crer que o mundo arquetípico feminino, com sua riqueza de símbolos e a trama tecida, por suas imagens e constelações, permite-nos conhecer os estágios da autorrevelação do *self* feminino, assim como a sua objetivação no mundo dos arquétipos, dos símbolos, das imagens e dos ritos, apresentando-nos um mundo que pode ser lido como histórico e eterno. Diz ele que

> Os níveis progressivamente mais elevados de símbolos dos quais o Feminino, como seu caráter elementar e de transformação, torna-se visível como Grande Círculo, como Senhora das Plantas, Senhora dos Animais e, finalmente, como a Sofia-nutriz, matriz do espírito, correspondem às fases da auto-evolução da natureza feminina. Isso se revela na mulher como o "eterno feminino" que transcende todas as encarnações terrenas, todas as mulheres e todos os seus símbolos individuais. Entretanto, essas manifestações do Grande Feminino, em todas as épocas e culturas, quer dizer, entre todos os indivíduos dos mundos pré -histórico e histórico que se lhe seguiu, também se manifestam na realidade viva da mulher moderna, em seus sonhos e visões, em suas obsessões e imagens de fantasia, em suas projeções e relacionamentos, nas suas fixações e transformações da personalidade (p. 291).

O autor conclui que a Grande-Deusa é a encarnação do *self* feminino, que se desenvolve, ao longo da história da humanidade, bem como na história da vida de cada mulher individual. Sua realidade é que estabelece os parâmetros da vida tanto individual como coletiva. Esse mundo psíquico e arquetípico, abrangido pelas múltiplas formas da Grande Deusa, é o poder subjacente que ainda hoje governa – em parte, com os mesmos símbolos e na mesma ordem de autodesenvolvimento, em parte, por meio de mudanças e variações dinâmicas – a história psíquica do homem moderno, mas, principalmente, da mulher moderna (p. 292).

A substituição da época matriarcal (Grande-Mãe) pela patriarcal é, também, um processo arquetípico, ou seja, é um fenômeno universal e necessário da história da evolução da consciência da humanidade.

Seu início se dá com o nascimento do herói. O mito do herói é o segundo estágio fundamental para o desenvolvimento da personalidade, que também é transpessoal, um fator psíquico-coletivo da humanidade. O herói nasce, introduz a dualidade, mas sua dependência dos cuidados da mãe é, ainda, muito estreita. Sem ela, o filho não sobrevive. Ela é grande e boa. No momento seguinte, o filho cresce. É o filho querido e amado, ao lado de sua grande e boa mãe. Com ela, ele vive um incesto, no nível simbólico: o filho está preso à mãe e deseja voltar a *union mystique*; a mãe, por sua vez, o protege, o mantém e o quer como filho, mas como diferente de si e objeto de seu amor (BOFF).

É nesse momento que, segundo Neumann (1998), ocorre uma mudança do centro de gravidade, porque, nessa fase, não mais prepondera a universalidade cósmica do mito, como ocorre no mito de criação. A preponderância, agora, é o centro do mundo como lugar onde está o homem. Ele se torna o herói. Isso é definitivamente visível e significa que, no mundo do herói, o ego e a consciência alcançam a autonomia, é a fase da formação da figura e da personalidade humanas. O herói se torna, assim, o precursor da humanidade.

O processo de masculinização se cristaliza e passa a ser decisivo para a estrutura da natureza do ego e da consciência, uma vez que o herói precisa enfrentar a batalha contra seus pais primordiais (pessoal e suprapessoal) para que ocorra a sua própria transformação. O alvo mitológico desse estágio é a luta do dragão pela cativa (o tesouro, quase sempre, a virgem), a "preciosidade difícil de ser obtida" (NEUMANN, 1998, p. 151).

Segundo Campbell (2004), a aventura do herói costuma seguir um padrão: um afastamento do mundo, uma penetração em alguma fonte de poder e um retorno, que enriquece a vida. Desse modo, o mito do herói torna-se o mito da autotransformação. É nesse momento que o filho ganha sua independência. O eu se torna forte para se autoafirmar. É preciso cortar os laços com a casa materna, só assim ele será ele mesmo. O eu, o espírito, o masculino se reafirma frente o feminino.

Conforme Neumann (2003), só milênios mais tarde, esse processo de autoformação surgiria como processo de individuação do homem moderno. Para o autor

> (...) os estudos da psicologia profunda mostraram que a consciência e suas aquisições são um "filho" recente do inconsciente, e que a evolução da humanidade, como um todo, e da personalidade humana, em particular, transcorre – como é

> necessário – numa situação de dependência em relação às forças físicas e psíquicas que estão adormecidas no inconsciente. Desse modo, o homem moderno descobre, em um novo plano, a mesma coisa que o homem primitivo vivenciou através de formas instrutivas avassaladoras, a saber, que na força feminina geradora e abastecedora, protetora e transformadora do inconsciente atua uma sabedoria infinitamente superior à da consciência humana vigil, a qual intervém na vida do ser humano, convidada ou não, enquanto fonte da visão e do símbolo, do ritual e da lei, da poesia e da vidência para salvar o homem e dar um sentido para poesia e da vidência para salvar o homem e dar um sentido para sua vida (p. 287).

Jung (2002) já havia nos chamado a atenção sobre esse processo de individuação, afirmando que essas características do feminino, encontradas tanto no homem, como na mulher, não se processam de forma pura, mesclam-se como o claro-escuro. A realidade humana será sempre sombra e luz. É a *anima* e o *animus*, com seus lados positivos e negativos. A *anima* é a personificação de todas as tendências psicológicas femininas, na psique do homem, e o *animus*, as masculinas, no inconsciente da mulher (*apud* VON FRANZ, 2002). Diz Hollis (p. 80) que o culto da Grande-Mãe foi substituído, na alma dos povos nômades, pelas imagens da busca (heroica), deixando, progressivamente, de lado, o círculo com a ideia de centro e, favorecendo os deuses celestes mais móveis, as divindades solares. Assim, por volta do terceiro milênio a.C., as imagens da Grande-Mãe, provedoras de organização, foram suplantadas pelo Pai-Céu, e o patriarcado passou a ocupar o lugar do matriarcado.

Assim, Neumann (1998) afirma que:

> (...) o coletivo masculino é a fonte de todos os tabus, leis, instituições que se destinam a dissolver o domínio da *uroboros* e da Grande-Mãe. Céu, aqui, espírito e masculino são correlacionados e representativos da vitória do patriarcado sobre o matriarcado. Isso, porém, não quer dizer que o matriarcado não tenha leis, mas ele é determinado pelas leis do instinto, do funcio-

> namento inconsciente e natural, cujo sentido é a propagação, preservação e evolução da espécie, e não o desenvolvimento do indivíduo (p. 116).

Para Whitmont (1982), a desvalorização do Feminino, no período do patriarcado, foi resultado da "necessidade de separar o ego nascente de uma consciência de campo todo-abrangente" (p. 163-164), típica do mundo mágico-mitológico, no qual se consideravam as necessidades, os instintos, com suas dinâmicas transformadoras da existência e, por isso mesmo, ameaçadoras para o ego.

A sensação de distanciamento e separação é ilusória. As sensações de individualidade e liberdade passariam a ser alcançadas pela razão, pela vontade e pela obediência à lei racional, agora ditada pelo Deus-Pai. O preço pago pela conquista dessas sensações foi "a perda do elo de ligação com o *continuum* vida-morte de existência, e a experiência de si mesmo como um forasteiro num mundo sem sentido" (p. 164) e que, por essa razão, se autodestrói, coletivamente.

Ao longo da evolução judaico-cristã patriarcal, com sua tendência às abstrações de caráter monoteísta-masculino, a deusa, como figura da sabedoria, foi destronada e reprimida (NEUMANN, 2003). No catolicismo ocidental, patriarcal e heroico, Moisés e Cristo são os principais representantes. Moisés é aquele que parte sozinho para uma viagem heroica, experimenta o mistério e retorna com uma lei para o seu povo (CAMPBELL, 2002). Jesus é exclusivo e único; é a encarnação da divindade na terra. Homem comum, é batizado, isola-se no deserto e de lá volta com sua mensagem. Sofre tentações, é perseguido, morto e crucificado. Ressuscita dos mortos, simbolizando "a passagem do campo do espaço e do tempo para o campo da vida eterna" (CAMPBELL, 1990, p. 147) e ainda, a salvação para além da morte, para aqueles que, tornando-se seus discípulos, disseminem sua mensagem no mundo (p. 149).

A tradição judaica depende da revelação especial a um povo escolhido, da única encarnação que é Jesus, para a fundação de uma igreja e de sua continuidade. Por isso, afirma Campbell (2002), "nossa religião é de relação com o Criador e para dela fazer parte temos que ser batizados. Eis porque nossos símbolos têm sido interpretados como referentes a eventos históricos exteriores e não aos nossos eus interiores" (p. 72).

Whitmont (1982) é categórico ao afirmar que o mito da antiga Deusa está ressurgindo na contemporaneidade. É uma teofania, não para racionalizar a "regressão mágica", mas para que ela "possa nos guiar a níveis mais elevados do desenvolvimento humano (p. 66).

Esse mito, como vimos, governou a terra e o céu, antes do advento do patriarcado e das religiões patriarcais. A época do patriarcado está se esgotando e a Deusa reaparece, num momento de intensa necessidade, uma vez que "caminhamos pelo vale das sombras da aniquilação nuclear", e é fato que "tememos o mal e ansiamos por amor, segurança e proteção, e temos muito pouco desse conforto" (WHITMONT, p. 10). A violência ameaça nos dominar inteiramente e a própria Mãe-Terra vem sendo pressionada, no limite máximo de sua resistência, dando respostas catastróficas às ações humanas. Os papéis masculinos e femininos tradicionais de nossa sociedade estão sendo questionados e desafiados, nesse momento. Será coincidência que o apelo ao feminino venha à tona, num momento em que a violência corre o risco de escapar ao controle?

O mito da antiga Deusa, para Whitmont, pode auxiliar a humanidade. Sua vinda não implica rejeição da ética, e sim, a emergência de uma nova, integrativa, afirmativa e includente (p. 271), fundada, mais solidamente, na consciência individual, pois a Deusa é guardiã da interioridade humana. O patriarcado regula os elementos externos do comportamento, mas desvaloriza o instinto, os sentimentos, as sensações, a intuição, a emoção; dito de outro modo, as profundezas do feminino (p. 12).

Whitmont discute que a transição do matriarcado para o patriarcado mudou a relação da mulher com seus desejos e instintos. Apenas as suas qualidades maternais de provedora e protetora da vida continuaram aceitáveis e, dessa forma, tornaram-se submetidas aos propósitos da procriação. Uma característica dessas mudanças pode ser observada nos sentidos dados aos termos "virgem" e "virgindade":

> Antes, à época das culturas ginecolátricas, virgindade denotava aquele aspecto da deusa ou de sua sacerdotisa, que mediava o mistério da existência, através do corpo e da sexualidade. Virgem era a mulher que pertencia a si mesma, não a um homem. O termo nada tinha a ver com abstinência sexual ou castidade. (...) Dentro do sistema androlátrico, *virgo* acabou sendo *virgo intacta*, a mulher casta ou celibatária. Intacta significa não tocada por coisa alguma que prejudique ou ofenda, ilesa. Para ser adequada e dar

> continuidade à linhagem familiar patriarcal, uma "boa" mulher tinha que ser "boa parideira" e limitar o "uso" de seu corpo a seu senhor, do qual deveria ser uma propriedade (p. 155).

Para Neumann (1998), a virgindade é um aspecto importante da Grande-Mãe e significa "não pertencer a nenhum homem específico, quer dizer, ela é, essencialmente, sagrada, não como pureza física, mas como abertura psíquica a Deus" (p. 108). O poder criador da Grande-Mãe não depende de nenhum parceiro masculino, mas há, também, um elemento procriador masculino agindo nela. No nível urobórico, ele é anônimo, torna-se subordinado e justaposto a ela, como energia fálica, e só mais tarde aparece ao seu lado como consorte, na maioria das vezes, um homem com menor destaque, como é o caso de José, pai de Jesus.

O nascimento do herói é atribuído a uma virgem. Sua natureza é sempre incomum, diferente, sobre-humana ou inumana, gerado por um demônio ou uma divindade. É a absorção da mãe pela experiência do parto e do nascimento do herói que forma a essência do mito (NEUMANN, p. 109).

Também Jesus veio ao mundo a partir de um nascimento virginal. Para Campbell (1990, 2002), o nascimento virginal é uma metáfora e não se refere a uma condição biológica, mas a um renascimento do espírito. A referência simbólica não é ao nascimento físico de Jesus, mas à sua significação espiritual. Assim, de acordo com a doutrina católica romana, a virgindade de Maria foi restaurada, de modo que, fisicamente, nada aconteceu. O que fica é a imagem arquetípica da Virgem.

Segundo Boff, o cristianismo patriarcal se transformou numa religião de varões. Entretanto, "o consciente coletivo da comunidade de fé deixou filtrar a dimensão feminina presente nela, constelando-se principalmente em torno de Maria e da Igreja como Virgem, Esposa e Mãe" (p. 245). Assim, "o Cristianismo não integrou a dimensão de sombras do arquétipo *anima*, somente articulou a face *numinosa* da mãe e da virgem toda pura". Jesus é considerado o segundo Adão, nascido não mais do Criador, mas do seio de uma virgem, filha de Deus, que é feita sua esposa (pois, nos mitos da Deusa, o deus-herói é sempre o irmão-esposo).

Dessa forma, realiza-se um *hiero gamos*, um casamento sagrado e celeste, no qual a deusa e a humanidade, que ela representa, ficam envolvidas num drama divino. Maria, mãe de Deus, Esposa do Espírito Santo, pela sua Assunção corporal ao céu passa a fazer parte da Trindade (Pai, Filho e Espírito Santo). É o quarto elemento, o feminino, a criação, a matéria. O dogma de sua assunção foi proclamado por Pio XII, em 1950, e "ratifica um dos arquétipos mais fundamentais da psique humana em sua sede total de integração" (p. 247)[31].

Segundo Campbell (1990, p. 179), se ao invés de inicialmente rezarmos "Pai nosso que estais nos céus..." o fizéssemos "Mãe nossa que estais nos céus...", certamente isso teria ocasionado uma diferença psicológica no caráter da cultura ocidental e, quem sabe, estaríamos nos ressentindo menos da violência, das guerras e da competição. Ferreira Santos (2004) afirma que, "em profundidade, o regime patriarcal é devedor e mantido pelo regime matriarcal (ou noturno)" (p. 139).

Campbell (1990) discute que todos nós, indivíduos e grupos, precisamos de um "guia-mapa de alguma espécie" (p. 193), e que esses se encontram à nossa volta, de modos diferenciados. Porém, destaca que os grupos ligados à Grande Deusa, a mãe do universo e de todos nós, diferentemente das religiões de relação, ensinam compaixão por todos os seres vivos, pois preservar a natureza é preservar a nós mesmos.

Desse modo, Campbell nos remete às discussões propostas por Morin, que não prega uma religião ecológica, mas uma ciência da terra. Por caminhos diversos – o mito, a ciência, as artes, a filosofia – a humanidade está começando a propagar essa mesma ideia, justamente, porque o mito está ressurgindo. Isso nos faz lembrar, ainda, do conceito de bacia semântica de Durand (2002): um mito se esvazia, enquanto o outro se ressignifica. Um (ou uns) desce(m) para o latente, enquanto outro(s) emerge(m) no patente.

[31] Segundo Robles (2006), a primeira referência bíblica a Maria é feita pelo apóstolo Lucas, referindo-se ao episódio da anunciação do nascimento de Jesus. A autora ainda afirma que data do século XIII a consagração do mês de maio a Maria; do século XII, as preces cotidianas, que incluem a saudação do anjo à Virgem, que foram acrescidas de preces e poemas, que geraram centenas de ladainhas, novenas e ofícios, que integram o que hoje se reconhece como mariologia ou devocionário mariano (p. 301). Em nossa sociedade, ainda encontramos a folhinha mariana, na qual é possível identificar o dia consagrado a todos os santos da hagiologia católica.

O mapa da redenção de Grandes-Mães no cristianismo afro-ameríndio

A vitalidade arquetípica da Grande-Mãe[32] se faz presente nas imagens da esfera cristã e de suas Virgens, e Nossa Senhora do Rosário é uma delas. Na "Litania de Loreto", que é dirigida a Mãe Virgem Maria (ladainha do santo rosário, também rezada nas novenas, que antecedem as festas do Congado), ela é chamada de:

> Santa Mãe de Deus, a Mãe da Graça Divina e Mãe do Bom Conselho; a Virgem mais renomada, Virgem mais poderosa, Virgem mais misericordiosa, Virgem mais fiel e louvada como Espelho da Justiça, Morada da Sabedoria, Causa de nossa alegria, Portal do Céu, Estrela da Manhã, Saúde dos Enfermos, Refúgio dos Pecadores, Consolo dos Aflitos, Rainha da Paz, Torre de Davi, Torre de Marfim e Casa de Ouro (CAMPBELL, 2000, p. 121).

É curioso notar o uso abundante de adjetivos e metáforas em alusão à Virgem Maria. Marta Robles (2006) comenta que é "ela" o objeto de reverência preferido na Espanha, onde se chega a contabilizar mais de 22 mil invocações para lhe render culto (p. 298). Por todo o mundo, encontraremos crenças e mitologias envolvendo a Grande-Mãe. É o que permite Michael Taussig (1993) afirmar que a história dessas santas possibilita a constituição de um verdadeiro "mapa da redenção", no qual se podem notar as marcas impressas de uma topologia do sagrado sobre a terra.

Assim como acontece com o mito fundante de Nossa Senhora do Rosário, diferentes circunstâncias fazem com que outras Santas se tornem protetoras de outros povos. Taussig afirma que cada circunstância é como um significante que depende do mapa, como um todo, para realizar seu significado, no qual cada peregrino, que participa da peregrinação, é como o próprio ato de falar, pois

[32] Neumann (2003) em seu *A Grande-Mãe*, ainda nos presenteia com um rico catálogo com 185 figuras e estatuetas das deusas-mães, encontradas em quase todas as culturas, da Índia ao Mediterrâneo, presentes tanto no caráter elementar, como no de transformação. Entre elas encontramos Ísis, a deusa do Egito, provavelmente a mais venerada de todas. Suas estatuetas negras, com o filho Hórus no colo, são adoradas de maneira semelhante à Virgem Maria e o menino Jesus. São as madonas...

transporta aquele significado para uma realidade concreta. Essa afirmação será corroborada com os exemplos que veremos a seguir.

Nesse mapa da redenção, proposto por Taussig, identificamos Nossa Senhora dos Remédios, padroeira da cidade de Cali na Colômbia, que, segundo a lenda, aparece a um branco, um missionário, em 1560. Num encontro entre o padre com um índio, esse último conta-lhe que, na mata, havia uma imagem idêntica àquela que ele venerava em seu quarto. Os índios chamavam-na a "Mulher Selvagem da Floresta". Ofertavam-lhe produtos de suas roças e de animais da floresta para que suas colheitas e caçadas fossem abundantes e dançavam em sua homenagem, ao som das flautas, com os corpos livres da opressão das indumentárias europeias.

Sem acreditar no relatado, o padre fez o índio levá-lo ao encontro da imagem, que para sua surpresa era a mesma. Era ela de uma beleza radiante, talhada em pedra, os olhos exprimindo uma doçura mística e em seus braços o Menino Jesus segurando um fruto tropical. O padre, então, ordenou que a imagem fosse transportada para o convento de La Merced, na nova cidade de Cali. Uma noite ela desapareceu e foi encontrada novamente na selva. Levada de volta para seu altar em Cali, por mais duas vezes escapa e volta para a floresta, até que lhe constroem uma capela especial. Conquistada e domesticada, a imagem conserva seu poder de cura e seu nome passa de Mulher Selvagem da Floresta a Nossa Senhora dos Remédios. Índios seminus rodeiam a Santa em suas imagens, ainda nos dias de hoje.

Taussig relata, ainda, a história da Virgem de Caloto, nos Andes, ao sul de Cali, conhecida como Niña Maria, uma pequenina boneca de madeira com 67 centímetros de altura, tratada, até o fim do século XVIII, como a Virgem do Rosário que carregava o Menino Jesus nos braços, mas que, hoje em dia está sem ele, na única igreja da cidade.

Diz a história que Niña Maria foi levada pelos espanhóis para Caloto, localidade de mineradores, em meados do século XVI. Em 1585, os índios Pijao atacaram a cidade, numa tentativa de apoderar-se da boneca, enquanto se celebrava a missa. Os índios mataram o padre e a maioria dos brancos e, como de costume, após uma bem-sucedida expedição, comemoraram durante três dias e dormiram outros três.

Em outro combate, os espanhóis conseguem dominar os canibais e de novo se apoderar da imagem. Por mais duas vezes, os Pijao atacam Caloto e, em 1592, conseguem levar a imagem sagrada; em vão, pois, os espanhóis conseguem trazê-la de volta. Desde então, Niña Maria realizou muitos milagres, dentre eles, defender os cristãos de outras investidas de selvagens e proteger o local, durante a Guerra Civil. O interessante nessa história é que há um deslocamento do ícone. Ele não é o aborígine, e sim, o espanhol. Provavelmente por interesses da Igreja, os índios são retratados como rebeldes militantes e canibais selvagens.

Em seus estudos sobre o feminino na história da humanidade, Robles dedica um capítulo às Santas, que compõem o "caminho de Deus", a partir do encontro da Virgem Maria, de outras virgens espanholas e de deusas indígenas, que constituíram o "mapa de redenção" mexicano. Dentre elas, vale destacar Nossa Senhora de Guadalupe e Nossa Senhora dos Remédios.

Nossa Senhora de Guadalupe representa um sincretismo entre uma religião aborígine questionada, pois existia um preconceito em relação a uma falsa humanidade dos nativos. Representa ainda, uma modalidade religiosa à sombra dos dogmas da Igreja oficial, pois desde os primeiros registros a seu respeito, percebe-se um distanciamento litúrgico das invocações de Maria e de outros santos.

Era difícil aceitar que a Mãe de Deus, em pessoa, intercedesse pelos índios. Além disso, era inacreditável que ela fosse morena. Entretanto, diz a lenda que ela apareceu três seguidas vezes ao aborígine, batizado Juan Diego, entre os dias 9 e 12 de dezembro de 1531. Ela, falando em língua nativa, pede ao índio que comunique ao bispo sua aparição e solicite a construção de um templo. O bispo escuta-o, mas, por cautela, recomenda-lhe novo encontro, enquanto prepara a resposta. O índio obedece e na segunda conversa com o bispo, este passa a duvidar da veracidade do fato. Então, pede uma prova à Santa e manda duas pessoas de confiança segui-lo. Entretanto, o herói é posto à prova. No momento de seu terceiro encontro, depara-se com um tio enfermo e para ele desvia a atenção. No outro dia, completamente esquecido do encontro, a Santa vai até ele, que se justifica. A Santa diz para não se preocupar com o tio, que ele já está salvo e que Juan deveria colher flores silvestres e rosas, encaminhá-las ao bispo como prova de sua aparição e pedido. Juan foi detido à entrada da casa episcopal e, ao tentarem tirar-lhe as flores, elas se prenderam ao tecido em que as trazia. Quando ele desdobrou a manta, diante do bispo, as flores começaram a cair, ao mesmo tempo em que se formava, no poncho, a sagrada imagem de Maria.

Antes mesmo de ser aceita como padroeira do México e de a Igreja imaginar que ela adquiriria uma importância na devoção popular, a Guadalupana confirmou, por si, a sua concordância com as expressões locais de religiosidade. Muito antes de os nativos aprenderem a falar o espanhol, eles já rezavam para a Santa.

Por circunstâncias diferenciadas, Nossa Senhora dos Remédios também é reverenciada no México. Em 1540, por várias vezes ela aparece para um índio, o cacique Juan Ceteutli, no mesmo local, solicitando que a retire dali. O índio comunica o fato aos religiosos que não lhes dão ouvidos. Sua imagem é por ele encontrada debaixo de uma piteira (árvore nativa) e por dez ou doze anos, permanece em sua casa, onde lhe são oferecidos alimentos.

O índio acreditava que, depois de encontrá-la tantas vezes na colina, ela falava, alimentava-se e se movimentava igual a qualquer outra pessoa, mas ela insistia em ser venerada. Por isso, ela escapou da choupana de Juan e foi parar de novo no pé da piteira. Não foi difícil para ele encontrá-la, mas, por inúmeras vezes, ela de novo escapava. Juan acabou deduzindo que havia um mistério nessas fugas e procurou um religioso para construir-lhe uma ermida. Porém, após a retirada da imagem de sua casa, o cacique ficou cego e paralítico e, ao invés de solicitar auxílio a Nossa Senhora dos Remédios, foi encaminhado à cidade do México, à Virgem de Guadalupe. Esta, no entanto, o adverte, provavelmente, em nome de Nossa Senhora dos Remédios: "– Por que vens à minha casa se me expulsaste da tua?". Agradecido, arrependido e sabendo do que se tratava, Juan entende que a Santa não queria uma ermida, e sim um verdadeiro templo.

Nossa Senhora dos Remédios é entronizada entre os espanhóis como *La Generala do Vice-Reinado*. O povo invoca-a com devoção respeitosa, mas ela nunca competiu, em popularidade, com Nossa Senhora de Guadalupe (ROBLES).

Apoiada em Taussig, considero ser possível alguma homologia entre essas Grandes-Mães ameríndias com a Grande-Mãe aqui em questão, ou seja, Nossa Senhora do Rosário (sem esquecer que a própria Niña Maria era considerada a Virgem do Rosário). São todas elas santas imigrantes, fugidias, que escapam e se deslocam. Só os pobres conseguem trazê-las de volta. Nos quatro relatos, o índio; no caso de Nossa Senhora do Rosário, o negro. Em relação aos seus senhores, os brancos, espanhóis num caso, portugueses, no outro. Limpos, civilizados, humanos, de um lado, imundos, descrentes e desalmados, de outro.

Taussig afirma que essas são as figuras que a história destaca para fornecer "à raça civilizada" um ícone milagroso. Cita Jean Barstow para dizer que é "o poder insuspeitado dos que são privados de poder" (p. 185), redimindo os conquistadores. Nota-se, claramente o poder subversivo da Santa: são os oprimidos que a tornam milagrosa. É a contradição dos opostos numa "duplicidade de epistemologias" na relação entre "dois universos separados" que se apoiam e se subvertem, mutuamente, à medida que "cada um deles requer o outro, cada um deles demole o outro" (TAUSSIG, p. 191). Essa magia só é possível a partir da fé presente nas diferentes histórias da Grande-Mãe e seus milagrosos poderes.

Lembremos a fala do Capitão Daniel, recorrente, também, em outras versões:

> *Nossa Senhora apareceu no mar, os negros estavam ali e os brancos tentou tirar e não conseguiram. E aqueles negros humildes pediram seus senhores: ah, pelo amor de Deus, deixa nós pelo menos tentar, porque ela não vem. Porque o branco foi lá e colocô ela na capela e ela voltou para a água. Aí os negros com aquela coisa e tal. Os branco falô: Vai então, sua imundice, vai tentar então, porque vocês não andam com nossas roupas e ela não veio, então com vocês ela vai ir? Faça o que vocês quiserem* (2006).

Sintetiza Taussig "este é o paradoxo da própria noção de ilusão – menos real, igualmente real, mais do que aquilo que é realmente real e do que aquilo que torna o real realmente real" (p. 191). É o princípio da adesão à realidade da história, como um princípio de colagem (ou bricolagem, como dissemos, anteriormente) entre a Virgem hieródula e as figuras para as quais ela aparece, um em dependência com o outro.

Para nossas reflexões, vale ainda destacar o que diz Taussig:

> Parece que a vida do ícone e, portanto, da realidade do milagre, depende da reprodução social de uma realidade constantemente inconstante, na qual o significado depende de seu oposto e ao mesmo tempo o destrói, em um confronto incessante com a fonte da verdade formalmente institucionalizada. A fim de repelir o inimigo e extrair a vitória de uma derrota, a imagem da Virgem cria mais imagens, que, ao que se diz, não passam de ilusões (p. 192).

É interessante destacar que, no Brasil, a criação das imagens e as devoções às Virgens Maria se deram por circunstâncias diferenciadas. Lourival dos Santos

(2007), num instigante artigo, discute a construção do imaginário da padroeira do Brasil, Nossa Senhora Aparecida, tendo como foco a cor da Santa.

Diz a lenda que em 1717, por ocasião da passagem de um político da época, pela região de Vila Guaratinguetá, foi ordenado que se pescasse o máximo de peixes, nas águas do rio Paraíba, para alimentar toda a comitiva. Assim fizeram os três pescadores – Domingos Martins Garcia, João Alves e Filipe Pedroso. Após frustradas tentativas, perceberam em sua rede o corpo de uma imagem de Nossa Senhora da Conceição e, logo em seguida, apareceu a cabeça. Os pescadores recolheram a imagem para o barco e a pescaria, daí por diante, foi um tremendo sucesso. Supõe-se que a imagem tenha sido levada para a casa de Filipe, que lhe improvisou um oratório. Segue-se, a partir daí, uma corrente de orações e também de milagres em nome da Santa. Ao longo dos séculos XVIII e XIX, a devoção por uma imagem de barro passou da dimensão familiar para o imaginário nacional, "aqueles pescadores que saíram em busca de peixes para alimentar o governador, encontraram alimento para o imaginário nacional" (p. 89).

Diz Santos que o culto a Nossa Senhora Aparecida é resultado de um processo de fusão das devoções a Nossa Senhora da Conceição e a Nossa Senhora do Rosário. Contribuíram para esse processo os elementos míticos água, barro, pescadores, capela e rosário. E, mais uma vez, é um "desprovido de poder" que vai encontrá-la e, de novo, se dará a contradição dos opostos.

Sabe-se que a Santa encontrada nas águas do Paraíba é a de Nossa Senhora da Conceição, sendo que sua devoção assumiu caráter oficial quando D. João IV declarou-a padroeira de Portugal e seus domínios, em 1646. Além dessa Santa, também já era significativo o número de irmandades e devotos de Nossa Senhora do Rosário nas *terras brasilis*. Santos põe em dúvida se esse número não era majoritário antes do advento de Nossa Senhora Aparecida e nos deixa brechas para perguntar: por que não oficializar uma santa protetora dos negros como a padroeira de um país?

Santos nos conduzirá ao processo de enegrecimento da imagem de Nossa Senhora da Conceição e a oficialização de Nossa Senhora Aparecida, que se deu a partir da fusão das duas imagens: a padroeira oficial do império português recebe um rosário (terço dos negros), colando o corpo e a cabeça da imagem original. O fim do regime monárquico e a abolição dos escravos contribuíram para o declínio da devoção a Nossa Senhora da Conceição e para que a "Aparecida" surgisse como substituta do rei e como defensora da justiça dos homens.

Durante o século XX, vários eventos vão marcar uma "peregrinação às avessas", disseminando a imagem de Nossa Senhora Aparecida como padroeira do Brasil e colonizando o imaginário dos católicos de nosso país, inclusive da população negra. Obviamente, por motivos também políticos, só em 1931, Getúlio Vargas, a hierarquia da Igreja católica e o povo celebram a "Padroeira", que passa a ser reconhecida como símbolo da identidade nacional.

Até a década de 1970, os cânticos em homenagem à Padroeira não faziam referência à sua cor. Só com a Teologia da Libertação é que ela vai se tornar negra definitivamente (SANTOS).

Também os negros do Rosário veneram Nossa Senhora Aparecida. Em muitas irmandades, encontramos a presença da Padroeira no trono coroado. É também, na cidade de Aparecida do Norte, São Paulo, onde se encontra o maior santuário a ela dedicado, onde encontraremos uma das mais importantes festas dos negros de nosso país. Trata-se da festa dedicada a São Benedito, que tem data móvel, sendo sempre realizada uma semana após as comemorações da Semana Santa. Durante o trabalho de campo desta pesquisa, tive a oportunidade de participar da festa, acompanhando a guarda do meu bairro. É surpreendente o número de grupos que se sacrificam e se deslocam de diferentes lugares, majoritariamente, de Minas Gerais, mas também do Espírito Santo, Rio de Janeiro e São Paulo, para a cidade.

Os devotos participam das missas, da Via Sacra ao cruzeiro, da coroação dos novos reis de ano e da comovente procissão, porque extensamente numérica, diversificada nas danças, nos cantos, nos santos e nas cores. A abertura da procissão é feita por um sem número de cavaleiros, vindos de todas as partes, representando o soldado da justiça divina, elevado mais tarde à categoria de santo, o São Jorge, também este prestando homenagens à São Benedito.

Fiquei surpresa ao assistir uma missa no "Santuário" e perceber que nenhuma referência foi feita a essa festa e a seus devotos. Senti que para os olhos da "religião oficial" era como se nada estivesse acontecendo, apesar da significativa mudança no cotidiano devocional da cidade.

Diferente daquela que a Igreja oficial quer como padroeira, Nossa Senhora do Rosário e os santos negros possuem a capacidade de se juntar, de propiciar o estar juntos, sem abafar, sem produzir o homogêneo, longe de um discurso de uma identidade hipostasiada, mas, ao contrário, daquele que permite a diferença na igualdade, e a igualdade, na diferença. Mais à frente, discutirei a relação do Congado com a igreja católica.

O Rei Perpétuo Francisco explica a versão dos congadeiros para essa opção dos brasileiros por Nossa Senhora Aparecida:

> *Para os negros, eles colocaram Nossa senhora do Rosário por que o branco tinha a Nossa Senhora deles que é a nossa Imaculada da Conceição. Era a única; e depois vieram aparições e veio falar de Nossa Senhora de Fátima, Nossa Senhora de Lurdes, mas isto foi aparição, por que Nossa Senhora, Maria e uma só, né. Aí, o que os negros fizeram, pegaram uma imagem de Nossa Senhora que foi feito até com o próprio material que é feito a Nossa Senhora de Aparecida que é a Imaculada da Conceição, e formaram a Nossa Senhora e os negros deram como Nossa Senhora do Rosário* (2006).

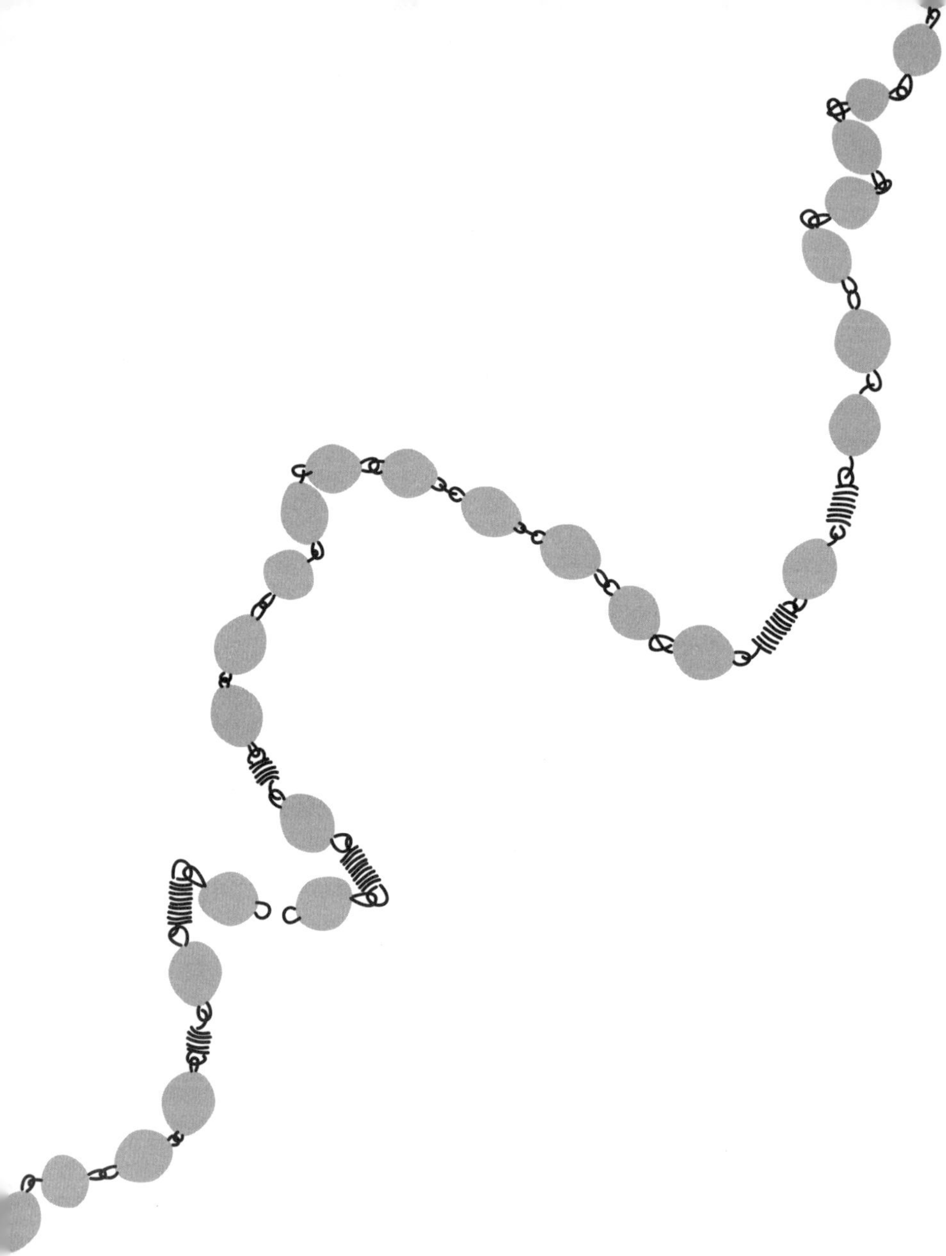

Capítulo IV

O Arquétipo da Grande-Mãe

A Grande-Mãe Nossa Senhora do Rosário e o Regime Noturno de imagens

"Ô minha mãe,
Ô minha mãezinha
Lá no céu, cá na terra
Você é Rainha"
(Canto tradicional do Congo)

Vimos com Durand (2002) a função da repetição para se tornar manifesta a estrutura do mito. Não é demais, portanto, repetir que, em todas as épocas e em todas as culturas, os homens imaginaram uma Grande-Mãe, uma mulher materna, para a qual regressam os desejos da humanidade. Ela é, seguramente, a entidade religiosa e psicológica mais universal (NEUMANN, 2003). A constelação de imagens, os símbolos e os esquemas presentes nesse arquétipo compõem o regime noturno apresentado pelo autor-chave desse estudo, Gilbert Durand. Reportando, mais uma vez, à classificação isotópica das imagens por ele proposta, verificaremos que alguns conjuntos simbólicos da **inversão** e da **intimidade**, que organizam as **estruturas místicas** do imaginário, e, ainda, os **cíclicos** e **rítmicos**, que, por sua vez, organizam as **estruturas sintéticas**, serão identificados no mito de Nossa Senhora do Rosário. Nele, encontraremos toda uma constelação de imagens do arquétipo da Grande-Mãe, portanto, do regime noturno.

Segundo Durand o regime noturno da psique é bem menos polêmico que o diurno, "uma vez que a quietude e a fruição das riquezas não é de maneira nenhuma agressiva e sonha com o bem estar antes de sonhar com as conquistas" (p. 269). Suas dominantes posturais são a digestiva e a copulativa. Está, constantemente, sob o signo da conversão, do eufemismo e da inversão radical do regime diurno, e sua principal mudança se dá na atitude diante do tempo e da morte. O antídoto do tempo é buscado na intimidade e no aconchego. "Pela negação da angústia, ou seja, pela negação do que é negativo, constrói-se uma imagem positiva, de reencantamento do mundo" (PORTO, 2007).

A finalidade de suas constelações de imagens não é mais da elevação, da separação e da iluminação; mas da descida a um centro. Não se busca mais dominar a natureza, mas uma parceria. A imaginação não luta mais contra o tempo, mas cria um ambiente seguro, protetor e harmonioso, onde a morte não tenha lugar. A noite não é mais treva nefasta, mas a sucessão e a esperança de um novo dia.

Nessas constelações, as grandes deusas vão "substituir o Grande Soberano masculino e único da imaginação religiosa da transcendência. Serão, simultaneamente, benéficas, protetoras do lar, dadoras de maternidade, mas quando necessário, conservarão uma sequela da feminilidade temível, e serão ao mesmo tempo deusas terríveis, belicosas e sanguinárias" (DURAND, p. 200). As falas abaixo deixam claro esse duplo atributo: Nossa Senhora do Rosário é a que protege, intercede, dá carinho, acolhe, alivia, mas também aquela que traz a morte:

> *Nossa Senhora do Rosário ela é a mãe dos negros, aquela que intercedeu quando o negro sofria debaixo dos seus chicotes, das suas chibata, ela que intercedia, que levava todos os negros. Os negros aqueles que tinham filhos, né, apanhavam muito, mas as chibatada não doía nada, eles apanhavam. Os sinhô batiam por bater e eles não sentia dor. Às vezes, batia no negro e doía na Sinhá, batia no negro e doía no filho da Sinhá. Assim, aquele que tem fé na Nossa Senhora do Rosário, ali ela amparava ele. Tem outras Nossa Senhora que a gente tem fé e acredita, mas a fé do Congadeiro é em Nossa Senhora do Rosário. Como toda mãe tem todo carinho com o filho, né, a mãe dá tudo pro filho, dá tudo*

> *que o filho precisa, mas uma mãe, quando ela é boa mãe, ela tem que saber dar carinho e saber corrigir, na hora certa, né, e Nossa Senhora do Rosário não é diferente, ela dá tudo que a gente precisa, mas quando a gente merece, né? Nem todo mundo tem tudo que precisa, porque, justamente, nem todo mundo merece. Isso é uma verdade* (Capitão Dirceu, 2006).

> *Então, eu tenho muita fé com ela, porque se você pede com fé, você é alcançado sabe? Às vezes, demora, igual quando eu perdi meu pai, eu falei com Nossa Senhora do Rosário que não era pra levar ele cedo, mas ele também falava tanto que não queria ficar sofrendo, né? Então, a mesma fé que eu pedi a ela pra não levar ele foi a mesma fé dele, que ele pediu a ela que não queria sofrer... Também quando minha mãe 'tava passando mal pra morrer (...), ele falou assim comigo: "eu já pedi, Nossa Senhora do Rosário que faça com sua mãe o que ela achar melhor" (nossa tradição a gente pede saúde né?). Mas ela achou melhor levar ela. E ele disse: "mas eu não pedi para ela morrer, pedi pra fazer o que ela achasse melhor..."* (Capitã Solange, 2006).

Nos símbolos do regime noturno encontraremos suas três noções básicas: o engolimento, o redobramento e o encaixe. O processo de eufemização é involutivo e permite a exploração dos segredos do devir. Nesse processo, uma das questões postas é a de desaprender o medo. Por isso, a descida necessita de mais precauções do que a ascensão, ela arrisca o tempo todo a se confundir com a queda. Se na ascensão o apelo é a exterioridade, o eixo da descida é íntimo, frágil e macio, e o regresso imaginário é sempre um "ingresso" cenestésico, visceral e lento.

Os africanos da cultura matriarcal não se pretendem heroicos, ao contrário, pelo engolimento, eles vivem o próprio eufemismo. A vida num país distante do seu, a princípio, simbolizava a morte, mas com a proteção de seus deuses passa a ser vista como uma passagem, uma transição. Veremos como isso se processa, na estrutura mística (ou antifrásica) do imaginário, destacando alguns arquétipos substantivos e símbolos tanto da inversão, como da intimidade. Nesse processo, as águas se tornam um símbolo primordial.

As águas: fundo arquetípico do mito de Nossa Senhora do Rosário

Marinheiro, lá no mar relampiou, ô
Oi marinheiro, lá no mar relampiou, ô
Ô sereia, é de Angola, oi Pai Xangô
Ô sereia, é de Angola, oi Pai Xangô

Ai, eu não sou daqui,
Ô Iaiá, eu sou do lado de lá, ai ieiê
quando eu cheguei aqui
eu vi Ogum passar, ai ieiê

Oia bateia, bateia
Oia vamos bateiar

Oia congadeiro, há ouro
tira ouro no meio do mar, ai ieiê

Foi meu pai de ngoma
foi mamãe que chamou, é
foi eu 'tá na ngoma
a sereia me balanceou
a foi na folia de ngoma
ela me serenou
Rosário de Maria
Como meu povo chorou, oi ai

Marinheiro lá no mar relampiou.

Eu sou devoto da virgem Maria
Ela é nossa mãe, ela é nossa guia.

É peço licença, oia nego do Rosário
Oia nego tá cansado, nego vai te descansar, é

Eu ponho meu joelho em terra
Eu faço minha oração
Esse nego de Rosário
Pede tua proteção

Oia vamos já com Deus
Porque mamãe já acabou
Oi vamos encerrar
O nosso dia de louvor
(Canto tradicional Moçambique)

As águas e o simbolismo aquático são, para Eliade (2001, 2002), os fundamentos do mundo inteiro; são a essência da vegetação, germinativa, fecundante, fonte de vida, cura das doenças, o elixir da mortalidade, força criativa, enfim, citando um texto indiano "Água, tu és fonte de todas as coisas e de toda a existência!" (2002, p. 153). Elas simbolizam a soma universal das virtualidades: são *fons et origo*, o reservatório de todas as possibilidades de existência; precedem toda forma e sustentam toda criação.

A ilha se manifesta no meio das vagas. A imersão na água simboliza a regressão ao pré-formal, a reintegração no modo indiferenciado da preexistência, equivalendo a uma dissolução das formas, ao passo que a emersão repete o gesto cosmogônico da manifestação formal. É por isso que o simbolismo das águas implica tanto a morte, como o renascimento. O contato com a água comporta sempre uma regeneração: por um lado, porque a dissolução é seguida de um "novo nascimento"; por outro lado, porque a imersão "fertiliza e multiplica o potencial da vida" (ELIADE, 2001, p. 110).

Conforme o autor, as águas conservam, invariavelmente, sua função em qualquer conjunto religioso em que se fazem presentes: desintegram, abolem as formas, "lavam os pecados", purificam e, ao mesmo tempo, regeneram. Porque anulam a história, restauram, mesmo que momentaneamente, a integridade.

Diz Bachelard (2002) que dos quatro elementos a água é o mais maternal, uma vez que as lembranças inconscientes de tudo que se encontra na natureza é, para o sujeito, uma projeção da mãe e dos amores por ela dedicados. O amor filial é o primeiro princípio ativo da imaginação, sua força inesgotável e propulsora se apossa de todas as imagens, para colocá-las na perspectiva humana mais segura que é a materna. Para o autor, numa análise psicanalítica, na imaginação material, todo líquido é uma água que, por sua vez, é um leite. Toda bebida feliz é um leite materno. A boca, os lábios que se dirigem aos seios, terreno da primeira felicidade positiva e precisa, da sensualidade permitida, constituem a imagem do elemento nutritivo e, portanto, da mãe nutritiva.

Essa valorização substancial, que "materniza" a água, que faz dela um leite inesgotável, o leite da natureza-mãe, não é a única a dar a ela um cunho, profundamente, feminino. Uma segunda mulher vai aparecer na vida do homem, seja ela a amante, ou a esposa. Essa mulher também será projetada sobre a natureza, que substituirá a mãe-paisagem e irá se tornar a mulher-paisagem. Para desenvolver esse argumento, Bachelard analisa o sonho de Novalis, que entra numa lagoa e suas águas se transformam em donzelas, dissolvidas no próprio elemento. O sonho traz o outro princípio da vida que é o calor. Bachelard afirma que o sonho de Novalis é "formado na meditação de uma água que envolve e penetra o sonhador, de uma água que traz um bem-estar cálido e maciço, um bem-estar ao mesmo tempo em volume e densidade. É um encantamento não pelas imagens, mas pelas substâncias" (p. 135). Para o autor, esse sonho pode ser entendido como uma substância que dá tranquilidade a um psiquismo agitado.

Com a análise desse sonho, Bachelard sinaliza uma característica psicológica importante das águas maternais, que, para a proposta deste estudo, é fundamental. Diz o autor que "somente a água pode embalar. É ela o elemento embalador. Esse é o traço de seu caráter feminino, ela embala como uma mãe" (p. 136). A barca ociosa oferece as mesmas delícias, suscita os mesmos devaneios. A literatura mostra que a barca romântica é um berço reconquistado. "A água leva-nos. A água embala-nos. A água adormece-nos. A água devolve-nos a nossa mãe".

Bachelard, referindo-se a Balzac, afirma que o voluptuoso balanço de uma barca imita, vagamente, os pensamentos que flutuam numa alma e que essa é uma bela imagem de um pensamento relaxado e feliz. "O homem é *tranportado* porque é *levado*" (p. 137) e, nessa condição, "os devaneios e os sonhos embalados proliferam. É ao pé da água, é sobre a água que se aprende a vogar sobre as nuvens, a nadar no céu. A água convida-nos à viagem imaginária".

Desse modo, o homem se lança para o céu, porque é realmente aliviado por seu devaneio bem-aventurado. Ao se imaginar com a substância e a vida do ser, todas as imagens ganham vida.

Em Durand (2002) encontraremos, em qualquer filiação ou sistema etimológico que se escolha, sempre o vocábulo "água" relacionado aos nomes da mãe, Grande Deusa ou das suas funções. Ele cita a Astarte Síria, Athar árabe, Isthar babilônica, Tanit cartaginesa, Maya ou Mahal, a mãe mítica de Buda, Marica egípcia, Myriam judaico-cristã. A Virgem é também chamada "lua espiritual", "estrela do mar", rainha do oceano". No Brasil, podemos citar a Iara indígena e Iemanjá[33] (e todas as deusas dos orixás), rainha dos mares, cantada em verso e prosa por nossos poetas. O sincretismo africano e português também invoca a Virgem Maria, que representa, oficialmente, os terreiros de umbanda por meio do mar. Nesse contexto, o mar se torna lugar de passagem, elemento comum aos dois continentes, imagem de uma natureza agitada e indomável (DUVIGNAUD, 1983).

Durand (2002) afirma que o primordial e supremo engolidor é o mar, arquétipo da feminilidade e da regressão noturna, "é o *abyssus* feminizado e materno que para numerosas culturas é o arquétipo da descida e do retorno às fontes originais da felicidade" (p. 225). O mar primordial, símbolo de inversão por natureza, das trevas e da noite, é ainda símbolo do princípio, porque a *uroboros*, como cobra-círculo, é também o oceano – a fonte primal, não apenas da criação, mas também da sabedoria. É por isso que os primeiros portadores de sabedoria surgem, com frequência, do mar (na forma de seres meio-peixes) e trazem aos homens a sua sabedoria como revelação (NEUMANN, 1998).

Neumann (2003) destaca também que o mar é, arquetipicamente, vivenciado como boa mãe, mas também como a mãe-terrível, pois a água primordial devoradora toma de volta seus filhos para si.

Ê vem do mar
Ê vem do mar

[33] Iemanjá é mãe e esposa. Representa as águas salgadas, o mar, a maternidade, sendo também, boa e terrível. Ama os homens do mar e os protege, mas quando os deseja, mata-os e os desposa no fundo do mar. É sincretizada com Nossa Senhora da Conceição e Nossa Senhora do Rosário (Ver BERNARDO, 2003).

Ela é Nossa Senhora
Ela é a mãe de deus,
Ela é a mãe dos negros,
É a santa que todo mundo adora....
(Canto tradicional do Congo)

Nossa Senhora do Rosário. Iemanjá. Manganá (em língua banto). Rainha do mar. Rainha das águas. Todas as revelações da hierofania no Congado, confirmando o que nos diz Eliade, encontram-se no simbolismo aquático. Nossa Senhora do Rosário é a Grande-Mãe, que vem nas águas para salvar o povo negro, e esse fato define tudo o mais para o congadeiro. É ele o marujo, o homem do mar, que, ao retirar a Santa, exercita as mesmas atribuições de um marinheiro. É o filho que também cuida e zela pela Grande-Mãe.

Quem pôs o marujo em terra
Foi marinheiro do mar
Foi, foi, foi
Foi marinheiro do mar
(Canto tradicional do Congo,
lembrado pelo Caixeiro Pelé)

E explica o Capitão Sr. Amaro

> *Os congadeiros são marinheiros porque são soldado da Marinha, porque quando eles foi retirar a imagem de Nossa Senhora, foi na beira do rio. Eles foram navegando, foi na beira do rio, eles navegavam na barca e tudo. Por isso nós somos marinheiros. E... na nossa roupa, que é a farda, a farda nossa é de marinheiro da Marinha, tem o quepe e a faixa, branco e azul.* (2006)

Essa descrição do Capitão Sr. Amaro se refere aos grupos de Marujada e também ao Congo. Esse último, segundo o mito, tentou tirar a Nossa Senhora e ela não saiu. O Congo, então, passa a ser o responsável por abrir o caminho para Nossa Senhora passar. Em todas as festas de Congado é ele que abre o cortejo. Os grupos se colocam em formação com duas fileiras. Assim, o Congo estica, enche a rua, sempre puxado por uma pessoa que leva a "bandeira" do santo. Os "batedores de caixa" e outros instrumentos à frente e "os dançantes" ou "brincantes", logo em seguida. Por isso é que o Capitão Daniel afirma:

> *O meu entendimento de Congo é muito pouco, eu entendo que Congo é como se fosse, vamos dizer assim, um "**aspirador**", ele vai limpando para onde que o Moçambique passar, "tá limpo para passar com seus coroados", então, o papel do Congo é abrir o caminho do Moçambique. O Congo, vão lá trás, lá na história de Nossa Senhora, lá no primórdio de tudo, quando Nossa Senhora apareceu no mar... O capitão mor, ele manda nas três guardas, ele tem que saber tanto do Congo, tanto do Moçambique, por isso que meu saber do Congo é mínimo, eu sei do Congo só até aqui, todos os velhos, sábios, eles brincavam assim: **congo é enfeite de rua, Moçambique é do terreiro, Moçambique é o tronco, mas Congo é enfeite de rua**, todo povo antigo brinca assim, o Congo tem aquela meia lua que vem que vai, eles enfeita mesmo a procissão, eles abrilhanteiam, todo lugar onde eles passam todo mundo fica bobo de ver...* (2006) (Grifos meus)

Em sua narrativa sobre o mito, o Capitão Daniel afirma que, após a tentativa do Congo, o Moçambique chega perto da Santa e consegue trazê-la um pouquinho. Por isso, diz ele:

> *Quando o Moçambique vem, passa, treme o chão, não tem jeito, a gunga, as caixas são um batido diferente, um som grave, é uma coisa de mexer* (2006).

Completa a Capitã Solange:

> *Moçambique é de coroa, o Moçambique puxa a coroa, a coroa de Nossa Senhora, né? Num foi o Moçambique que puxou Nossa Senhora das águas? A responsabilidade dele é essa, então Moçambique sempre que puxa, pois foi ele que puxou Nossa Senhora das águas, e a coroa é de Nossa Senhora, porque a pessoa quando põe a coroa na cabeça tem que saber também, né?* (2006).

Mas foi o Candombe, com seus tambores sagrados (Santana, Santaninha e Jeremias ou Chama), a puíca (cuíca) e a guaia (chocalho), que conseguiu retirar Nossa Senhora das águas. O Candombe é o pai de todos, é o pai do Congado.

> *O Candombe, quem conhece de Candombe é muito pouco. Candombe é uma coisa muuuuuito séria, é uma coisa muito respeitada, do Candombe pra cá, é como se fosse o número 1, depois vem o 2, 3, 4... até chegar mais lá pra frente, mas começa mesmo, a nascente do reinado é o Candombe. Por isso é uma coisa que tem que saber demais, ter muito respeito; é uma coisa muito séria. Aquele povo todo antigo que pôs a mão ali, que bateu ali, que chorou ali, que cantou ali, quando "cê põe a mão e bate ali eles, tá tudo ali de novo, entendeu?" Vamos supor, vão atrás: o negro chorava, sofria humilhação, só porque era negro. Quando eles estava de tarde, de noite na senzala, ele batia ali, cantava o seu sofrimento, a sua alegria. Nasceu, vão bater o tambor, casou, vão bater o tambor, morreu vamos bater o tambor. A tradição do negro é essa* (Capitão Daniel, 2006).

> *Aí, os negros veio, os escravos, com os pés cheios de bichos, calos, já cambetos mesmo, sairo pra fora da fazenda, passaram a mão nas suas tipanhas. Era 3 km, às vezes até mais, pro Senhor não escutar o barulho deles fazendo os instrumentos. Aí, fizeram os instrumentos, foram lá e tiraram ela. Os três instrumentos são o Santana, Santaninha e o Jeremias (um dos Candombe tem até o meu nome). São os* **tambu sagrados** *que a gente pede força a Zâmbi que é Deus, a Nossa Senhora do Rosário e também pedimos aos nossos ancestrais força e proteção. Ele é batido no dia da festa. O Reinado que tem ele é muito restrito* (Capitão Jeremias, 2007).

> *Os nego foram no mato, cortô imbaúba, pegô folha de inhame, colocô a tampa. Pegô o tambor aqui, foi lá na beira do mar, cantou pra Nossa Senhora, ela comoveu de lá. Candombe é linha pesada. Pesada na fé, no poder, no fundamento. Se você chegar numa guarda de Candombe, num soltá um Saravá, você recebe um sinal na sua guarda. Uma caixa fura o coro, acontece qualquer coisa. Faltô o respeito. Então, tem que existir o respeito* (Capitão Hélio, 2006).

Nota-se que a retirada da Santa das águas define a hierarquia, a posição, a função das guardas no Reinado, suas roupas, cantos, danças e instrumentos. Também a função dos devotos, nos grupos, é atribuída a esse momento no mito.

As guardas se constituem em capitanias e cada um dos capitães possui suas obrigações. São identificados pelos bastões ou espadas e quase sempre usam roupas com algum detalhe diferenciado.

> *As obrigações vêm por hierarquia que vem desde o Capitão Mor, passando pro Capitão Regente, pro Primeiro Capitão e daí por diante. Então, nós vamos falar de hierarquia das obrigações, nós vamos falar de sagrado, falar de obrigação. O Capitão Mor, ele não tem a obrigação de fardar, de dançar, ele é um zelador da Irmandade, ele é, vamos dizer, o pai da Irmandade. Zela por tudo que tá acontecendo aqui, ele tem que zelar. Às vezes, a gente fala com os outros, mas quem tá passando o que tem que ser falado é o Capitão Mor. O Capitão regente é igual o maestro, ele tem que reger, fazer a coisa acontecer da melhor forma possível. Ele tem que fazer acontecer dentro do que é a tradição da Irmandade. Aí, ele passa pro Primeiro Capitão. Antes de formar a guarda, ele não tem obrigação nenhuma, depois que forma tá tudo com ele. Se tem uma caixa desafinada, se tem uma caixa fora do tom, se uma precisa ser batida mais fino, se tem agogô, se tem patangome, se ele tá mais cheio, tem que trabalhar lá na frente, se tá mais vazio, mais lá atrás, quer dizer, a parte de escala de instrumentos, isto é a parte do Primeiro Capitão. Ele também fala quem vai conduzir o bastão. Os Capitão sempre tem bastão ou espada* (Capitão Dirceu, 2006).

Os Capitães coordenam todos os rituais e conduzem seus marinheiros. Eles seguem no embalo de Nossa Senhora, numa marcha, como nos mostra o diálogo, cantado, entre os capitães e dançantes (ou brincantes):

Ô, marinheiro!
Ô, patrão!
Alerta, alerta!
Alerta estamos!
O que viemos fazer neste dia?

Festejar o Rosário de Maria com prazer e alegria.
O que segue?
A mesma marcha.
Marcha grave.

Oi, marcha, marinheiro
eu quero ver
Marchar, eu quero ver
Marchar!
(Embaixada tradicional do Congo)

O Casamento da água com a terra

Mas a Grande-Mãe oscila entre um simbolismo aquático e um simbolismo telúrico, porque as águas são consideradas as mães do mundo, enquanto a terra seria a mãe dos seres vivos e dos homens.

As águas se encontram no princípio e no fim dos acontecimentos cósmicos, ao passo que a terra está na origem e no fim de qualquer vida. Primitivamente, a terra, tal como a água, é a primordial matéria do mistério, ela é penetrada, escavada e se diferencia por uma resistência maior à penetração.

Por todo o mundo, encontram-se práticas telúricas ligadas à agricultura, confirmando a maternidade da terra (a Senhora das Plantas e dos Animais de que nos fala Neumann, 2003). A terra, assim como a onda, pode ser entendida como um continente geral. Durand destaca ainda que, também, a pátria é quase sempre representada por traços feminizados, perceptíveis na etimologia de palavras como lugar, largo, província, ou de impressões primárias como "firme", "o que resta", "negro", ligando à mãe, à terra e à noite. Nessa noção de continente geral, interessa para os nossos estudos as considerações sobre a palavra negro.

Encontro em Clyde Ford (1999) que a palavra "negro", *black*, na língua inglesa, *blah*, do alto alemão antigo, pode ter uma relação com a palavra latina *flagare* e a com grega *phlegein*, ambas com o significado de "queimar". Segundo o autor, outros linguistas identificaram a palavra como "cor", na raiz grega *melan*, de onde se origina melanina, pigmento da pele das pessoas negras. *Melanto* é o nome da deusa grega ligada à negrura da terra fértil.

Mas, segundo ele, a raiz da palavra *melan* pode derivar de uma palavra egípcia, que significa "montanha do oeste". Quando o sol se põe por trás das montanhas do oeste, ele desliza pra a escuridão mítica do mundo debaixo. Essa viagem do sol é encontrada, em várias mitologias, como na budista, e significa o ciclo de morte e renovação da vida.

Também *Nut*, a deusa egípcia, engole, simbolicamente, o sol todas as noites e o faz nascer de novo no leste, ao amanhecer. Nos mitos dos escravos afrodescendentes, é recorrente o tema da viagem ao mundo debaixo, como uma real possibilidade de passagem para o mundo iluminado, acima. São os movimentos da catábase e anábase, de descer primeiro para depois subir, comuns em vários mitos cosmogônicos. Lembro o Credo cristão: desceu ao mundo dos mortos e depois subiu aos céus, onde está sentado ao lado de Deus Pai. Também é, psicanaliticamente falando, o movimento que o ego faz (a jornada junguiana) rumo à constituição do *self*. No budismo é muito forte essa imagem: descer ao mundo das sombras, ao inconsciente, ao que desconhecemos, para depois subir ao mundo da luz, mas numa jornada heroica rumo ao *self*, tingido pelas sombras. É a harmonização dos contrários de que nos fala Durand.

Diz Ford que, com essa conotação positiva da palavra "negro", a expressão "povo negro" pode significar:

> ... um povo da montanha do oeste; um povo do pôr-do-sol; um povo do período dos sonhos; um povo da terra semeada; um povo do útero fecundado; um povo em viagem pelo mundo debaixo em direção à realização divina; um povo de luz infinita; um povo de infinita compaixão (p. 37).

Em síntese, um povo, completamente, ligado à Grande-Mãe telúrica.

Assim, continua dizendo Ford que *Niger* é a palavra latina para negro e, ainda, a respeito de Nigretai, um grupo étnico de guerreiros de pele negra, da Líbia. A origem dessas palavras é a raiz sem vogais *ngr*, que quer dizer "água que corre areia adentro", ou o rio Níger. Com essas palavras, o autor traz a imagem "do poder transformador da água em trazer vida à terra árida" (p. 38).

Desse modo, percebe-se a sua conotação alquímica. O primeiro passo da alquimia era conhecido como *melanosis* ou *nigredo* – enegrecimento. Essa metáfora alquímica estava voltada para os mistérios da transformação humana. A conversão de um metal não precioso em ouro também simbolizava a transformação das preocupações humanas em anseios mais elevados da alma. Na psicologia, esses processos alquímicos da *melanosis* e do *nigredo* diziam respeito à transição do mundo da atividade consciente, para as camadas mais profundas e primárias do inconsciente humano, para que se pudessem solucionar as inquietações básicas da existência, para se emergir transformado. Dessa maneira, o negro passa a ser um símbolo poderoso de renovação e transformação.

Durand não leva a cabo essas discussões, mas, certamente, nela encontramos elementos para que o negro – e, no nosso caso, o congadeiro –, reviva, pelas imagens mitopoiéticas dos símbolos de inversão, essa aventura de sua valorização e da própria transformação alquímica.

Nossa Senhora vem na barca. Este é um dos símbolos mais ricos da imaginação, é a "morada sobre a água" (DURAND, p. 249). Nessa constelação isomórfica do continente, a barca se articula com a gruta, a caverna, a casa, entre outros símbolos. A tecnologia serve apenas para diferenciar os continentes fixos (cisternas, lagos, cubas etc.) dos móveis (cestos, barcos de todas as espécies etc.). Na noção de continente fundem-se as três atividades: transporte, transbordamento e coleção.

De forma, sugestivamente, lunar, a barca será o primeiro meio de transporte. Em diferentes mitologias, é a arca que serve de transporte para a alma dos mortos, o que faz Bachelard (2002) perguntar-se se a morte não foi, arquetipicamente, o primeiro navegador.

O barco (o navio) pode ser símbolo de partida, mas traz, ainda, a ideia de fechamento. Como símbolo de intimidade, o navio agrupa as pessoas, mas tem um limite, encerra. Torna-se, além de meio de transporte, um habitat. Durand afirma que se o navio se transforma em casa, a barca[34] torna-se, mais humilde-

[34] A barca é, muitas vezes, substituída pelo automóvel ou mesmo pelo avião (talvez por isso cause tanto fascínio ao homem). O automóvel é um microcosmo, como a morada ele anima-se, animaliza-se, antropomorfiza-se e, sobretudo, feminiza-se. Veículos pesados dos caminhoneiros e barcos de pesca possuem nomes de mulheres. O Santo protetor dos motoristas é São Cristóvão, símbolo ao

mente, berço, e mesmo que seja mortuária, participa, na sua essência, no grande tema do embalar materno.

A barca, portanto, nos remete, novamente, às imagens da Grande-Mãe, aqui em questão. Sem se dar conta da magnitude de suas palavras, a Rainha Conga Dona Adélia nos disse, *"Nossa Senhora é muito boa mãe. Ela é... Deus fez um berço para nós do Congado. Ali não tem diferença de cor, é preto e é branco"*.

Lá envém o meu barquinho
todo enfeitado de luz
São José é o cavaleiro
entrou para essa casa adentro
visitou os quatro cantos
do santíssimo sacramento
(Canto tradicional do Congo,
lembrado pelo Caixeiro Pelé)

Neumann (2003) afirma que o berço que, apoiado numa armação curva, permite embalar a criança, é uma cópia do útero-navio, onde o embrião adormecido navega no mar primordial, rumo à vida, do mesmo modo como os deuses cruzam o mar celestial da Grande-Mãe, em sua barca cósmica.

No simbolismo cristão, a arca de Noé é o vaso do feminino, a preservadora da vida, a bem-aventurança e o meio para a sua obtenção.

> O barco como local de nascimento, como caminho da salvação e como barco dos mortos, é a madeira do início, do meio e do fim. É a tríplice deusa como senhora do destino e mãe-árvore, que abriga a vida do ser e que o leva da terra para a terra, da madeira para a madeira, mas sempre de volta para si mesma. O barco

quadrado da intimidade na viagem. Ele carrega um saco, um continente gulliverizado. O saco do passador gigante é a nave reduzida a pequenas dimensões. Nessa minimização, o processo de gulliverização, da nave ao saco, leva-nos a passagem do macrocosmo ao microcosmo. Navios de grandes dimensões se transformam nos pequenos continentes como a casca, a concha, a semente, o botão floral, o cálice vegetal, o cofre, a taça, o ovo, o vaso, o Santo Graal (DURAND, p. 252).

> representa um símbolo da salvação, comum a toda humanidade (NEUMANN, p. 227).

O barco de Nossa Senhora traz, portanto, a salvação para o povo negro. Neumann, ainda, chama-nos a atenção para a relação entre o barco, a esquife e a árvore.

As canoas primitivas eram escavadas em um único tronco de árvore[35]. Desse mesmo modo, os negros fizeram seus tambores (*tambu*) sagrados, tocaram para a Santa. Ela se comoveu e seguiu com eles. Os tambores se transformam no andor, conduzindo-a como se um barco fosse e, assim, ela é "entronizada", "toma posse" do negro e torna-se sua protetora. Do seu modo, os negros dela se apossam e se tornam os "Filhos do rosário".

Diz Neumann que o Grande Feminino é, frequentemente, representado sentado, e mais ainda, sentado na terra, nutrindo com ela uma estreita ligação. Segundo o autor, nos rituais e nos costumes, sentar-se sobre alguma coisa possui o significado de "tomar posse" daquilo.

> A imagem sentada do Grande Feminino é a forma original da "deusa entronizada" e, além disso, do próprio trono. A Grande-Mãe, enquanto mãe e terra-mulher, é o "trono em si" e caracteristicamente o "útero" (a maternalidade) do Feminino, não é somente sua genitália, mas toda a extensa superfície das coxas da mulher sentada, o colo onde a criança que ali teve origem senta-se como num trono. "Ser levado ao colo", como ser "levado ao seio" são expressões simbólicas da aceitação da criança e do homem pelo Grande Feminino. Não é por acaso que o nome da maior deusa-mãe dos cultos antigos seja "Ísis", o assento, o trono, cujo símbolo ela trazia sobre a cabeça; e o rei ao "tomar posse" da terra, da deusa-mãe, age de acordo

[35] Bronislaw Malinowski (1984), em seu clássico texto intitulado *Argonautas do Pacífico Ocidental*, trata da importância mágica da canoa, desde o processo de sua construção, até a função que representa nos rituais dos trobriandeses.

com o sentido da palavra, posto que se senta no colo daquela (sobre o seu útero) (p. 92).

Nas imagens de Nossa Senhora do Rosário encontraremos duas variações: em uma ela se encontra assentada sobre o Santana (tambor de candombe), ladeada por dois santos, São Domingos e Santa Rosa (existe uma controvérsia, pois ela pode ser Santa Catarina, Santa Cecília ou, ainda, Santa Clara), ambos segurando o rosário; em outra ela permanece em pé. As duas estão com o menino no colo e o rosário (terço) nas mãos.

O Senhor Amaro fala da imagem como representação:

> *Porque as imagens é isso... É claro, mas a gente acredita nas imagens, porque quando, às vezes, tem um retrato de uma pessoa da gente, um pai ou uma mãe, vô, vó, a gente tem aquele retrato e a gente tem aquele amor e não quer que ninguém toque naquele retrato. Então, a mesma coisa a imagem. A gente sabendo que ela é uma imagem, de madeira, de barro, mas ela é consagrada e é uma imitação que já existiu aquele santo, aquela pessoa existiu. Então, santificou mais um santo que está no céu, não pode ver eles, então, vê as imagens. Uma demonstração do que é as imagens* (2006).

Encontro esta imagem de Nossa Senhora do Rosário, talhada em madeira, numa das sedes que visitei (foto da capa). Ela impressiona pela sua magnitude e poder. Nossa Senhora está sentada no Santana, tambor do Candombe. De um lado se encontra São Domingos e do outro, Santa Rosa, ambos segurando o rosário. São Domingos de Gusmão foi um santo espanhol, nascido no século XII, que se tornou conversor de hereges que eram contra a Igreja. Narram alguns dos biógrafos do Santo que Nossa Senhora apareceu para ele e lhe disse que:

> *Como a saudação angélica tinha sido o princípio da redenção do mundo, era necessário também que essa saudação fosse o princípio da conversão dos hereges; que assim, pregando o Rosário que contém cento e cinquenta Ave Marias, ele veria um sucesso maravilhoso em seus trabalhos e os mais empedernidos sectários se converterem aos milhares* (www.lepanto.com.br/HagDomingGusm.html).

Assim, São Domingos se torna um apóstolo do Rosário.

Também Santa Rosa foi uma aguerrida defensora da Igreja e conversora de hereges. Para a moça simples, nascida na Itália, no século XIII, Nossa Senhora também faz uma aparição, cura-a de febre e confere-lhe algumas missões, inclusive a de pedir sua admissão na Ordem da Penitência de São Francisco – hoje chamada de Ordem Franciscana Secular.

A estampa que as Guardas exibem em suas bandeiras, adquiridas em lojas que comercializam produtos religiosos, é padronizada e, curiosamente, traz essa imagem de Nossa Senhora do Rosário assentada no tambor e ladeada pelos dois santos segurando o rosário. É a imagem da Santa europeia já hibridizada. Grande parte dos congadeiros não sabe explicar quem são aqueles santos a seu lado e dizem que ela deveria estar rodeada pelos negros.

No andor/barca, a imagem de Nossa Senhora é conduzida à capela, construída pelos negros, de onde não sai mais. Na constelação de imagens do continente, a capela é a gruta, a caverna, a morada, e nos remete ao sepulcro materno.

Os símbolos da intimidade, pelo complexo do regresso à mãe, vêm inverter e sobredeterminar a valorização da própria morte e do sepulcro (DURAND, 2002). O sepulcro deixa de ser sepultura e passa a ser berço mágico, o lugar do último repouso, o retorno à mãe, o sono no seio materno. Durand afirma que o sepulcro e o ventre materno equivalem ao que Jung denominou "do oco à taça". A concavidade é o órgão feminino e encontra-se no conjunto caverna-casa, habitat e continente, abrigo e sótão, ligados ao sepulcro materno, que podem ser a caverna medonha ou a gruta maravilhosa.

A consciência, ao inverter as trevas, os ruídos e os malefícios atribuídos primordialmente à caverna, transforma-a em gruta, refúgio, símbolo do paraíso inicial. À gruta liga-se ainda o ovo, a crisálida e o túmulo. A igreja cristã assimilou a cripta e a abóbada em seus templos, que são ao mesmo tempo sepulcro-catacumba ou relicário onde repousam os santos. Assim, as cavernas são consideradas a cavidade geográfica perfeita, a cavidade arquétipo, "o lugar mágico onde as trevas podem revalorizar-se em noite" (p. 242).

A gruta, a caverna, a capela. O caráter Feminino se faz presente. A capela consagrada à Virgem Mãe se torna sua morada. O simbolismo da casa concentra um duplo: do microcósmico do corpo material (psicossocial) e do corpo mental (psicológico). A própria estrutura e disposição dos cômodos são elementos orgânicos, que trazem equivalentes anatômicos. Vista dessa maneira, a casa também é um vivente, ela redobra, a partir da personalidade de quem a habita. Possui cheiros, cores e sons, que constituem a cenestesia da intimidade. É, portanto, a imagem da intimidade repousante, do aconchego, do espaço feliz, do centro paradisíaco. Desse modo, torna-se isomórfica do nicho, da concha, do colo materno. É por isto que, às vezes, sentimos necessidade de uma casa menor dentro da casa grande, um cantinho onde possamos "reencontrar as seguranças primeiras da vida sem problemas" (DURAND *apud* BÉGUIN, p. 244). Os oratórios cumprem esse papel de redobramento. É comum encontrarmos verdadeiras "coleções" de imagens do mesmo santo ou de outros, em tamanhos e materiais variados.

> *Eu não quero santo grande dentro do meu oratório.*
> *Eu quero santo pequeno pra atender meu peditório.*
> (Canto lembrado pelo Capitão João da Cruz)

Nas Irmandades do Rosário ou nas Guardas, encontraremos, em suas sedes próprias, os altares com as mesmas divindades, as mesmas relíquias. Naquelas que não possuem sede ou capelinha, as imagens permanecem, num oratório dentro da casa do principal representante. É comum, ainda, encontrarmos imagens dos santos de devoção nas casas dos congadeiros, sempre num espaço especial, lugar de preces e orações, de contato direto com a Grande-Mãe. Pois, segundo Durand:

> (...) a deusa exige um lugar sagrado. E os móveis desse lugar santo primitivo, além de uma nascente ou uma extensão de água, são a árvore sagrada, o poste de madeira ou o seu equivalente, o bétilo, o *churinga* australiano cuja verticalidade vem dar fecundidade pelo seu aspecto masculino às virtudes propriamente paradisíacas. O lugar santo, microcosmo sagrado e completo, tal com o Graal (...) completa-se pela espada; compreende também, com efeito, símbolos fálicos e masculinos: montanha, árvore e pedra levantada, só os dois últimos se prestam à individuação (p. 246).

Voltaremos à discussão do espaço sagrado, quando tratarmos dos mastros e das bandeiras, nas festas em louvor a Nossa Senhora do Rosário, bem como a outros símbolos da estrutura mística do imaginário, como as cores, a música, os alimentos. Antes, porém, quero me ater a dois outros símbolos do regime noturno, imprescindíveis para a compreensão do arquétipo da Grande-Mãe no Reinado de Nossa Senhora do Rosário: o tambor e o rosário.

Os tambores e o rosário: batidas que chamam, lágrimas que brotam

Bate tambor de crioula. Sangra o dedo no tambor.
Que as crianças ainda tocam sua orquestra de cavacos
e os velhos ainda choram seus bordões.
E palavras sejam gestos, gestos sejam pensamentos,
na voz que move nossos corações.
(Vander Lee)

Veremos como, no mito de Nossa Senhora do Rosário e no arquétipo da Grande-Mãe, os símbolos cíclicos e rítmicos constituem a estrutura sintética do imaginário. Durand escolhe duas figuras do Tarô para simbolizar esses símbolos: o denário e o pau. No primeiro grupo, as imagens se ligam ao ciclo, ao retorno e às divisões circulares do tempo. No segundo, o pau, como uma redução da árvore com rebentos, o cetro, os arquétipos e símbolos messiânicos.

Pela sua força e presença mítica comecemos com o tambor.

A cultura da África noturna é marcada pelo tambor, *ngoma* (ingoma)[36] em língua banto. Em todas as festas da cultura negra, tudo é rítmico. O tambor é um instrumento primal, arquetipal, é a pulsação da vida; suas batidas fluem no ritmo do coração – sístole e diástole, contração e descontração. É a ligação entre a terra e a Grande-Mãe, e isso é, absolutamente, sintético, equilibrado, noturno.

[36] A expressão pode designar ainda o grupo dos dançantes do Congado, ser referência ou chamado dos componentes, herança recebida dos antepassados (LUCAS, 2002).

No Congado, o som dos tambores envolve todas as cenas, "chama" os congadeiros para se misturarem às suas batidas, aos cantos, e os nutre do fogo que provoca o corpo e o convida, impulsivamente, à dança. É impossível não ser tocado por esse som. Mesmo quem não sabe "dançar o Congado" se arrisca a mexer o corpo.

Mais uma vez, encontraremos na narrativa mítica a força desse símbolo arquetipal, por isso reproduzo parte da fala do Capitão Daniel, na qual se pode perceber ainda as variações rítmicas, que determinam o modo de tocar dos grupos dentro da hierarquia do Reinado.

> *Então, eis aí a lenda: o Congo bateu, eram só sete negros, não era uma guarda de Congo que foi lá bater, eles bateram no ritmo do Congo. Os tambor, fizeram os tambor, consagraram do jeito deles, as coisas, do jeito deles e bateram no ritmo de Congo (...) e falou: vamos cantá, e cantou na linha dele* ***tum tum tum, tum tum tum*** *e cantou, na linha de congo. (...) Aí o outro negro que tava com a mão no outro tambor: vão bater, gente, e bateu no Moçambique. Moçambique era serra abaixo* [ritmo do tambor], *não existia serra acima, era* ***tum tum tum tum, tum tum tum tum****, era uma coisa serena. Moçambique original é serra abaixo. (...) O último negro, o mais sábio, o mais velho falou: nós vamos bater agora no ritmo do Candombe, que era o ritmo deles original, da África, e bateram* ***tucutucu tucutu tucutu tucutucu****, uma uma mistura do congo, do Moçambique e do batuque deles. Então, cada tambor bateu do seu jeito, então, cada qual fazendo a sua própria homenagem. "Ocê, fulano, bate o seu ritmo do congo", "ocê vai conservar seu ritmo e eu vou no meu ritmo". O Candombe é uma jogada dos três ritmos. Cada tambor bateu de um jeito* (2006) (Grifos meus).

Os tambores e as caixas tocados no Reinado de Nossa Senhora do Rosário são instrumentos sagrados que, segundo Lucas (2002, p. 235), "emitem suas 'vozes', construindo 'palavras' que 'chamam', 'respondem', 'falam' e 'cantam' a fé e a história dos filhos do Rosário". São como "se fossem a extensão humana dos devotos" (PEREIRA, 2005, p. 354).

Todos os rituais do Reinado são conduzidos pelos sons desses instrumentos sagrados e podem ser acompanhados por viola, sanfona, gungas, patangomes, reco-reco, puíca, guaia, tamborim e pandeiro, dependendo das diferentes manifestações e agremiações. Para Martins (1997), a linguagem dos tambores é investida de um *ethos* sagrado, que agencia os cantares e as danças. Desse modo, os instrumentos são intermediários, no acesso do homem ao sagrado, pois tocar, cantar e dançar se transformam em verdadeiros atos de orações.

Em seus estudos, Pereira descreve a importância e o prestígio dos tambores para os candombeiros, são eles os que encerram os segredos da manifestação, decorrentes de sua ligação com as origens. Diz o autor que quanto mais antigos forem os tambores, mais imantados eles estão pela força dos ancestrais. O instrumento antigo garante a autenticidade dos tambores, do próprio ritual, e funcionam como uma fonte do sagrado, na qual os candombeiros buscam a revitalização de suas forças. Ainda segundo o autor, afirma que nos Candombes, em que prevalecem os ensinamentos dos ancestrais, os tambores também são vistos como seres vivos, se antropomorfizam; a história do tambor se confunde com a história de vida da pessoa.

De acordo com a comunidade, recebem nomes e tratamentos diferenciados, dedicada atenção como se fosse a uma pessoa especial, são guardados em quarto exclusivo, comem e bebem oferendas. Além disso, praticam ações importantes para a vida social dos grupos, chegam a "baterem sozinhos". É a presença dos ancestrais, sendo que dialogar com eles, por meio dos instrumentos, é manter os laços entre os vivos e os mortos, o passado e o presente.

O tambor sagrado é invocado pelos congadeiros em suas orações:

Viva Nossa Senhora do Rosário, viva!
Viva as três pessoas da Santíssima Trindade, viva!
E os tambor sagrado, viva!
Viva a nossa companhia, viva!
Viva todo o povo que ama e respeita o Rosário de Maria, viva!

É papai, mamãe, vovô, vovó
Quem me falou auê
Pedi licença tambor sagrado
Agora dá licença senhor, auê
Ê dono de ngoma, oi vamos saravá!

Ê dono de ngoma, oi vamos saravá!
(Canto do candombe, Toinzinho)[37]

No Moçambique, o Capitão Rodrigo explica que são quatro os tipos de toques dos tambores e das caixas:

> *(...) o chitangome, tocado quando o capitão quer colocar todos os vassalos para dançar mais animado, o serra acima que é um ritmo mais acelerado para andar mais rápido, o serra abaixo já é o contrário, é mais calmo. Quando se está subindo o morro, tá todo mundo mais cansado, toca mais devagar. E o cruzado, que é quando vamos fazer mizurra no terreiro. Mizurra quer dizer dançar* (2006).

Encontro em Durand (2002) o parentesco entre a música, a melodia e as constelações do regime noturno, no intuito de possibilitar a relação da humanidade com o tempo que passa e a angústia da morte. Para o autor, a música também se constitui como possibilidade de o homem dominar o tempo, exatamente porque ela traz a intemporalidade, o domínio dos ritmos, da altura do som e dos diferentes timbres, tanto masculinos, como femininos.

> *Os cantos do Congado são em louvor a Nossa Senhora. Eles trouxeram lá da África, até porque a música do Congado, o Congado não tem compositor, então não tem dono de música, todo mundo é dono de música. O que eles cantam num bairro eu canto aqui também... O Reinado tem ponto, a gente chama de ponto. Tem um ponto para a Rainha, um pro Rei. Tem ponto que eles cantam quando tem coisa errada, eles fazem igual Jesus falava. Em vez de falar em parábola, eles fala na língua, né?Ta acontecendo alguma coisa errada, então, canta um ponto e, às vezes, as pessoas não entende bem o Capitão, não entende, às vezes, um ma querense que ele canta respondendo o ponto de um tipo de maldade, isso tudo tem dentro do Reinado* (Capitão Dirceu, 2006).

[37] Extraído do CD da Irmandade de Nossa Senhora do Rosário do Bairro Justinópolis, 2007.

A música é uma metaerótica, um cruzamento ordenado (de sons, timbres, vozes, ritmos, tonalidades) sobre a trama contínua do tempo. É isso que faz Durand concluir que a estrutura musical possui implicações sexuais, por isso, ela se apresenta como uma estrutura sintética de harmonização dos contrários, sendo que o tambor é a própria síntese criadora, a união dos contrários. O tambor liga-se à fecundidade, à criação, ao peixe, como nos mostra o autor ao tratar os rituais dos *dogon*, povo negro de Mali. Também *Shiva-Natarâja*, o "Senhor da dança", traz em uma de suas mãos um tambor que ritma a manifestação do universo.

> *Este é o discurso típico das mulheres da minha terra, onde o homem é rei, senhor da vida e do mundo. Um mundo onde a mulher é couro. Couro de touro macio e muito bem curtido. Um mundo onde a mulher é gêmea do tambor, pois ambas soltam acordes espirituais, quando aquecidas e matraqueadas por mãos vigorosas e rústicas.*
>
> (Paulina Chiziane)

Bachelard (1999) discute amplamente, em sua *Psicanálise do fogo*, a ligação entre a sexualidade e o fogo. Para ele, o fogo é sexualizado e, do ponto de vista do calor, o princípio feminino é o da superfície, do invólucro, do refúgio e da tepidez, ao passo que o masculino é o princípio de centro, ativo, potente, repentino como a faísca e a vontade. O calor feminino ataca por fora e o fogo masculino por dentro, no coração da essência. Essa pulsão do fogo provoca uma fricção, um esfregar que, por sua vez, provoca o compartilhar do calor. Esse devaneio alquímico nos remete, então, ao giro, à cruz, à roda, ao eixo e permite Durand afirmar que "todas as fantasias cíclicas relativas à cosmologia, às estações, à produção xílica do fogo, ao sistema musical e rítmico não passam de epifanias de rítmica sexual" (p. 337).

Bachelard (*apud* DURAND) afirma que foi a partir desse trabalho de fazer fogo, que o homem aprendeu a cantar. Esse fato foi comprovado pela etnologia sobre o primitivo, para o qual as técnicas do fogo, do polimento, do derrube, do barqueiro ou do ferreiro eram acompanhadas de cantos e danças. Em muitas manifestações do Reinado, a afinação dos tambores depende, literalmente, do fogo. O aquecimento do couro é feito com cachaça, ao sol ou na fogueira, tudo seguido de rituais específicos (PEREIRA, 2005).

No Congado, os toques dos instrumentos são acompanhados por cantos ou "pontos" tirados pelos capitães e respondidos, imediatamente, pelo coro do coletivo e pelas danças correspondentes aos ritmos. Lucas (2002) destaca que a repetição cíclica dos padrões rítmicos, nos instrumentos percussivos, associada à intensa repetição de cada canto das guardas nessa forma solo/resposta coletiva, encontra correspondência na oração responsorial do terço, estabelecendo uma relação entre o rosário (terço) e o ingoma (tambor).

> *E o tambor ele é antigo né?! Foi o primeiro que eles fizeram, única coisa que eles acharam mais fácil de modelar um instrumento, foi uma* ***tora de pau****, oco por dentro pra ficar alegre pôs um côro, ai formô o tambor que o tambor não tem assim segredo nenhum, é formatura de uma tora né transformada com o coro foram bater. E batia e cantava, batia e cantava, batia e cantava, assim Nossa Senhora saiu das águas* (Capitão Dirceu, 2006).

Por isso, ainda hoje, os instrumentos sagrados, principalmente os tambores, são confeccionados pelos próprios congadeiros. Nessa fluência rítmica acompanham os outros instrumentos.

O rosário, assim como o tambor, é uma figura *numinosa* cíclica e equilibrada. Faz a síntese, união e harmonização dos contrários e nos remete ao enrodilhar da serpente, um dos mais importantes símbolos da imaginação humana, ligado à transformação temporal, à fecundidade e à perenidade ancestral (DURAND).

Segundo a Capitã Odete, quando Nossa Senhora viu os negros ela chorou. E onde as lágrimas caíram nasceram uns matos, que deram sementes. As sementes são as contas de lágrimas de Nossa Senhora. O negro colheu-as e fez o primeiro rosário, o terço de contas, que para o Capitão Mor da Irmandade do Justinópolis, Senhor Zezé, "é a primeira farda do congadeiro, ganhado de presente de Nossa Senhora"[38], por isso todos nele se enrodilham, cruzando-o no peito, por cima das blusas. Segundo Martins (2000), os congadeiros costumam dizer que as contas do rosário, são, para eles, como balas de artilharia.

[38] Fala extraída de um curta-metragem sobre a Irmandade de Nossa Senhora do Rosário do Bairro Justinópolis, 2007.

> *Qual é a arma maior que o Congadeiro tem? O Rosário. Qual oração preferida? O Rosário. Então essas são um dos fundamentos importantes, todo Congadeiro tem que saber que a nossa mãe, a nossa intercessora antes de qualquer um outro santo, todo mundo pode ter a fé e todo mundo pode ter sua crença, mas primeiro a mãe dos Congadeiros é Nossa Senhora do Rosário. É naquela que nós segura, é na bata dela que nós tem que agarrar. O que o Congadeiro tem que fazer e tentar fazer da melhor forma é fazer a reza do Rosário* (Capitão Dirceu, 2006).

Ó que coisa bonita que eu vi agora
é o rosário de Nossa Senhora.
(Canto Tradicional)

O Rei Perpétuo Francisco nos explica de onde vem o nome rosário que originou e batizou Nossa Senhora:

> *Rosário, porque rosário que dizer flores né? O rosário é um roseiral, as flores e o alívio que Nossa Senhora dava aos negros depois das labutas deles do cativeiro e aquela coisa toda. Então, eles colocaram como Nossa Senhora do Rosário, quer dizer Nossa Senhora das rosas, daquela que cura as dores, então, veio assim a Nossa Senhora do Rosário. Que é Maria, a mãe de Jesus Cristo, só que foi Nossa Senhora do Rosário. É ela que carrega um rosário que é o terço né, em três, que são três terços, que um rosário é três terços. E cada terço é uma conta, uma conta é um mistério, né. É uma pétala de rosa, uma rosa que estamos oferecendo para Nossa Senhora do Rosário. Isso é Nossa Senhora do Rosário* (2006).

Nossa Senhora do Rosário
Ela é a rainha das flores
Lá no campo do rosário
Onde ela embarcou
(Marcha do Congo,
(lembrada por Caixeiro Pelé)

E complementa o Capitão Dirceu

> *O rosário, ele conta a vida de Nosso Senhor. Ele tem três passagens, são os três terços em um formato só. Então, formou o rosário, nascimento, vida e morte, conta uma passagem da vida de Jesus*[39]*. Nos meses que nós estamos vivendo a quaresma, o Reinado fica parado, o Reinado; tá fechado. Não tem nenhum instrumento rufano, então, para se celebrar o terço a gente celebra o mistério doloroso que nós tão vivendo a paixão de Jesus Cristo morto. Então, o terço é dividido nessas três partes e depois, com o passar do tempo, que rezava o terço e as dificuldades eram muitas pra rezar o rosário, né, no século XVII, XVI o Papa Pio XII que cortou no rosário e tirou um terço. Assim, então, que fez o terço de cinco mistérios, né? O Papa Pio XII que achava dificuldade, porque o Padre, eles falam muito de reza, mas tem muita dificuldade pra rezar, né, porque demorava muito tempo pra rezar. Assim, os negros quando rezaram nas senzalas antes de fazer o rosário, eles rezavam trezentos, quatrocentos, quinhentos Ave Maria, e rezava, um rezava pela alma de fulano, rezava por alma de cicrano, rezava pra quem já foi, pra quem vem, pra quem tem que ir, pra quem vai nascer, pra quem já nasceu; então, rezava, então o prazer era rezar. Rezava e contava com pedra, não tinha o terço né? Depois que foi se lapidando. O terço de bolinhas tem uma história que eles rezavam, quando não tinha pedra, contavam com pétala de rosas e ia contando. Então, o rosário vem de rosa, contava com pétala de rosa, até que chegou num ponto que se contou determinado tanto de mistério, né? Até porque, se perguntá pro Padre porque chama mistério, o Padre não sabe te informar porque dez Ave Maria são um mistério. Então, o terço é formado de quinze mistérios, cento e cinquenta Ave Maria* (2006).

Pergunto ao Capitão se podemos pensar que o rosário foi criação dos negros e ele responde:

[39] O Papa João Paulo II acrescentou um quarto mistério no rosário. São eles os Mistérios Luminosos, que abordam a vida do Filho de Deus, seus milagres, pregações e feitos importantes.

> *Com certeza. Pode pensar não, o rosário foi criação dos negros.* (...) *E tem que rezar o rosário todo. Uma oração não presta. Reza o rosário todo. Na abertura do Reinado, no fechamento do Reinado se reza o rosário todo. O Reinado tá fechado no sábado de aleluia; vai fazer a abertura do Reinado, aí às cinco horas, nós vamos estar aqui reunidos pra rezar o rosário, aí faz a abertura do Reinado* (2006).

O rosário ou o terço é o objeto usado para contar as orações, formado por contas grandes e pequenas. Após cada dezena de contas pequenas, há uma grande, e, assim, cinco dezenas. O fio no qual ficam as contas dá uma volta, ficando a quinta junto à primeira dezena, início e fim, circularidade. Antes da contemplação dos mistérios, há uma parte inicial, constituída por duas contas grandes, três pequenas e uma cruz. Interessante pensar que o próprio formato do rosário é o símbolo universal, arbitrariamente definido para o Feminino:

O Feminino e o Rosário

Encontraremos sobre a cruz do símbolo a outra metade dessa circularidade, ou seja, o Filho.

A harmonização dos contrários. O Masculino e o Feminino

O rosário é rezado (pode também ser cantado) pelas guardas nas novenas de preparação para os rituais, quase sempre nos nove dias que antecedem as festas. Em algumas guardas, se reza a trezena, treze dias de orações, sendo que o primeiro dia é dedicado aos antepassados da guarda e os seguintes aos santos do dia e, ainda, por intenções dos reis e rainhas que compõem o trono coroado. É comum as guardas levantarem uma bandeira de santo em cada dia. As preces são em agradecimento e para pedir benção, paz, prosperidade, para que a festa transcorra tranquilamente e para que a comida não falte. O rosário marca, portanto, o eterno recomeço. Diz a Rainha Conga Isabel: "A gente acredita em Nossa Senhora e é isso, tem alegria de saber que vai começar de novo, que vai ser melhor e que vai conseguir. Que deus é bom Pai e nunca a gente tá sozinho".

O rosário é, na verdade, um mantra. A reza das orações num tom de voz grave e baixo, quase um sussurro, produz um ritmo linear, arrastado. O *AUM*[40]

[40] Ao ser indagado por Moyers sobre o que é o AUM, Campbell, genialisticamente responde: "o AUM é uma palavra que representa aos nossos ouvidos aquele som da energia do universo, da qual todas as coisas são manifestações. O som começa na parte posterior da boca, 'aa', depois o 'uu' a preenche e o 'mm' fecha-a. Quando você pronuncia adequadamente, todos os sons vocá-

tântrico do budismo. A monotonia que ele produz só é quebrada com o reinício de um novo mistério e a oração do Pai, do masculino. É o andar da serpente, uma corrente que faz a ligação entre o céu e a terra, entre o imanente (estado de natureza) e o transcendente (estado de espírito).

É por meio do rosário que a Virgem recebe o nome de Nossa Senhora do Rosário e, pelo mesmo motivo, é o instrumento que ela tem em suas mãos. A Grande-Mãe, mais do que carregar o filho, promove a ligação entre o regime diurno e o regime noturno.

Essa circularidade que gravita em torno do domínio do próprio tempo, marcando o rítmico e cíclico, presentes tanto no tambor, como no rosário, nos remete à lua. É ela o arquétipo da mensuração, a primeira medida do tempo. Diz Neumann (2003) que este é mais um dos arquétipos da Grande Deusa, o que a torna senhora do tempo, aquela que governa o crescimento. É ela, e não o sol, o "legítimo cronômetro do alvorecer dos tempos" (p. 199), pois a sua contagem não se inicia à meia-noite.

Também pela lua a mulher se organiza, na menstruação e na gravidez, condições da natureza, inerentes ao ser mulher, que a transformam em tecelã. Uma vez que cruzar os fios da linha é o símbolo da união sexual e o ato de cruzar os sexos é a forma básica do Grande Feminino: produzir a vida. Desse modo, a deusa se torna a Senhora dos Destinos (NEUMANN). O significado de tecer é tanto positivo quanto negativo. Assim, como a aranha, o Feminino pode tecer as redes e os laços que atam, prendem, controlam e detém o próprio filho.

licos estão incluídos na pronúncia. AUM. As consoantes são tomadas aqui simplesmente como interrupções do som vocálico essencial. Todas as palavras, são, portanto, fragmentos de AUM, assim como todas as imagens são fragmentos da Forma das formas. AUM é um som simbólico que coloca você em contato com o ser reverberante que é o universo. Se ouvisse alguns dos registros dos monges tibetanos cantando AUM, você saberia exatamente o que a palavra significa. É o AUM de estar no mundo. Estar em contato com isso, captar-lhe o sentido, é a experiência culminante de tudo. A-U-M. o nascimento, a vinda ao ser e a dissolução que reinicia o ciclo. O AUM é chamado a "sílaba de quatro elementos". A-U-M- e qual é o quarto elemento? O silêncio do qual brota AUM e ao qual retorna, ou seja, é o que subjaz a ele. Minha vida é o A-U-M, mas há também silencio subjacente. Eis o que chamaríamos imortal. Aqui está o mortal e lá o imortal, e não haveria aquele se não houvesse este. Deve se fazer uma diferenciação entre o aspecto mortal e o imortal na existência de cada indivíduo" (2005, p. 241).

Durand afirma que a lua é "simultaneamente medida do tempo e promessa explícita do eterno retorno" (p. 294) e concorda com Eliade, quando este diz que nas hierofanias lunares a vida se repete ciclicamente: "está viva e inesgotável na sua própria regeneração".

Segundo Eliade (1992) todas as fases cosmogônicas, que tiveram lugar *ab origine*, são comemoradas no espaço de um ano, definido pelo calendário religioso. Desse modo, o homem não faz mais do que repetir o ato de criação, por meio de seus ritos e instituições, o que tornam esses atos regeneradores do tempo, universais, e, portanto, arquetípicos.

O ano, derivado das palavras *annus, annulus*, torna-se uma figura, também, circular. Não é sem sentido os rituais de início de um novo ano, pois eles simbolizam o recomeço do tempo. Isso ocorre no Congado. Suas festas são marcadas de acordo com o calendário litúrgico católico, que, por sua vez, segue o gregoriano e sua divisão duodecimal, com referências lunares. Assim, obedecendo ao calendário litúrgico, eles definem a abertura e o encerramento do Reinado e suas pausas.

Muitos grupos se subdividem e, a partir destes, realizam outras festas, como a folia de reis e as quadrilhas juninas. Algumas guardas iniciam o ano com as folias de reis (seis de janeiro) e seus intermináveis arremates. Em seguida, festejam São Sebastião (20 de janeiro). Outras "abrem" o Reinado, no dia de Nossa Senhora da Luz (dois de fevereiro, dia dedicado à Iemanjá), no sábado de Aleluia ou no dia de Nossa Senhora da Cruz (três de maio). São Benedito é comemorado uma semana após a Semana Santa e São Jorge é homenageado no dia 23 de abril. 13 de maio também é uma data importante: momento em que algumas guardas reproduzem o drama dos escravos africanos, ao relembrarem a libertação dos escravos e o papel da Princesa Isabel.

No período da quaresma, momento em que a Igreja Católica vive os mistérios dolorosos de Jesus Cristo, os congadeiros não "batem caixa", em respeito ao sofrimento e morte de Nosso Senhor. Faz parte da tradição virar os santos para a parede e tampá-los com um pano. Salvo raríssimas exceções, em caso de morte de um congadeiro, por exemplo, "quebra-se a tradição".

A partir do sábado de Aleluia (ressurreição de Jesus Cristo), até o dia de Nossa Senhora da Conceição (oito de dezembro), quando quase todas as Guardas "fecham" o Reinado, multiplicam-se as festas em homenagem a Nossa Senhora do Rosário. O dia oficial dedicado a ela é sete de outubro.

As festas ocorrem durante os mistérios gloriosos do rosário. O Capitão Daniel nos explica que

> *O reinado é graduado* [vivido durante] *entre os* ***mistérios gloriosos*** *do rosário. Ele começa no sábado de Aleluia e vai até o último domingo do mês de outubro que ali contempla só os mistérios gloriosos. Porque, se você começa com o primeiro mistério, nós contemplamos, com nosso Jesus Cristo triunfante da morte dos tormentos. Então é sábado de Aleluia, comemorando a ressurreição de Cristo. E no último mistério lá no mês de outubro, nós contemplamos com a Ascensão de Maria. Nós contemplamos com a nossa Virgem Maria ao lado do seu bendito filho no céu, que foi coroada pelo mesmo Senhor Nosso como Rainha do Céu, da Terra e de toda a humanidade. Então vai até outubro. Então o Reinado ele é dentro desses sistemas gloriosos. A folia de reis são os* ***mistérios gozosos****, que a anunciação do anjo a Virgem Maria, o nascimento de Jesus Cristo em Belém. Agora, os* ***mistérios dolorosos*** *nem o candombe não mexe, nada mexe. Não bate pala, não bate caixa, não bate nada. Porque é o sofrimento de Cristo. Então o Reinado é da ressurreição de Cristo até a Ascensão de Maria. Então você pode escolher qualquer mês desses aí para fazer a sua festa* (2006). (Grifos meus)

É a circularidade o tempo inteiro. Também o dia da festa, portanto, a marcação no calendário (como vimos no quadro de apresentação das Guardas) é definida pelo dia dedicado aos santos da hagiologia católica, dos quais os congadeiros são devotos.

As constelações de imagens encontradas, nesse arquétipo da Grande-Mãe, confirmam minha hipótese de que sua narrativa mítica é definidora do *modus vivendi* de todos aqueles que a cultuam. Mas a Grande-Mãe só é mãe porque gera uma criança, também ela um arquétipo da estrutura mística.

Por isso, no próximo capítulo, perseguiremos as constelações de imagens presentes nesse arquétipo, considerando os Filhos da Grande-Mãe, Nossa Senhora do Rosário.

Os Mistérios Gloriosos

Das mães vem o universo;
do universo vem os planetas;
dos planetas vem a vida;
e a vida é você,
*Minha mãe!!!**

*Gustavo Henrique Noronha Alves, meu filho, aos nove anos de idade, por ocasião do "Dia das mães".

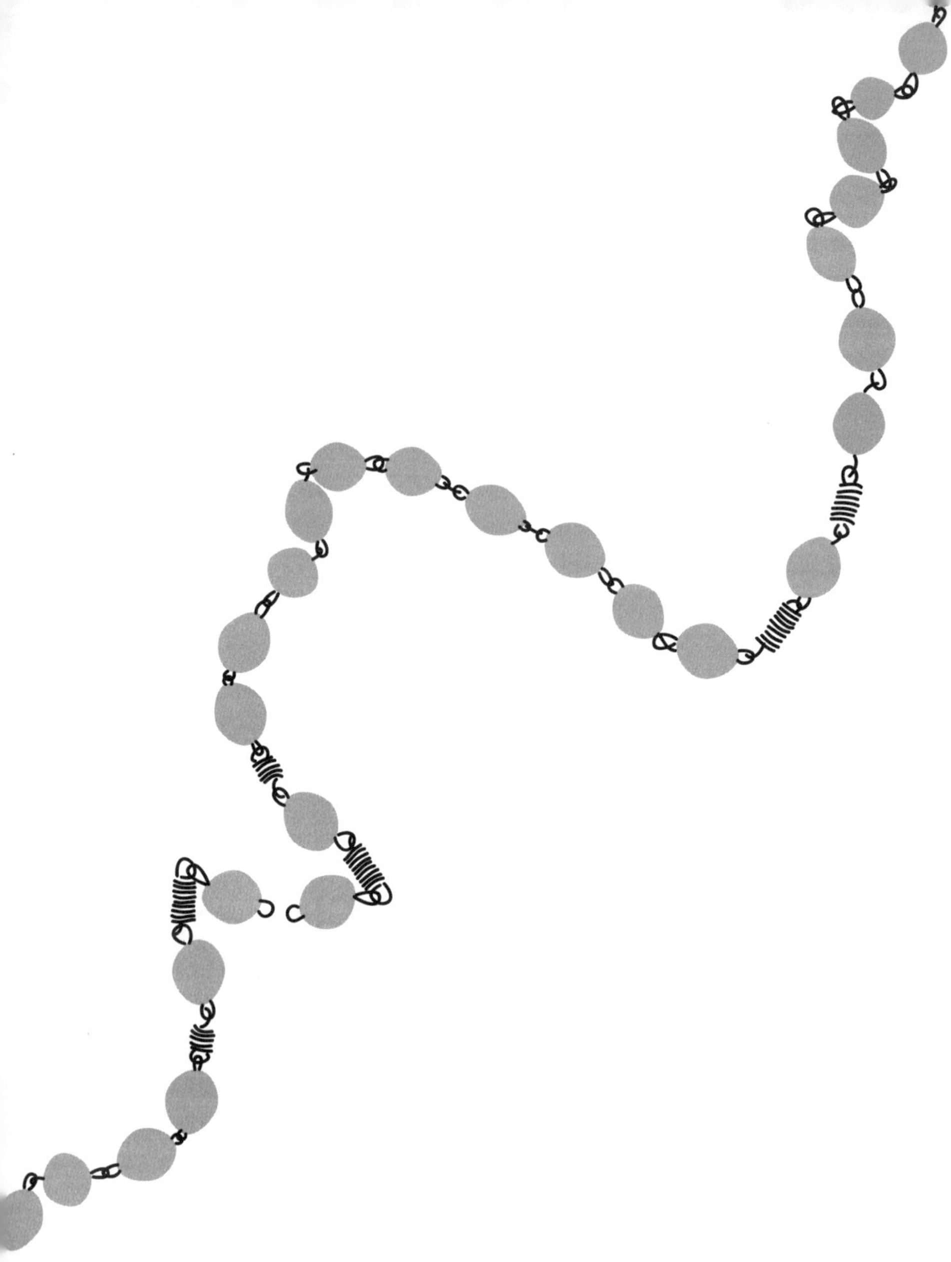

Capítulo V

Os Filhos do rosário

Eu cheguei no Rosário de Maria
Embelezou, embelezou.
Eu cheguei no Rosário de Maria.
Embelezou, embelezou.
Bate tambor, bate tambor.
Hoje é dia de alegria. Hoje é dia de alegria.
Tem um Novo Progresso
Nessa terra Moçambiqueiro
Não toca tambor
E está pedindo paz.
Oh Siríaco, oh Siríaco,
Foi no tempo de vovô.
Foi seu pai que me ensinou.
Bate o pé só com sete gunga menino.
E segura nessa n'goma,
'tá caindo fulô.
Lá no céu, cá na terra
Oh lê lê
'tá caindo fulô!
(Maurício Tizumba)

Os Filhos (e filhas) do rosário: o lado masculino da Grande-Mãe

Discutimos, até aqui, o principal arquétipo presente no mito de Nossa Senhora do Rosário, ou seja, o da Grande-Mãe, bem como as estruturas, os símbolos e as imagens que dele se desdobram, redobram e encaixam. Diz Whitmont (1991) que a figura da mãe e da deusa é a mesma coisa. Mas como a figura da mãe só existe porque ela tem um filho e com ele se relaciona, torna-se imprescindível uma compreensão mais aprofundada sobre este segundo, e também sobre as estruturas, símbolos e imagens que dele se desdobram, redobram, encaixam, numa *coincidentia oppositorum*, na circularidade.

Para Durand o símbolo do Filho é uma tradução tardia do androginato primitivo das divindades lunares. Ele conserva a valência masculina, ao lado da feminilidade da mãe celeste, que, sob a pressão dos cultos solares, perdeu o androginato primitivo (unidade), restando apenas uma de suas partes na filiação. Mas as duas partes do andrógino não perdem pela separação a sua relação cíclica: "a mãe dá origem ao filho e este último torna-se amante da mãe numa espécie de ouroboros heredo-sexual" (DURAND, p. 300).

A maneira que o Filho encontra para vencer a temporalidade é determinada pela perpetuação da linguagem mítica e ritualística. "Todo elemento segundo é filho do precedente. O filho é repetição dos pais no tempo, muito mais que simples redobramento estático" (p. 305).

Na constelação de imagens apresentadas por Durand identificaremos como símbolo desse mito dramático e cíclico do Filho, o **pau**, trazendo o modelo da metamorfose que é a **árvore**. "O pau é uma redução simbólica da árvore com rebentos, a árvore de Jessé[41], promessa dramática do cetro" (p. 282). A árvore, seus arquétipos e símbolos messiânicos, além dos mitos históricos, estarão conduzindo os próximos mistérios desse nosso rosário.

[41] A *Árvore de Jessé* representa a árvore genealógica que relaciona Jessé, pai de David, a Jesus. Esse mito bíblico é encontrado no *Livro de Isaías*, que profetiza que do tronco de Jessé brotará "um rebento e das suas raízes sairá um renovo que dará fruto". Sobre esse rebento descansaria o espírito de Deus, "espírito de sabedoria e de entendimento, espírito de conselho e de fortaleza, espírito de ciência e de temor ao Senhor" (Isaías, 11,1-2). Simboliza as muitas gerações que culminarão no nascimento da Virgem e do seu Filho, Jesus. Muitas vezes, serve para justificar a genealogia e o dogma da Imaculada Conceição, quando esta é colocada no topo da Árvore (Disponível na www.infopedia.pt/arvore-de-jesse).

O capitão José Bonifácio da Luz sintetiza a estrutura dos grupos de Congado na imagem da árvore: "O Candombe representa as raízes, os ancestrais; o Moçambique é o tronco e o Congo está espalhado pelos galhos, movendo para onde o vento levar" (LUCAS; LUZ, 2006, p. 34).

A árvore é um arquétipo cíclico, que se inicia com a semente, passando pela flor, o fruto, até a queda de folhas e o lançar de novas sementes, num devir dramático. No entanto, a sua verticalidade marca uma passagem do cíclico para um arquétipo progressista e messiânico, porque orienta, de maneira irreversível, esse devir, humanizando-o, de algum modo, ao aproximá-lo da posição bípede, significativa da espécie humana. Essa passagem não passa de um complemento ao simbolismo. Nesse estágio, a árvore se contenta em orientar e, ao fazê-lo, simplifica, conservando, tão somente, sua fase ascendente (DURAND).

A árvore é isomórfica do símbolo agro-lunar e, por isto, adquire as mesmas associações simbólicas dos ofídicos (transformação temporal, perenidade, fecundidade). Associa-se "às águas fertilizantes, é árvore da vida" (DURAND, p. 339). Como vegetal, a árvore prepara o culto da vegetação, torna-se coluna e, como madeira, usada para produzir e manter o fogo, participa do esquema de fricção rítmica (sexualidade, música, dança, festa) e se transforma em chama. Em ambos os casos, como coluna ou como chama, "a árvore tem tendência a sublimar-se, a verticalizar a sua mensagem simbólica" (p. 340).

Diz Durand que o simbolismo da árvore-coluna estrutura a totalização cósmica. Ela é sempre um "símbolo da totalidade do cosmo na sua gênese e no seu devir" (p. 341). Pela sua verticalidade, humaniza-se (coluna, estátua, figura humana esculpida na pedra, ou na madeira) e torna-se símbolo do microcosmo vertical que é o próprio homem. Também o verticalismo facilita o circuito entre o nível vegetal e o nível humano, o que faz a árvore ser associada, miticamente, "às três fases que se encadeiam progressivamente e simbolizam, mais do que um ciclo, a história messiânica do povo judeu" (p. 343).

A árvore é o arquétipo, por excelência, dos Filhos do rosário. As palavras do Capitão Toinzinho sintetizam bem essa imagem. Diz ele: "**O Deus do negro é o toco**". Este é o fundamento do Reinado de Nossa Senhora do Rosário. Os mastros, segundo o Capitão Daniel, "são os para-raios da festa, é ali que encontra a energia vital da festa. Significa que você colocou o seu Santo acima da terra, debaixo do céu e em cima de nós". Desse modo, podemos concordar com Durand, quando ele afirma que o simbolismo da árvore reconduz o ciclo à transcendência.

Encontraremos, no Reinado, outros símbolos do arquétipo da árvore como o bastão (cetro, gládio), a cruz, o cruzeiro, as bandeiras. Esse arquétipo e suas manifestações irão perpassar toda a discussão pertinente ao Filho, por isto, opto por considerá-los à medida que discuto a complexidade da manifestação do Congado, em suas práticas iniciáticas, sacrificiais e orgiásticas. Essas práticas (cerimônias) são isomórficas do mito dramático e cíclico do Filho, que se concretizam na festa – também ela, masculina, apolínea, hermesiana e dionisíaca. É, portanto, o Filho, a festa. É ele quem reatualiza o mito, anualmente, numa linguagem rítmica e ritualística.

Desse modo, à medida que apresento uma etnografia da festa do Congado, perseguindo suas imagens arquetípicas, pretendo ampliar a discussão, transitando da festa-fato para a festa-questão, como anunciado, no início deste trabalho.

As práticas iniciáticas dos Filhos do rosário

É de minha intenção apresentar, neste tópico, quem são os Filhos do rosário, o que pensam, como agem, enfim, o que caracteriza a constituição da subjetividade desses grupos.

As narrativas míticas do Congado denunciam que o negro era maltratado pelos seus senhores brancos, sofria e apanhava, tinha uma vida indigna. Ao se tornar um filho de Nossa Senhora, "Filho do rosário", pelo menos na sua percepção, sua vida muda, e isso não é pouco.

Esse Filho, substituto da Deusa-Mãe, é Hermes, masculino, mensageiro da boa nova anunciada, ou seja, da proteção da Grande-Mãe. De acordo com Durand percebe-se, nesse caso, um drama agro-lunar, suporte arquetípico de uma dialética que, numa perspectiva imaginária, "faz servir-se de situações nefastas e valores negativos para o progresso dos valores positivos" (p. 299). Isto pode ser observado em alguns exemplos presentes em nossos relatos: o negro apanhou, mas quem chorou foi o filho da Sinhá; além disso, o negro passou a ter direito a um "dia de forra" (folga, feriado, domingo) e de comemorar, durante três dias, em louvor à Santa, dentre outros.

Assim é que a Virgem Maria, a Nossa Senhora do Rosário, a Grande-Mãe se transforma no mito da fé.

A fé move o congadeiro

É essa fé dos Filhos do rosário que move a festa e nos faz concordar com Vaz (2003), quando este afirma que

> Recorrer ao imaginário para se exprimir pelo mito é acreditar num mundo que transcende o físico que se vê, é pensar nele, desejar tê-lo como paradigma ideal do real e do realizável. Os pensamentos míticos, como a fé, são construtores de altos ideais. A fé não pode deixar de ser razoável e de ter sentido crítico e capacidade de discernimento para evitar degradar-se em superstição ou em ideologia; não se opõe à razão, é outro gênero de "razão" (p. 414).

Para Eliade (2002), a fé cristã é sustentada por uma revelação histórica, ou seja, é a manifestação de Deus no tempo que assegura, aos olhos do cristão, a validade das imagens e dos símbolos. Whitmont, por sua vez, denuncia que estamos vivendo num mundo onde, cada vez mais, o humano se distancia do divino, onde o dogmatismo substitui a produção consciente de mitos e a imaginação simbólica é castrada. Assim, os conceitos do sagrado se limitam ao não sensorial, não podem ser vistos ou sentidos, apenas ensinados para que se acredite neles. Em consequência, "a fé não é mais *pistis* ('confiança na experiência pessoal'), e sim uma aceitação cega e divorciada das experiências pessoais subjetivas" (p. 119). Na contramão dessa constatação de Whitmont, aqueles que vivem o mito, como os congadeiros, se ligam ao sagrado sensorial e à fé, que para eles é:

> *Mais do que a certeza que você pode mudar aquele tambor de lá pra cá sem pôr a mão nele. É mais do que a certeza, 'cê vai dizer assim: "esse tambor*

> *vai passar aqui"; "ele vai ficar aqui porque eu preciso dele aqui." "Eu tenho fé que ele venha até aqui." Então, é mais do que uma certeza, a fé, então, isso até na Igreja Católica se discutem muito que é a fé. Muitas vezes, as pessoas rezam muito, mas tem pouca fé. E meu avô falava assim: "se você rezar uma Ave Maria, mais com fé e com precisão 'cê pára até um avião no ar." É preciso saber as oração, tem muitas outras, mas 'ocê precisa saber a hora que reza e pra que que reza. Oração não deve ser rezada de qualquer jeito de qualquer forma; de qualquer jeito em qualquer lugar, né? Então, eu acho que o verdadeiro Congadeiro, ele tem essas qualidades. Pessoa que tem fé eu acho que ele é uma pessoa diferenciado, né?* (Capitão Daniel, 2006).

> *Fé é aquele ditado de verdade. Tem pessoa que diz que tem fé mais é da boca pra fora, ele 'tá falando. O sinal da fé é a vela, 'ce pode observar quem não acende vela não tem fé não. O indivíduo acendeu uma vela ele já mostra que tá com fé. Quer dizer, a fé sai do coração, é igual um aplauso nosso né? Ó, ó [bate palmas], foguete e tal, o indivíduo que não tem fé, ele fica do outro lado, ele fica sempre o contrário. A fé é aquele ditado de verdade. Nós recebemos a hóstia consagrada: eis o mistério da fé. Se nós não acreditamos neste mistério da fé, não convém receber a hóstia, porque nós não estamos acreditando que ela, verdadeiramente, transformou no corpo de Jesus Cristo. Porque corpo morto não dá sangue não, e esta hóstia consagrada já deu sangue, a primeira, me parece, a segunda vez. Então, nós recebemos, verdadeiramente, o corpo de Jesus Cristo vivo. Isto é importantíssimo* (Alcides, 2006).

> *Esta devoção é você ter, assim... É do fundo, né? ... E vem assim de raiz também, porque minha família é católica. Então, assim, a gente vê, assim, os milagres acontecerem... A fé só tem mais a propagar, mais ainda, né? E os milagres, as graças recebidas, porque tem milagres, tem graças. E esta coisa de Nossa Senhora ser, para nós, o nosso escudo, sabe, é um tudo, sabe, falar de nossa Senhora do Rosário, a gente fica até emocionado pelas graças, as bênçãos que ela vem nos proporcionando. Um escudo para nossas dificuldades, nossas defesas... É por que nosso mundo é cheio de forças negativas, porque pessoas com ambições e inveja, muito ódio no coração. Então, ela é nosso escudo, nossa defesa, é isso* (Rei Perpétuo Francisco, 2006).

> *Minha fé é assim, quando eu tô pedindo ela alguma coisa, parece que eu tô levantando do chão, que vai me levantar, que vai me suspender, que eu vou conseguir aquilo, e consigo* (Presidente Vânia, 2006).

A fé também se manifesta no culto dos congadeiros a seus ancestrais. A ancestralidade nos diz como o universo se organiza e dela fazem parte a cosmologia (constituição do cosmos e organização do caos), e também a cosmogonia (gênese do panteão divino que organiza esse caos). Por isso, é comum os congadeiros dizerem que sonharam com os antepassados, seus "baluartes" (é assim que eles os tratam) e, por sonho, receberam cantos, mensagens e orientações a serem seguidas por seus grupos.

> *Bom, do pouco que eu venho tentando entender, é que o respeito que as pessoas aos mais velhos, que esse respeito é imenso. A gente pode ver novelas aí, que passam sobre o tempo dos escravos, tinha sempre um que era mais respeitado, normalmente, o mais velho, onde chamavam de preto velho. Aí, veio a confusão que fala que os pretos velhos são só lá dentro do espiritismo e aquela coisa toda; mas a descendência negra, ela tem um dom de ver as coisas mais a frente. A gente recebe alguma coisa diferente. Às vezes, a gente chega em certos lugares, o clima não está legal, ´tá precisando mais orações. Ás vezes, também, tem uma harmonia gostosa, um lugar que a gente quer ficar. Então, eu não sei dizer, por isso, que eu falo que o congadeiro não é totalmente espírita, mas também não deixa de ser. Não são todos que frequentam, mas tem essa presença que é incrível (*Capitã Odete, 2006).

> *Eu, às vezes, ´tô fazendo almoço, na cozinha, ou dormindo, e eles me dão um ponto. Tem um que eu aprendi assim e cantei pro padre, lá na missa. Ele ficou bobo. Não sei quem é, mas eles me falam, no ouvido. Eu já nasci com o dom do rosário. Tem muitos cantos que eu sei, aprendi com eles falando, assim, no meu ouvido. Tem uma reza que eles me ensinaram eu 'tava fazendo comida. É uma voz, ela fala assim:*
>
> *"Eu estava caída no chão,*
> *Nossa Senhora me deu a mão*

> *Levante vamos caminhar*
> *Que Nossa Senhora que vai te guiar"*
>
> *Não é bonito? Eu aprendi eu 'tava fazendo comida. Cantaram pra mim. Eu escutei cantar três vezes no meu ouvido. (...) eu sei por que que eu recebi este canto na cozinha. É porque eu ia perder dois capitães fundadores do reino. E perdi mesmo. Um morreu em Sete Lagoas e o outro morreu aqui. Um era velho, morreu de idade o outro era novo, 65 anos. Ela me avisou que eu ia perder, mas que eu levantasse e caminhasse, né?* (Capitã D. Bela, 2007).

Falas como estas e fatos que ocorrem no Congado contribuem para que essa manifestação ritualística seja confundida com a umbanda ou o candomblé. É, entretanto, impossível não perceber o seu caráter sincrético. Muitos de seus componentes participam de outros grupos, exercendo papéis de liderança também nestes. Visitei sedes do Rosário que dividem o espaço com a umbanda ou com o candomblé, inclusive na disposição dos seus santos, como nos mostra esta foto:

Diz, ainda, a capitã D. Bela:

> *Eu sou filha de Santo, mãe de santo, eu num sou, não. Eles fala: "fulana é mãe de santo". Não; num é a gente que é mãe de santo, não; o santo que é nossa mãe. Mãe de santo ninguém é não. Quando eu tô mexendo com o Reinado eu não mexo com o terreiro. Aqui é umbanda, mas minhas coisas tudo é dividida, separada. Eu não gosto de coisa mal feita, que seja no terreiro ou no reinado. Não tem esse negócio de um servir pro outro não. Uma coisa não mistura com a outra. Quando eu 'tô no Reinado é só o Reinado. Agora, quando acaba a festa, aí, sim, eu faço o trabalho aqui no Centro. Quando eu 'tô falando do Reinado, num gosto nem de falar do Centro. (...) Quando eu começo minhas novena dos santo, da festa, eu num trabalho aqui não. Recolho os tabaque, recolho tudo. Umbanda é umbanda e Rosário de Maria é Rosário de Maria. É muito comum, porque os negros também pertence ao Reinado e o terreiro, mas nós temos que separar, temos. O rosário é muito sagrado, num pode misturar não. Porque*

> *sempre no terreiro tem uma coisa diferente, tem pensamento de outro jeito e no Reinado num pode. Quando nós 'tamo tratando de assunto do Reinado, nós não podemos misturar não. Eu tenho rei e rainha que é tudo médium, mas chega no reinado num pode mexer com nada. Se tiver que rezar pra uma pessoa que ta perrengue leva lá pro canto, num é no meio do povo. Os capitão tudo sabe benzer, as rainhas também. A rainha que não sabe benzer, ela é meio parada né? Todo mundo tem que saber, tirar dos outros e defender a si próprio* (2007).

O Congado possibilita esse diálogo, o multiverso, pois cada manifestação é uma, ao mesmo tempo em que simultânea. Uma não compromete a outra. É o campo do possível que se abre às múltiplas experiências...

O indiferenciado: todos são Filhos do rosário

As cerimônias iniciáticas no mito da fé do Congado são, como nos diz Durand, "liturgias, repetições do drama temporal e sagrado, do tempo dominado pelo ritmo da repetição" (p. 306). Elas constituem as seivas que correm nas árvores, garantindo a vida, o alimento que nutre os Filhos do rosário. Por isso, nos diz o Capitão Dirceu que:

> *Ser congadeiro é ter o sangue de negro mesmo, aquele sangue de perseguidor, 'cê gosta e é aquilo que 'ocê definiu e não tem coisa nada que muda. Não tem história nenhuma, nem tem festa nenhuma. Pra mim a melhor que eu acho que existe é a festa de Congado. (...) Então, muitos que passaram por aqui e a gente que achava que tinha aquele sangue congadeiro e com o tempo 'cê' viu que foi desgastando. Congadeiro ele não desgasta época nenhuma. Congadeiro ele nasce com sangue congadeiro e morre congadeiro. (...) Eu falo: congadeiro é diferenciado, Congadeiro 'cê conhece ele de longe...* (2006)

É possível perceber se uma pessoa é simpatizante ou iniciada no Congado no ato de se cumprimentar, no momento dos encontros. Os sujeitos se dão as mãos que, juntas, gesticulam uma cruz e dizem: Salve Maria!

Em nossas entrevistas, percebemos que a maioria dos congadeiros procedem de família que vive a tradição, passando de geração em geração o gosto e o interesse pelo Reinado. A tradição é a continuação daquilo que é essencial e persiste; é a figura da árvore ramosa, da evolução progressista, simbolizada pela árvore genealógica, de que nos diz Durand. Isto pode ser sentido na fala da Capitã Vilma, que exprime a força de ter nascido no berço dessa tradição, quando diz, cheia de orgulho: "sou de família real".

O mesmo se percebe em depoimentos de congadeiros que procedem de famílias oriundas do interior do Estado, deslocada para a "nova capital", nas primeiras décadas do século passado. Destaco a do Capitão Daniel:

> *Pra mim, ser um congadeiro, isso é uma herança, por exemplo, de pai pra filho, neto pra filho depois pro neto de novo, que invém de muito longe, porque minha avó acabô de falar que meu avô, o José Galdino, ele foi um rei de ano. Só que antes dele, como ela relatou, tinha já a Irmandade do Jatobá; ela teve esse pequeno pause de tantos anos. Mas antes dele, o avô da minha vó, o José Bazil, vão por aí 1890, 1800 e pouca coisa, vão por 1895, coisa de mais de 100 anos atrás... ele foi o primeiro rei congo da Irmandade do Jatobá. Então, não é coisa assim, de 30, 40 anos não, é mais de 100 anos atrás. Ele foi o primeiro Rei Congo, juntamente, com o fundador que é o Virgulino Mota. Então, naquela época, era Virgulino Mota o capitão-mor, o vô da minha vó José Bazil e dona Liquinha de Ibirité, que são, vão por aí as três pessoas principais da história do Jatobá. Então, é coisa de 100 anos, gente, são muitos anos.* ***Ah eu, como se diz, sendo a última folha do galho ali, eu me sinto como se eu tivesse assim, uma herança genética****, não tem jeito de sair fora disso. É lógico que a família é muito grande, uns herda outros não herda, porque vão supor: a vó tem mais de 50 netos, eu sou o neto caçula dela, nem todos os netos dela são congadeiros. Pode contar nos dedos os que é, e os que são, são de coração, larga qualquer coisa: domingo, larga um futebol, um pagode, um shopping, qualquer coisa para ir para uma festa de Congado, joga tudo pro alto. Agora, os outros 45 netos não sabem nem o que é Congado, se pergunta assim: "o que é a palavra Congado, reinado?", não sabe difundi uma coisa da outra. Então, é uma coisa*

> *de herança,* ***'cê herda aqui dentro do sangue, você nasce e já herda, não é depois que você cresce: "ah, eu decidi ser do Congado"; não, nasceu é congadeiro ou, então, não é. É quando nasce*** (2006) (Grifos meus).

Nessa perspectiva cíclica, de tradição, os próprios familiares solicitam a continuidade da manifestação, como ocorreu com a Guarda da Capitã Odete:

> *Meu pai era o capitão regente. Então, a gente na Guarda do Sr. Zé, ele vinha, ajudava nas festas, ele que era o sanfoneiro. Depois ele veio a adoecer, então, três dias antes dele morrer ele me pediu dois pauzinhos e começou a bater um pauzinho no outro. Aí ele falô comigo assim: "Minha filha, eu vou te fazer um pedido, se Sr. do Bom Jesus, de São Benedito e Nossa Senhora do Rosário ver que eu vou sarar, quando for ano que vem, nós vamos ir para a festa lá em Aparecida do Norte e vamos comer do bom e do melhor, mas, se ela ver que eu não vou sarar, você continua para mim" [choro]. Aí, eu ainda levei dois anos até que eu resolvesse; aí, eu resolvi e montei a Guarda. Falei: pra mim "é difícil gente, eu não sei ler, não sei escrever, então como o que é que eu vou fazer?" Aí, ele virou para mim e falou assim: "Minha filha, a força vem de Deus e Nossa Senhora". E assim eu comecei a continuar* (2006).

Sua filha Fernanda completa:

> *Antes dela formar, ela teve uma preocupação muito grande e a gente reparou; muita gente não leva em consideração alguns avisos que tem. Essas descendências em* **sonhos***, coisas estranhas acontecendo, e eu sempre ficava falando: "Mãe, a senhora prometeu ao meu avô em vida, não foi após a morte". Porque você prometer uma coisa após a morte não adianta, mas se você prometer em vida eles não ficam sossegadinhos...* (2006). (Grifo meu)

E o "tronco", o ancestral, continua orientando as atividades da Guarda:

> *Toda época da minha festa, eles me dão instrução. Às vezes, eu começo naquele desespero, entendeu? Meu deus, a gente não vai dar conta, meu Deus!*

> *Ele sempre me dá aquela instrução. Ele sempre me leva pra algum lugar. Esse lugar é* **mato** *e* **cheio de árvore***, agora, por que, eu não sei. Mato e água e canavial. Ele sempre me dá em sonho. E sempre a gente 'tá num rancho, ele sempre me dando um café, numa caneca; ela é verde, branca e amarela. Ele escaldando aquele café e me dando. Eu sei que daí pra frente, minha filha, graças a Deus, até hoje, nestes anos todos, eu nunca tive embananamento* (Capitã Odete, 2006). (Grifos meus)

Poucas são aquelas guardas que se constituem de outro modo, como é o caso da Guarda de Congo Nossa Senhora do Rosário do Capitão João da Cruz. Diz ele que sua Guarda foi "mandada" por Nossa Senhora.

> *Ela mesma que me mandou. Quando eu vim de Itaúna pra cá, quando eu mudei para Belo Horizonte, veio uma voz na minha cabeça dizendo que eu tinha que montar uma Guarda. E eu pensava: eu? Eu? Eu tenho medo de Congado, como é que vou montar um? Nunca. Naquele tempo, o Congado era forte, eu via, eu tinha medo. Aí, eu fui no capitão que morava no fundo lá de casa, conversei com ele. Ele falou que eu tinha que montar, enquanto eu não montasse, Nossa Senhora não ia me dar sossego. Eu tinha uns 50 anos. (...) Eu não sei nada do Congado, não. Tudo que eu sei, ela que me ensina* (2007).

É interessante notar que existe uma mobilidade dentro dos grupos. Muitos relatam, saudosamente, que da sua Irmandade surgiram outras, sempre reportando a um tempo (ancestral) vivido pelos avós, bisavós e compadres, numa cidade totalmente diferente da que temos hoje. Vários são os motivos para que outra Guarda seja fundada: mudanças de bairro, casamentos, promessas, convite a um capitão conhecedor, participação por um tempo em outra e os conflitos (tanto externos, quanto internos) que surgem, principalmente, pela incompatibilidade entre a tradição e o novo. Com isso, ocorre uma verdadeira inseminação da semente e da planta.

Como um rebento, a separação pode ser fecunda e a nova semente gerar muitos frutos, ramificando-se, ampliando o mapa redentor. Os congadeiros consideram essa atitude melhor do que o grupo ficar ensimesmado, morrendo na sua própria institucionalização. Aquele que possui a visão das imagens funda outro grupo e, quase sempre, é ele o capitão. O movimento cismático, que origina a cisão do sagrado, é produtivo e cíclico, uma vez que se configura como um nascimento, morte e renascimento, a partir das diferenças. É ele que provoca novas possibilidades e, de novo, esse movimento nunca é o mesmo. Ele volta com novas roupagens, novos santos de devoção, cores, espaços. É a tradição que se repete, ao mesmo tempo em que se modifica, em que acolhe o novo. Ela muda sem mudar, pois, o que importa é a repetição e a periodicidade garantida pela transmissão da vivência cíclica. É a repetição que possibilita a proteção contra o tempo que passa e a angústia da morte, contra o devir inexorável. Ela não significa estagnação, ao contrário, pelo rito, é a "reapropriação efetiva e original de práticas e situações que se enraíza, de maneira profunda, numa qualidade de vida" (MAFESSOLI, 1984, p. 84), num *modus vivendi*.

Muitos congadeiros denunciaram as dificuldades que vêm enfrentando para manter a tradição, principalmente, em função dos deslocamentos de muitos para as igrejas evangélicas. A maior preocupação é com os jovens que, segundo eles, já não têm a mesma relação com o sagrado e com a fé, devido à diversidade de interesses e opções encontradas na sociedade contemporânea, e, de forma negativa, a inserção de muitos no mundo das drogas.

Por isso, uma atenção especial é dedicada às crianças que se tornam sujeitos imprescindíveis nessa continuidade. Elas aprendem por imitação, primeira forma de educação, como já nos salientou Marcel Mauss (1974b) em seu clássico *As técnicas corporais*. Observando os mais velhos, elas se apropriam dos conhecimentos e o reproduzem; é o que dizem a Capitã Morgana e o Capitão Dirceu:

> *Acho que o conhecimento não é bem passar não. Não é bem teoria, o negócio é a prática. Se você é professor lá, escrevendo, do jeito que ele escreveu, você vai tentar fazer o mesmo. Então, eu acho que o negócio mais é por aí. Tipo assim, tentar imitar e é onde começa a gostar da coisa.* (Capitã Morgana, 2006).

> *É um pouco do dia a dia, né? É igual eu falo, pra ser congadeiro você tem que 'tá sempre com o povo do Congado, porque, às vezes, o pessoal fala que eles não gostam de ensinar; capitão mais velho não gosta de ensinar. Até hoje*

> *não se encontrou uma escola de Reinado, a escola do Reinado é o próprio Reinado, né? Nós invém, desde pequenininho...* (Capitão Dirceu, 2006).

O diferenciado: cada Filho é um

Para se deslocar do indiferenciado, que são todos os congadeiros e congadeiras, para o diferenciado, que são aqueles que participam de um determinado grupo, destaco um outro elemento arquetípico do regime noturno, facilmente identificado entre eles: a cor. Este elemento é, também, um símbolo de inversão da estrutura mística do regime noturno, base arquetipal discutida neste estudo.

Diz Durand que a cor, como a noite, reenvia-nos para uma feminilidade substancial e, nesse regime, podemos encontrar "toda a riqueza do prisma e das pedras preciosas" (p. 222). É a água, o veículo por excelência da tinta, e a pedra, dotada de uma infinita capacidade de coloração. Num processo alquímico, a coloração é uma qualidade íntima, substancial. Nessas constelações, encontraremos a valorização positiva da mulher, da natureza, do centro, da fecundidade. As cores noturnas se eufemizam, em relação às trevas. É uma espécie de noite dissolvida e a tinta uma substância em solução. Desse modo, as cores se aproximam da melodia, pois pode se dizer que a suavidade musical é a duplicação eufemizante da duração existencial. Assim, cores e sons se correspondem.

O arquétipo das cores associa-se à tecnologia da tecelagem, à roda da fiandeira. Em sua diversidade aparece como "imagem das riquezas substanciais, e nos seus matizes infinitos, como promessa de inesgotáveis recursos" (p. 224). O autor ainda destaca o encontro dessa estrutura arquetípica com a "imemorial tradição religiosa".

A grande maioria das Guardas de Congado apropria-se das cores da Grande-Mãe Nossa Senhora do Rosário, ou seja, o branco, o rosa e o azul de seu manto. Outros grupos adotam as cores dos seus Santos de devoção. O feminino pode ser observado na criatividade de alguns grupos que, a cada ano, variam os modelos das fardas, os tecidos, sempre mantendo as cores da sua tradição.

> *As cores das roupas são as cores de Nossa Senhora. Jesus disse, reúna o seu povo, vista as cores de seu santo, ergue a bandeira e venere, é isso que o Con-*

gado faz. Ergue o mastro, faz novena. A faixa é a cor do santo (Capitão Toinzinho, 2006).

Cada um tem a sua cor de devoção ao santo. Porque a nossa aqui, a nossa farda de frente é verde e vermelha. Porque São Bartolomeu, a veste dele é verde e vermelha (Presidente Vânia, 2006).

As cores tradicionais da nossa Irmandade é azul e branco e faixa amarela. O azul é o manto de nossa Senhora, o branco a pureza e o amarelo o ouro, né? Na festa de São Sebastião a gente usa vermelho por causa do santo (Capitão Dirceu, 2007).

Ele [o pai] toda vida, foi muito devoto a Nossa Senhora Aparecida, então, ele falava assim que a gente 'tá buscando o céu, a água e o mar e nós somos pessoas bastante fiéis ao nosso Brasil. Então, o que ele disse pra gente foi isso, e quando, ele fez roupa, diz ele que ele teve um sonho. E nesse sonho havia um velho entregando pra ele aquela roupa, com a fita amarela e a calça amarela. E no outro dia ele foi dá andamento, foi quando ele fez a roupa dele tipo marinheiro. Então, do jeito que foi entregue pra ele, ele fez a roupa. Quando foi pra gente fazer, a Guarda, a gente falando assim, as pessoas pensam que a gente 'tá inventando um pouco, mas toda época da minha festa eles me dão instrução. Às vezes, eu começo naquele desespero, entendeu? Meu Deus, a gente não vai dar conta, meu Deus! Ele sempre me dá aquela instrução. Ele sempre me leva pra algum lugar. ***Esse lugar é mato, é cheio de árvore****, agora, por que eu não sei. Mato, água e canavial. Ele sempre me dá em* ***sonho****. E sempre a gente 'tá num rancho, ele sempre me dando um café, numa caneca. Ela é verde, branca e amarela. Ele escaldando aquele café e me dando. Eu sei que daí pra frente minha filha, graças a Deus, até hoje, nestes anos todos, eu nunca tive embananamento* (Capitã Odete, 2006). (Grifos meus)

Qualquer igreja, centro espírita, capoeira, em qualquer lugar que você for e perguntar que cor simboliza o Divino Espírito Santo, eles vão te falar que é vermelha e branca. Nossa farda é vermelha e branca. Nós vestimos um

> *saiote de pena por ser caboclo, são brancas, algumas coloridas, dependendo da variação de quando vamos buscar as penas. As blusas dos dançantes são vermelhas, essas não mudam. A do mestre, contramestre, caciquinho e papai-vovô, essas variam de acordo com o entendimento dos quatro, cada ano pode ser feita de uma cor. Nós estamos usando, no momento, as brancas, e temos o capacete que é feito das mesmas penas que são feitas as saias e também com o espanador. E a gente chama de testeira, um pano que se põe na testa pra se fazer enfeite que também é vermelho diferenciando do mestre, contramestre, caciquinho, papai-vovô e um dos nossos caixeiros que são brancos e dos dançantes são vermelhos* (Contramestre Iara, 2006).

> *O roxo é uma cor de evolução, é uma cor escolhida; cada um escolhe a cor que quer do seu trono, da sua roupa de tudo. A cor da bandeira de Angola é o roxo. O azul homenageia a cor do manto de Nossa Senhora, o branco homenageia a paz* (Rainha Conga Isabel, 2007).

O lugar de cada Filho do rosário

A Grande-Mãe possui muitos filhos e filhas, ama a todos, sem exceção. Estes, por sua vez, são diferentes uns dos outros e, por isso mesmo, ocupam espaços diferenciados e realizam tarefas também diferenciadas, sempre com dedicação e empenho. São eles os atores que constituem o Trono Coroado, o séquito, que é composto pelo Rei e Rainha Congo, os Reis Perpétuos, os Reis de Santo – Nossa Senhora Aparecida, Santa Efigênia, São Benedito, São Jorge, São Cosme e São Damião, Nossa Senhora das Mercês, dentre outros (ainda a Princesa Isabel, como vimos) – e os Reis Festeiros, sempre acompanhados dos guarda-coroas e fiscais.

O Rei Perpétuo Francisco (2006) afirma que o Trono Coroado "mostra o tempo do Império. E também, lá na África, a origem é esta, tinha os reis e as rainhas. Então assim, é baseado nisso aí...". Para o Capitão Toinzinho (2006), "os reis e as rainhas são os mais sagrados. O patamar de Jesus é um e o de Nossa Senhora é outro. Ao lado dela, estão todos que foram santificados".

A coroa é o símbolo mais importante no Reinado. Para Jean Chevalier e Alain Gheerbrant (2003) a coroa também remete ao círculo, a perfeição da natureza celeste. Sua colocação no alto da cabeça confere ao coroado um dom vindo de cima. Ela assinala o caráter transcendente de uma realização qualquer bem-sucedida. Desse modo, o coroado une "o que está abaixo dele e o que está acima, mas fixando os limites que, em tudo que não é ele, separam o terrestre do celestial, o humano do divino" (p. 289). Ela é promessa de vida imortal. Derivada da mesma raiz etmológica de corno, tem os mesmos significados: elevação, poder, iluminação, luz.

Para os autores (p. 290) "em todas as civilizações, o atributo do rei é a coroa. É provável que seja ela uma derivação da auréola dos santos, uma vez que os reis eram, nas sociedades tradicionais (egípcios, sumérios, babilônios etc.), representantes de deus (ou deuses) na terra. Mesmo durante a Idade Média, essa percepção não desapareceu de todo. O Papa (representante máximo da Santa Madre Igreja, portanto, o porta-voz de Deus) era quem "santificava" reis e imperadores, isto é, dava "legalidade" a seus reinados. A coroa representa o poder, da própria Santa e dos outros, também santificados.

Em cada festa, em cada repetição do ritual, os congadeiros revivem a sua retirada das águas. E, como vimos, a maioria das Guardas não possui o candombe e seus tambores sagrados são pesados, ficando a responsabilidade de "puxar a coroa" para o Moçambique.

Todos os rituais do Congado são constituídos como "configurações teatrais que dizem à comunidade aquilo que ela foi, é e poderá ser, mediante um conjunto de atitudes, que devem ser analisadas pelos devotos" (PEREIRA; GOMES, 2002, p. 63). Significam a representação viva da cosmogonia, que orienta a vida individual e coletiva daqueles que se transformam em atores-devotos e que "emprestam suas potencialidades a uma grande trama que se desdobra em vários atos" (p. 70). Tudo é vivido com muita concentração e fé, exigindo a cumplicidade entre todos.

Essa teatralização expressa a estética da festa e de seus rituais, espetacularizando a manifestação. Como nos diz Duvignaud (1983, p. 88) "o mito expresso em gestos é ainda mais rico que o mito narrado, não só porque ele aparenta um 'como se' da existência e nos engaja na vida imaginária, mas, sobretudo, porque extrai o mito da linguagem e o substitui na rede de uma comunicação", que se dá, inevitavelmente, por meio do corpo, numa narrativa mitopoiética.

As representações coletivas, das quais a festa se apodera, são, também, instrumentos de experiências que colocam, em jogo, forças, cuja significação supera o significante e o sentido da formulação simbólica. O ato coletivo cria (ou não) as combinações e os novos relacionamentos. Mas os sinais representados decorrem da tradição, e se evidenciam "na distância que se estabelece entre o que é e o que é mostrado, e na vinculação destes signos a uma mitologia que regressa ao passado, a uma situação definitivamente estabelecida *in illo tempore*" (DUVIGNAUD, p. 99).

No Congado, a pessoa que se veste de santo sabe que não é ele, entretanto, sabe também que, naquele momento, ela está representando uma peça e o faz com convicção e respeito. Essa teatralização pressupõe um esforço do ator-devoto "para construir com o seu próprio corpo um outro ser diferente do seu" (p. 99). Isso é expresso pela fala da D. Tereza, coroada como Rainha de Nossa Senhora Aparecida: "Eu quando 'tô aqui, eu fico tão feliz, até esqueço quem sou eu, é uma coisa boa demais da conta" (2006).

A Capitã Odete mostra a diferença entre a representação e o representado:

> *Não, Rainha Conga não seria Nossa Senhora do Rosário não! Rainha Conga, ela seria, assim, uma veia mais entendida, uma escrava mais entendida dos fundamentos, lá dos escravos, né? Então, a Rainha Conga seria isso, né? Eu, no meu pensar é isso, né? Ela tem uma sabedoria a mais* (2006).

Todas as pessoas que compõem o séquito passam pela cerimônia ritualística da coroação, prática iniciática sagrada. Os cantos especificam cada momento, desde o ajoelhar-se perante o altar, receber a coroa, a capa e o bastão, até o erguer-se e apresentar-se para a comunidade como um novo Rei ou Rainha. Os rituais são conduzidos pelos Capitães e a coroação é feita pelos Reis Congos ou Imperadores. Normalmente, as coroações são realizadas em dias diferentes da festa principal e se tornam um grande momento festivo, quando, também, se oferecem comida e bebida.

Ó recebei Senhor Rei (Sá Rainha)
O manto de Nossa Senhora (a coroa, o bastão).
Ó recebei Senhor Rei (Sá Rainha)

Alevantai Senhor Rei (Sá Rainha)
(Canto tradicional de coroação de reis)

Mais uma vez, remeto-me aos estudos desenvolvidos por Mello e Souza (2002) que analisa em sua obra o processo de conversão da elite congolesa ao cristianismo, e a apropriação de ritos de entronização de seus reis no final do século XV. A disseminação de costumes, como a coroação dos reis, entre as comunidades negras escravizadas, em nosso país, contribuiu, segundo a autora, com a constituição de uma identidade unificada do povo do rosário no Brasil, sob o manto das Irmandades dos Homens Pretos, espalhadas em vários Estados.

As embaixadas podem ser consideradas a chave da compreensão desse processo identitário. Elas se constituíam de danças que representavam o embate entre o rei congo e os enviados do reino estrangeiro para a definição de critérios em suas relações comerciais. Pelas embaixadas, tecnologias, mensagens, presentes, conhecimentos e também o cristianismo foram disseminados entre os congoleses, e, consequentemente, tiveram implicações também na constituição da sociedade brasileira.

Hoje, as embaixadas são as visitas dos congadeiros às casas dos reis, "é conversar com o coroado". Diz D. Bela:

> *O povo não 'tá fazendo mais embaixada não. Chega, canta para o seu rei e vai embora. Cheguei na casa dos rei o meu destino é cantar:*
>
> *Sá Rainha, eu vim de tão longe*
> *vim com pouco dançante,*
> *atravessei rio, atravessei mar*
> *até que cheguei no seu reino*
> *eu vos peço a benção.*
>
> *Sá Rainha me pediu:*
> *Capitão, pisa no chão devagar.*

Ainda hoje, tem-se a preferência pelas pessoas negras para ocuparem o cargo de Rei e Rainha Conga, eles devem ser iniciados no Reinado, ser conhecedores dos segredos e adotar postura de liderança perante o grupo. Também entre os componentes do Trono Coroado existem as obrigações e hierarquias.

> *O Trono Coroado, ele se encube de... tem Rainha Conga que é a coroa maior, o perpétuo, que sou eu, que vem abaixo... E tem as rainhas de promessa. Então, é a assim, é uma hierarquia né? Nós também temos que ter... Prestar contas também para rainha Conga. E é assim... É auxiliar e ajudar, na medida do possível, na nossa condição, aos dançantes, aos capitães né?... Aos presidentes e vice-presidente e ver a parte também que é a parte burocrática que é o tesoureiro, estas coisas, secretaria... Quer dizer, a luta deles são seguir a tradição. Não deixar a coroa cair, nem a Congado acabar. Isto é o Rei Congo e Rainha Conga dentro de uma Guarda de Congado* (Rei Perpétuo Francisco, 2006).

> *Rei congo e Rainha Conga é a autoridade máxima dentro do Reinado. Eles, com a coroa na cabeça e a sua capa, o que eles mandam tem que ser feito, entendeu? Eles é que mandam. Então, eles também têm suas obrigações, de cuidar e de zelar pelos anjos de guarda dos coroados e dos capitães; então, você viu a diferença? Porque eles manda e tem que estar preparado para mandar e eu saber receber aquela ordem. O Moçambique lá vai batendo tunti, tunti, tuni, tunti, lá vai levando o Rei Congo e a Rainha Conga, o que seja, se o rei tiver vendo que está acontecendo alguma coisa que não é do agrado dele, ele olhando pro capitão, falando alguma coisa com o capitão, o capitão tem que se virar e fazer aquilo mudar, e muda entendeu? Porque todos os capitões, todos os dançantes diante do Rei Congo, diante da Rainha Conga ou os outros reis respeitam como tais, porque no dia do Reinado são pessoas para nós,* ***mas aquela coroa que está na cabeça deles, é uma Coroa Santa, entendeu? É a mesma coroa de Nossa Senhora que está na cabeça deles, então, nós temos que respeitar aquela coroa*** (Capitão Daniel, 2006). (Grifos meus)

São os **Reis Festeiros**, chamados também de Reis de Ano, quem garantem a realização da festa. Eles, normalmente, "reinam" durante um ano e sua principal participação é na semana dos festejos. São os responsáveis pela produção da festa, principalmente, da comida, que é servida a todas as Guardas visitantes e a quem mais chegar, além de contribuírem com a ornamentação de altares, andores, fogos, roupas (quase sempre luxuosas), contratação de banda de música.

As roupas e as coroas dos Reis Festeiros e do Trono Coroado, quase sempre, exibem brilho, reproduzem o luxo do Império. Por isso, relacionam-se os festeiros com a ideia de posse, sendo ainda encontradas Guardas, principalmente no interior, nas quais estes são os brancos, "os donos do poder". Além da coroa, cada um traz, consigo, o bastão.

A forma dos reis serem escolhidos pode variar: eles são convidados, oferecem-se por se identificarem com a manifestação, mas quase sempre são pessoas que estão "pagando uma promessa" por terem alcançado alguma graça. Eles se tornam a figura central, durante os festejos; e são tão importantes como todo o Trono Coroado.

Sá rainha seu brinco caiu
deixa que eu apanho pra você!
Não é de ouro, não é de prata,
não é de bronze
Sá rainha,
deixa que eu apanho pra você!
(Canto tradicional)

Os Reis Festeiros não medem esforços para que a festa seja um sucesso. É comum toda a comunidade se envolver e realizar bingos, jantares dançantes, bazares, rifas, além da coleta de alimentos, de porta em porta, nos bairros. Normalmente, a Guarda fica responsável pela comida de um dos dias de festa e os festeiros, pelos outros dois dias, um para cada. Quanto mais dispêndio, mais comida e fartura, mais bonita é a festa. "A eficácia da festa nada mais seria do que a eficácia da própria tradição" (ZALUAR, 1983, p. 76).

A única figura presente em muitos tronos coroados, que não foi santificada, é a Princesa Isabel.

> *A Princesa Izabel? Ai meu Deus, ela tem um respeito enorme perante a origem africana, perante a nossa tradição africana, ela tem um lugar especial na nossa vida. Ela tentou fazer o que ela achou certo, apesar que não funcionou totalmente da maneira que ela queria, mas ali, naquele momento, ela determinou o que era. Então, nós temos um respeito muito grande, aquela princesa*

> *que é coroada como Princesa Isabel, ela tem um significado muito grande, ela tem que ter aquela garra né? Porque ela e respeitada. Ela tem o seu lugar como todos os reis, ela tem lugar dentro do reinado* (Capitã Odete, 2006).

As pessoas gastam o que não têm para "fazerem bonito" para a Santa. Mauss (1974a) dá a isso o nome de "dom". O dom é dar, é sacrificar, pois é desprender de algo de si. É um gasto que espera restituição. E a santa o faz. Não deixa de ser um ato de comércio. Como nos diz Mauss, não há como pensar em festa sem pensar em troca-dom. É o *potlach* e, também, a reciprocidade. O festeiro dá sem querer nada em troca, mas "se cabe a ele a responsabilidade financeira da festa, também a glória lhe pertence" (ZALUAR, p. 73). Para Duvignaud (1983), desse modo, a festa foge à lógica do mercado, uma vez que tem finalidade zero, é o consumo inútil.

Outro ator-devoto de destaque, no Congado, é o **capitão**. Já discutimos sobre a capitania quando tratamos a água, mas vale reforçar que esses são os líderes do grupo. A eles cabem os mistérios, os ensinamentos e as responsabilidades do Congado. Diz o Capitão Rodrigo que "ser capitão é um privilégio que poucos têm, pois também é de muita responsabilidade, de muita fé. Porque na vida ninguém navega sem um capitão" (2006).

Cabe aos mais velhos observar aqueles que vão se destacando e mostrando interesse. Esses são os eleitos para se tornarem um capitão. Mas, para isso, precisam cumprir um longo ciclo de aprendizagem e preparação, de modo que se apropriem dos conhecimentos e saberes da tradição.

A iniciação para Eliade (2006) comporta uma tripla revelação: a do sagrado, a da morte e a da sexualidade. É nesse momento que o mito será comunicado ao neófito. Raros são os que atingem o topo da hierarquia, tornando-se um capitão-regente ou capitão-mor. As histórias de vida dos capitães, aqueles que seguem os destinos fiados pela Deusa, são muito parecidas. Diz Durand que "a iniciação é mais do que um batismo: é um comprometimento. É transmutação de um destino" (p. 306).

> *A partir do momento que ele tem responsabilidade, que ele vai adquirindo os conhecimentos. Igual eu falei, a Irmandade não tem uma aula, mas tem aqueles que são interessados, tudo que a gente vai fazer eles que 'tão perto*

e quer saber. E esses é muito fácil de virar o Capitão, virar o Mestre, que tudo que 'cê vai fazer ele 'tá perto e 'cê vai fazer uma coisa que ele não pode saber 'cê tem que fazer escondido dele. Esse aí, vai virar Capitão. E tem aquele que mesmo 'cê dando um doce pra eles, eles não vão. Então, esses dificilmente eles viram Capitão. (...) Nem todo Capitão sabe o segredo, nem todos. Igual eu falo, assim, depende muito de onde você tá aprendendo. Igual essas Guardas mais antigas, que tem mais tradições, que tem aquele pessoal que é mais conservador. Que tem gente que faz questão de mostrar que sabe, então, a sabedoria, ela tem que ser conservada. (...) A gente conviveu com muito Capitão antigo, assim, que desde menino a gente tá na Guarda, né?. 48 anos é uma vida, convivendo todo momento, falando de Irmandade. E tinha vários Capitães que já faleceu, que a gente teve convivência, que a gente passava sol, passava chuva, passava frio, (que hoje nem faz frio), a gente saía pra levantar foguete de São João, era a noite inteira, a noite inteira com eles lá, ajudando a carregar tambor. 'Cê mal aguentava segurar tambor; eles falavam assim: "bate aqui". Então, a gente ia aprendendo; aquela pessoa que gostava mesmo, se gostava e acompanhava aprendia que eles ensinava. Dava uma hora que eles via que 'ocê era a única salvação dele, ele tinha que ensinar 'ocê. Porque ninguém quer ficar sozinho, né? Todo mundo quer ficar bem acompanhado. E quando ele via que não tinha jeito que 'ocê era a companhia dele, ele te ensinava; ensinava porque é você que vai me ajudar. Meu avô mesmo, antes dele falecer, a Irmandade não tinha Capitão Mor, só tinha Capitão Regente que era o que é Capitão Mor hoje. Mas meu avô ele não era estudado, mas ele observava muito. Ele era assim, foi presidente, um dos primeiro da Irmandade e nunca pegou numa caixa pra bater. Ele não batia instrumento, ele só coordenava o trabalho da Irmandade e sabia tudo se 'tava na hora certa se não 'tava, ele ficava só de olho. Então, ele chamou: "nossa Irmandade precisa aumentar o quadro da Capitania né? Aí, nós vamos passar o Zezé pra Capitão Mor e nós vamos colocar uma pessoa Capitão Regente." E falou: "'cê vai ser o Capitão Regente comigo." "Mas vô tem tanto meninos mais velho, aí." "Não, 'cê vai ser Capitão Regente. E sabe porque? Porque mexer com povo é muita dificuldade, meu filho, eu não tô dando um cargo pra você não, eu tô dando um cruz pra você carregar, 'cê vai ver de agora pra frente o que vai acontecer. Aí 'cê vai ver quem é bom

> *quem é ruim. (...)" Ele não perguntou se eu queria, ele falô: "Você vai ser o Capitão Regente. Então colocou que fosse assim. (...) E o Capitão"; tem que ter discernimento, esse discernimento Nossa senhora do Rosário dá, quando é coisa que não pode acontecer até na ultima hora ela desmancha pra não acontecer e não acontece, e quando tem que acontecer ela vai encaminhando tudo pra acontecer. Quando não pode acontecer, pode tudo certinho, mas na ultima hora, falta alguma coisa que não acontece, e não acontece mesmo* (Capitão Dirceu).

Entretanto, Martins (1997) alerta:

> *Não basta ao capitão saber cantar e dançar. Ele deve saber rezar, comandar, conhecer os cantares adequados para cada situação, ao conduzir as coroas, puxar uma promessa, guiar uma Guarda, entrar na igreja, atravessar porteiras e encruzilhadas, cumprimentar as majestades, receber visitantes e muito mais. Cabe ao capitão gerenciar seus comandados, dentro e fora das Guardas, passar os preceitos, performar os ritos, resolver as contendas, abrir os caminhos ou fechá-los, zelar pelos paramentos, observar o cumprimento adequado dos rituais, ordenar, reger, ensinar, punir, vivenciar com beleza e harmonia o Rosário de Maria e a herança dos mais velhos* (p. 102).

No início do Congado em Belo Horizonte, as Guardas eram exclusivamente masculinas, cabendo às mulheres somente o papel de figurantes nos quadros: Rainhas de Santas, de Estrela, da Cruz, do Povo; juízas, ou seja, acompanhantes atentas às necessidades dos homens, ao longo do cortejo. Além dessas funções, eram elas as zeladoras e responsáveis pela elaboração das refeições oferecidas, porém, nunca dançantes ou caixeiras.

Encontramos no relato mítico, aqui discutido, as explicações para essa tradição, pois, foram os homens que fizeram os tambores, cantaram, dançaram e conseguiram trazer Nossa Senhora. Com o passar do tempo, principalmente devido à morte dos mais velhos, e, ainda, à influência das mudanças sociais, hoje é crescente a participação das mulheres nas Guardas, inclusive ocupando espaços como o de capitãs, apesar da resistência de muitos grupos tradicionais. Existem Guardas que são apenas femininas.

Lembrando ainda o que nos diz Durand sobre a iniciação, que ela comporta todo um ritual de sucessivas revelações, fazendo-se lentamente, por etapas, vejamos o que diz o Capitão Toinzinho:

> *Então, Capitão de Reinado, pra ele realmente falar assim "eu sou Capitão de Reinado", ter condições de chegar ali bater aquele bastão e fazer um pedido, ele tem que passar pelos rituais. É simples demais da conta, é um compromisso que você vai assumir com Nossa Senhora do Rosário. Você já viu alguém falar "ah eu sou Capitão Coroado"? Pergunta pra ele como é que foi, porque, talvez, ele só teve a coroação, ele não passou pelos rituais todos. 'Ocê pra prepará um Capitão desse, 'cê' tem que chamar ele. Ele já tem que 'tá enquadrado, explicar ele determinados rituais que tem pra ele fazer três vezes, cinco vezes. É como o terço de Nossa Senhora. Depois ele vai ver aqui. Vamos supor que seja eu que esteja fazendo, que o mastro de São Benedito estiver em pé, eu vou levar ele até o pé do mastro de São Benedito com a Guarda formada, com Rei Congo, Rainha Conga, lá eu vou fazer a confirmação dele. Vai começar lá, no pé do mastro de São Benedito. Agora, ele vai terminar a confirmação, consagração aqui. Aqui, ele vai receber a Coroa de Nossa Senhora, aqui ele vai receber aquela toalha que eles usam no pescoço, todos nós usamos. Aí, ele vai receber de verdade, que aquela toalha 'tá ali, que ele 'tá dançando com ela, ela é enfeite, né? Aquela toalha representa aquele pano que Nossa Senhora e Jesus 'tava caindo e o homem pegou Jesus e amarrou, pois é aquilo, ali é o nosso laço com o Reinado de Nossa Senhora do Rosário, na minha toalha eu não enxugo suor* (2006).

O símbolo do capitão é o bastão ou a espada, "sua alma", segundo o Capitão Amaro. É o *anima* (o feminino) do Filho (*animus*, o masculino). Símbolo da natureza, da força da natureza e da magia. É o pau, o caduceu, o cajado, a haste verticalizante, o emblema de Hermes, que conduz o congadeiro no trajeto entre o mundo concreto (o cotidiano, a festa) para o mundo divino, ou seja, a transcendência.

> *Bastão é o cedro de um capitão. A pessoa, quando é denominada um capitão, o primeiro presente que ela ganha é um* **bastão de madeira**. *Porque a*

> *madeira é uma coisa que vem da natureza, tudo do reinado gira em torno da natureza* (Capitão Daniel, 2006). (Grifos meus)

> *O bastão é de madeira, mas segundo as historia lá, fala que o bastão virou bastão de uma pinguela, que foi feito pra Nossa Senhora dar os primeiros passo até chegar nos tambores, ele foi feito de uma pinguela, então, o bastão ele foi feito de uma madeira, símbolo da passagem de Nossa Senhora* (Capitão Dirceu, 2006).

E explica o Capitão Toinzinho:

> *O significado do bastão é o seguinte: você vê um Capitão com um bastão na mão significa que ele é o líder daquele grupo, daquela Guarda, não vou dizer da Irmandade. E no conhecimento da gente, ele é uma pessoa capacitada pra fazer uma oração em torno daquilo que você precisa. Ele 'tá capacitado a invocar os poderes de Nossa Senhora do Rosário e do Divino Espírito Santo, para que dê essa benção sobre todo acontecimento que ali está ocorrendo e pede pra evitar de coisas contraria, né? Porque 'cê viu a festa de Reinado aqui, esse terreiro desse tamanhozinho aqui, entra mais de mile e tantas pessoas. Aqui, todo mundo cumprindo a minha ordem, o que eu quero, é aquilo que eles fazem. Isso é proteção, é poder, Supremo Maior. As espadas também têm o mesmo sentindo. E aquele bastão pra nóis, pros Capitães mais esclarecidos tem muito respeito por ele. Porque aquele bastão tem um ritual que a gente faz com ele, né? Na época da quaresma.* ***Ele é um toco de pau mais se torna uma madeira sagrada*** *por causa do ritual que a gente faz, mas isso eu não vou esclarecer pra vocês agora* (2006). (Grifos meus)

> ***O bastão representa tudo.*** *Porque ali, o capitão 'tá cantando, ele 'tá firmando. É o instrumento dele de firmar, de louvação, os pontos, tudo. As nossas cantigas é em forma de oração, as cantigas que a gente canta para Nossa Senhora do Rosário é em forma de oração pra ela, e o bastão é essencial pro capitão. O bastão é a gonga que ajuda na firmeza do capitão. Ele tem que ser confirmado, tem que ser colocado nos pés dos Santos, pra*

> *firmar aquele bastão, pra que dê força praquela pessoa dançar firme com ele* (Capitão Cleônio, 2007). (Grifos meus)

O mesmo acontece com a espada

> *A espada é do capitão, ele tem que ter a espada, tem que carregar a espada. É para ele manter ali, para ele marcar o ponto e tudo. Se ele não tiver a espada não adianta, se ele estiver ali, sem nada mesmo, ninguém sabe o que é que ele é. A alma do capitão é a espada. Aquilo é arma de combate, é arma de combate. Aí, você usa é para defender, defender os reis, vamos supor. Às vezes, vem uma pessoa contra o rei ou a rainha. Aí, eles estão ali, para defender com a espada, defende com a espada. Não é para bater nem nada, não. Aí, eles chegam com a espada, sozinho; aí, tira aquilo. Uma criação, uma criação brava ou uma coisa assim, e eles combatem ali. A espada é uma defesa* (Capitão Sr. Amaro, 2006).

No Reinado não são só o bastão ou a espada os objetos que possuem *mana*, mas, certamente, neles encontramos suas principais características. Para Marcel Mauss (1974a, p. 150), a magia, assim como a religião, liga-se ao sentimento, é um "jogo de juízos de valor", que se formou em todas as culturas de modo arbitrário, a partir das plantas, animais, astros, dentre outros, donde se pode extrair a noção de *mana*. A partir de suas experiências com o povo melanésio, afirma ele:

> A noção de *mana*, como a noção de sagrado, é em última análise apenas a espécie de categoria do pensamento coletivo que fundamenta esses juízos, que impõe uma classificação das coisas, separa umas, une outras, estabelece linhas de influências ou limites de isolamento (p. 150).

Ainda para o autor (p. 138), a palavra *mana* pode traduzir várias ideias presentes nas expressões: "poder de feiticeiro, qualidade mágica de uma coisa, coisa mágica, ser mágico, posse do poder mágico, ser encantado, agir magicamente". É o *mana* que dá valor (mágico, religioso e até social) às coisas e às pessoas. É ele ao mesmo tempo **qualidade**, "é alguma coisa que possui a coisa chamada *mana*, mas não é a própria coisa"; **substância**, "coisa", "essência manejável, mas também independente", por isso "só pode ser manejado por indivíduos que tenham *mana* num ato *mana*", ou seja, "por indivíduos qualificados e durante um rito". E por fim, **atividade**, "força", em especial, "dá força dos seres espirituais, isto é, das almas dos ancestrais e dos espíritos da natureza" (p. 139).

O *mana* não é necessariamente a força ligada a um espírito, ele existe e funciona de modo independente. É a força do mágico, do rito. Duvignaud (1997), comungando com as reflexões de Mauss adota o termo *mana:*

> Puesto que sugiere uma energia latente e inmanente a la matéria (o a la naturaleza), independiente de lãs ideologías científicas, religiosas, técnicas o mágicas que los hombres se forman em torno a los objetos o a los lugares de su manifestación. Comrobemos que esse *mana* se manifiesta em hierofanias cuyos sentidos varían com las sociedades que se sucedem o que confluyen (1997, p. 75-76).

Como vimos nos depoimentos, o bastão é um pedaço de madeira, natureza, imanência, "fuerza latente, inmersa em la materia e inseparable de ella" (DUVIGNAUD, p. 77) com poderes. É o que faz o Capitão Toinzinho afirmar que **"aquele bastão, prá gente, ele é vivo".**

> *Por exemplo, ali, você tá vendo um punhado, não são todos, a imagem ali como se diz é toda de bastão, mais tem uns ali que é, simplesmente, só uma réplica. Bastão preparado mesmo ali, deve ter uns cinco. Porque é o seguinte, eu pego um garotinho, menino aí, aprendeu a bater caixa, o patangume eu já faço um bastãozinho pra ele, pra quê? Pra ele dançar com aquilo e aprender respeitar, aprender como se manobra com aquilo na mão, que o dia que ele pegar um bastão mesmo, realmente pra comandar uma Guarda ele já 'tá preparado. E depois, se pegar um garotinho botar ele pra bater as campanhas sem um bastão na mão fica... entendeu? Pra eles são todos iguais. O meu é igual de todos, a gente tem aquele respeito, primeira coisa é a gente ter cuidado com o da gente. Agora, não são todos, tem Capitão que se você perguntar em quantas partes divide o bastão daquele, ele não sabe responder. É... Eu não vou falar... O bastão é dividido em três partes* (2006).

O bastão, assim como toda a estrutura do Reinado, é dividido em fundamento, mandamento e sacramento. Saber um fundamento é ter acesso a um segredo, é se tornar um iniciado. Desse modo, o próprio capitão se torna um dotado de *mana.*

De um modo geral, os congadeiros afirmam que, antigamente, existiam entre eles muitos capitães que "faziam maldade", ou demandas, com outras Guardas, mas que, atualmente, essa não tem sido uma prática comum. Mesmo assim, vários relatam situações sem que elas tenham ocorrido. Diz o Capitão Amaro:

> *Há isso tem muito ponto de demanda, mais hoje quase não tem, não. Algum que canta o ponto de demanda está fora do regulamento. Aqueles pontos mais são no centro espírita. É essas marchas, né, de demanda. É a mesma coisa, por exemplo, eu falo alguma coisa com você. Você não gosta daquilo, você fala outra comigo, já mais do que aquilo que eu te falei, entendeu? Aí, eu também já não gostei do que ela falou, isso é uma demanda. Tem alguma coisa, né? Tá errado. Hoje, alguma coisa ainda acontece. Hoje, quase não tem mais não, porque hoje, aquele pessoal que sabia, que participa e sabia alguma coisa assim, do Congado, congadeiro velho. Aqueles que sabiam muita coisa. Mais eles sabiam mais era para defender, porque tinha muita gente que fazia maldade. Então, ele tinha que saber tinha que defender. Mais, às vezes, igual o capitão de Congo mesmo, podia saber muitas coisas, mais ele não podia fazer nada para mal, não. Ele só podia defender. Só defender. O congo não pode fazer nada de mal para os outros. Já de outras partes, já costuma fazer, põe uma pessoa doente, põe uma pessoa paralisada aí, e tudo. E agora é aquela pessoa mesmo que tem que chegar e tirar, chegar e tirar aquilo daquela pessoa. Mais é uma maldade, eu acho que hoje pouca gente que sabe fazer. Mais tinha, antigamente tinha, o cara pegava você, e se as pessoas vissem eles punha ele de castigo. Enquanto, não fosse tirar, dali ele não saía.*

E o próprio Capitão Amaro discursa um "causo"

> *Lá na minha terra, Conceição do Mato dentro, tinha um pessoal lá que ele tinha, mexia... A Guarda deles era de Catopé. Era tudo baixinho assim, tudo escurinho. Bem escurinho e baixinho. A maioria era velho. Eles chega-*

> *ram na festa lá na minha terra, e a filha da rainha festeira riu deles, achou engraçado, né, porque era tudo pequenininho e velho, ela achou engraçado e riu deles. Mais bateu nela uma dor de barriga, a menina foi para cama, eles usando remédio, mais remédio, mais remédio. Passava no farmacêutico, nesse tempo não procurava médico, mais era farmacêutico. O farmacêutico foi lá e deu remédio, e nada. E foi o dia inteiro, ela passou mal. Aí, quando o capitão ficou sabendo que a menina tinha ficado doente, perguntou se podia entrar lá para ver ela, pra ver a menina. Aí eles falaram "pode!" E a menina estava mal, estava ruim. E ele entrou lá, levou uma muringazinha, assim, com remédio. Chegou tinha um pouco, deu pra menina e mandou ela levantar, e ela levantou. Falou: "pode levantar e arrumar, e você pode participar do resto da festa que não vai ter mais nada, não. É só você não rir mais que nesse mundo tem gente de todo tipo, bonito, tem feio, tem gente de todo tipo. E não ri mais não." A menina sarou, levantou e saiu. Acabou de assistir a festa e tudo, não teve mais nada. Mais isso foi na hora. Hoje, ninguém faz isso mais. Hoje, faz assim, alguém que participa e que quer fazer, maldade com os outros. Eles põe uma coisa na pessoa mais não sabe tirar, sabe como é? Às vezes, sabe por, mais não sabe tirar. E de primeiro, ele punha aquilo só pra mostrar que eles podiam fazer e podia tirar. E a pessoa sarava na hora. E hoje alguém que sabe fazer, não sabe desmanchar. Dentro do congo, não tem isso mais, não. .Por aqui não tem não, mais tem Guarda de congo fora aí que tem muita coisa, que sabe muita coisa. Esses capitães antigos, né? Esses capitães mais velhos eles sabem muita coisa. Só não fazem por que hoje não tem mais necessidade para isso* (2006).

Assim, fica clara a dimensão mágica do Congado. Falar sobre a magia é presentificá-la, é transportar um tema da tradição para o momento vivido, aqui e agora. Mas é preciso iniciar-se na magia, conhecer os segredos, e isso é para poucos. A eficácia da magia está no jogo do segredo, daquilo que se mostra e do que se esconde. Por isso, é que reforça-se o "antigamente", o tempo mágico, misterioso, porém "já ido", de xamãs que detinham poderes inexplicáveis. Poderíamos perguntar: Onde caberia esse poder atualmente? A tecnologia fornece rapidamente aquilo que precisamos para realizarmos nossas próprias "mágicas", basta nos dirigirmos à farmácia (que não é mais pharmacia...) ou a uma clínica etc. Por isso, para o congadeiro são importantes as histórias do "ouvi dizer"...

> *Quem é congadeiro gosta de ouvir as história, faz de conta que a gente 'tava lá será que isso existiu mesmo? Será que eles não 'tão contando vantagem? Só que Deus foi bom pra mim. Eu convivi uns seis anos com o meu mestre. Eu vi. Um Senhor aqui da Irmandade de uns 55/60 anos, teve um derrame. Ele queria porque queria dançar. Ele era amigo do meu mestre, 'tava morre não morre; a perna paralizada; depressão. Eles fizeram promessa, se ele desse conta de um ano para ir na festa, ele ia dar uma volta na igreja. Quando foi na hora de cumprir a promessa o meu mestre me chamou, eu e o Flavinho [outro iniciante na capitania]. Ele pegou e fez umas coisas com os bastões. Ele mandou um rapaz que 'tava doente, segurar no bastão. Ele pegou de um lado, eu de outro e o Flavinho de outro. Ele cantou. Ele fez nossa escola. Ele cantou num dos versos que não precisava daquela cadeira, com a força do bastão. Ele explicou tudo para nós. O homem andou mais ou menos 300 metros, até o mastro. O que a gente vai fazer é cantar de dentro do coração para fazer a magia do reinado. Só depois que caiu a ficha para mim. Hoje ele vai na nossa festa. Ele me mostrou, em vida, que tudo que os antigos falavam realmente acontece. Juntô a fé do homem e os conhecimentos dele. Tem mais ou menos 150 testemunhas, a família dele, a nossa irmandade. Na hora de cumprir a promessa ele só sinalizou pra mim e pro Flavinho e fechou a aula, foi demais* (Capitão Daniel, 2007).

Certamente, a magia e os segredos no Congado se constituem em um campo fértil de discussões sobre a nossa sociedade, nos reportando a um período em que esta ainda vivia o tempo da natureza e não havia cedido espaço para a religião e a ciência. E os segredos são guardados a sete chaves, abertos só nos momentos necessários:

> *Aqui dentro desse Reinado, tem coisa aqui dentro, que eu* ***não*** *posso falar procê, nem pra ninguém. O* ***fundamento*** *do meu reinado é eu que sei dele, porque o dia que eu abrir a boca e falar, eu posso mandar arrancar e colocar lá no meio da rua, botar fogo. Ele é que segura. Tem coisas que ela faz [re-*

> *ferindo se a outra capitã] que eu não sei e ela não vai me contar. Eu aprendi esses segredos com meu pai e com o pessoal que eu dancei com eles, passaram pra mim. É um pedido pra podê mantê. No dia que eu vê que tem uma pessoa preparada, que vai dá conta de prestá conta, que tem responsabilidade, aí a gente abre mão* (Capitão Jeremias, 2007). (Grifos meus)

> *Mas aquilo que eu falei, né, aquela pessoa que tem interesse, vai onde 'cê 'tá. Tem hora que você fala um segredo, e quando ele 'tá perto ele vai ser o primeiro a ouvir o segredo, né? E aí, a gente vai pedindo que aquilo é segredo. Quando você tá perto de uma Capitania que você reuni pra falar, o Capitão 'tá com dificuldade, coitado, aí 'cê vai dizer os pró e os contra. Porque ele tá com dificuldade? Será que ele leva no pé da letra? Será que é assim? Será que ele venera, será que ele louva? E quando 'cê tem alguém que 'tá perto d'ocê ele vai ouvir: "o fulano 'tá ruim das pernas porque ele não 'tá fazendo isso e isso." (...) Então, toda mistura tem que ter um tempero, né, e isso é o tempero total. É isso aí, justamente aí. Tem pessoas que falam: fulano de tal, ele morreu e poderia ter ensinado pra fulano, mas, às vezes, no decorrer do tempo você percebe a pessoa que pode aprender, pessoa que não pode aprender. Tem pessoas que, às vezes, ele 'tá doido pra aprender uma coisa pra ele prejudicar o seu... um outro companheiro, então, ele não pode aprender* (Capitão Dirceu, 2006).

Os Filhos do rosário são ainda os **caixeiros** que tocam seus tambores, caixas, patangomes e gungas, orientados pelo Capitão Regente; e os **dançantes** (também brincantes, vassalos) que compõem o coro de vozes, realizam as coreografias e obedecem às hierarquias. Independentemente da função que se exerça na Guarda, os atores-devotos "se encarregam de desempenhar a contento o seu papel" (PEREIRA; GOMES, p. 70). É a experiência da fé vivida, corporalmente, por inteiro, na prática mítica e religiosa.

Toda Guarda precisa ter uma **diretoria**, composta pelo presidente, vice-presidente, tesoureiro e secretário e ser registrada em cartório. Muitas delas são consideradas, por lei municipal, como instituições de utilidade pública. Institucionalizadas, elas recebem recursos da prefeitura da cidade, por meio de suas secretarias regionais de cultura, que contribui com dinheiro, confecção de cartazes, fechamento de ruas e até lenha para o almoço. Entretanto, a prestação de contas das diretorias tem sido um problema para muitas Guardas, motivo de conflitos entre os participantes, principalmente, pela falta de transparência com os gastos. Também a participação em associações dos congadeiros, como o CETTRO, só pode ocorrer se a Guarda for registrada. Desse modo, ela é obrigada a seguir o seu regimento, passando a ter o direito de participar das decisões coletivas.

A morte para o Filho do rosário

No início deste estudo, afirmamos que a necessidade de se dar um tratamento digno aos negros, por ocasião de sua morte, foi um dos motivos para que estes se organizassem em Irmandades.

> *A morte para o congadeiro é uma constante* ***renovação****, porque morre a matéria, o espírito continua vivo. A matéria não 'tá reinando aqui não, mas tem o reino celeste junto com ela lá, que reina lá. Quando morre um congadeiro, que seja ele um Rei, uma Rainha, um Capitão, um batedor de patangome, um caixeiro, um dançante, a Irmandade de Nossa Senhora do Rosário, nossa* ***obrigação****, é fazer a nossa cerimônia, a nossa despedida. Quando é um Rei, Rainha ou Capitão, do mesmo jeito que é cantado para ele receber aquela coroa, quando ele falece, nós temos que cantá para retirá, porque se ele for coroado, ele tá indo, o Reinado vai ser enterrado junto com ele, então, não pode* (Capitão Jeremias, 2007). (Grifos meus)

> *Eu não acredito que quando uma pessoa morre acabou. Tem o lado espiritual, a gente faz os rituais completinhos da festa. O congadeiro tem que ter dentro de si que os mortos estão ali. Além de referenciar os deuses, é claro, de alguma forma, eles estão ali perto. Chegou o dia da festa, o povo que foi embora 'tá ali por perto. 'Ocê não é a primeira rainha conga, por exemplo, 'cê 'tá herdando aquilo dos antepassados. 'Ocê pode crer, como eu tô aqui, e você pode pegar em mim, que no dia da festa, você pôs aquela capa, que foi de uma outra pessoa, de uma outra, de uma outra; pôs aquela coroa que também foi na cabeça de outra, de outra, de outra, elas tão ali perto de você. Que, às vezes, você faz coisas, que 'ocê não sabe aquilo que 'tá fazendo, 'ocê faz uma*

> *reza, canta um hino. 'Ocê fala assim: "uai, daonde que eu aprendi esse hino, como eu bolei estes verso, como eu tirei aquela rainha com este verso diferente, como que eu cantei isso?" É aquela herança daquele povo todo lá de trás. No dia da festa, 'ocê não 'tá vendo, eles tão tudo ali ó, pertinho de nós, ali, falando no seu ouvido, o que 'ocê tem que cantar, o que 'ocê tem que fazer, rezar. Quando passá, que abaixá as bandeiras tudo, é que 'ocê cai. "Uai, gente como eu fiz aquilo, como que eu fiz aquela música?" Nem a música 'ocê não lembra mais, se não tiver alguém filmando, gravando, 'ocê num lembra nem a letra mais. Não é reencarnação, o povo foi embora, num volta. Por exemplo, eu não sou o meu bisavô. Morreu, morreu. É só a presença dele. Entendeu? É um... um vento, como se fosse assim, não é a palavra certa, uma autoridade que eles tem de Deus, de naqueles minutos, naqueles dias da festa, aquela horas sérias, vim prestar uma caridade na terra* (Capitão Daniel, 2007).

Durante meu trabalho de campo, acompanhei o velório e o enterro da Rainha Conga da Guarda onde participei como Rainha. As Guardas de Moçambique e de Congo, fardadas, mesmo com a dor da perda, prestaram suas últimas homenagens à querida D. Adélia, dançando e cantando. Como disse Martins (1997, p. 88), referindo-se à morte do *anganga muquiche* João Lopes da Irmandade do Jatobá, "os tambores soam, a gunga gira, pois na morte também a ingoma canta". Um dançante explicou-me a necessidade da descoroação: "ela era nossa mãe aqui na terra, e lá no céu já 'tá Nossa Senhora do Rosário, mãe de Jesus, não pode ter duas mães lá".

É Hollis (2004) quem nos lembra o lado terrível da Grande-Mãe, aquela que mata. Para ele:

> Todos nós matamos para sobreviver, e a Morte, ou a Virgem Negra, devora-nos todo o tempo. Nós, carnívoros e herbívoros, comemos, enquanto somos comidos. Quebramos os corpos dos deuses e das deusas para fazer o nosso pão de cada dia; amassamos as uvas para fazer vinho. Aqueles que se lembram de tais dramas antigos, da reciprocidade da morte e da vida, sabem que participam de uma ordem maior de sentido. Aqueles que não se lembram continuam com medo da morte e da vida (p. 118).

Diz Eliade (1992, p. 123) que "para o homem religioso a morte não põe um termo definitivo à vida: a morte não é mais do que uma outra modalidade da existência humana". Com ele, concorda o Capitão Dirceu:

> *É, a morte na verdade, ela é vida né? A morte ela é vida, aqui, nós 'tamo aqui, de passagem né? Isso a gente sabe todo mundo sabe. Pra quem fica que perdeu um ente querido é uma tristeza muito grande, uma dor muito grande, mas na verdade, pra quem foi que ele fugiu da dor foi naquela hora. Porque a vida da gente, desde quando nasce, até quando morre é dor, é problema, é angústia, é alegria, é tudo né? A vida é pautada em tudo, tem tristeza, tem alegria, tem choro, tem riso, tem de tudo. Então, a partir da pessoa morreu, aí que ele vai viver né? Porque aí, que a vida é boa, que aí, ele não tem transtorno, não tem vida ruim, não tem, né? Tudo vai ser vida boa a partir do momento, dependendo do que ele fez aqui, porque aqui fez aqui se paga. Bobagem o cara falar assim: "fulano morreu vai pro inferno", não, inferno já está aqui; nós 'tamo' vivendo na boca do inferno mesmo, e aqui você tem o direito de escolher se quer ir pro céu ô que ir pro inferno. Porque ele veio com uma missão; todo mundo tem uma missão pra cumprir, às vezes, se ele cumpriu a missão ele descansou pra ele a vida melhor que tem é aquela que ele já cumpriu a sua missão, quando ele não cumpriu, aí, é um transtorno né? O espírito ainda fica ainda inconsequente, o espírito fica aquele vagando, aquele espírito que a gente vê aí, né? Aí, que vem a história dos centro espírita...* (2006).

Assim, os Filhos do rosário cumprem seu ciclo, nascimento-morte-renascimento. Com a morte eles passam a ser reverenciados pelos componentes do grupo e isso se dá a partir do símbolo da cruz. Segundo Neumann (2003), a árvore é símbolo da vida e também da morte. Na morte, seu tronco se transforma em vaso que passa a conter o cadáver e, em seguida, é depositado na terra. Ressalta-se o caráter terra-útero, que toma o corpo de volta para si, em união com o caráter receptor da madeira acolhedora. Essa substância maternal da árvore da morte é simbolizada pela força, a estaca e também a cruz. O autor destaca que a cruz é

> *(...) madeira feminina, a matéria, a substância maternal da árvore aparece como fundamento simbólico no leito nupcial, no leito de nascimento e de mor-*

> *te. Essa* ***mater-matéria*** *é o leito do* ***Hiero Gamos****, o local sagrado designado para o ritual da fertilidade, assim como é o leito dos nascimentos em seu caráter de manjedoura, berço e ninho, e o leito da morte, cruz, patíbulo, caixão e barco funerário* (p. 224). (Grifos do autor)

Em todas as Guardas, encontraremos como fundamento do Reinado, o cruzeiro. É no pé do cruzeiro que os capitães firmam os seus segredos, conversam com os ancestrais:

> *A cruz significa o cruzeiro das almas, porque nas festividades, às vezes, tem ensaio, a gente passa reza, pede para as almas que partiram, né? Para dar proteção para nós, pedir a Deus por nós. Então, o significado dessa cruz representa as almas, né? E a cruz representa a mesma coisa também, adoração às almas. (...) Aqui nós temos o cruzeiro, tem um, este não é o primeiro, pois a madeira estragou e, quando isso acontece agente vai no lugar certo e providencia outro, então, minha mãe deu o nome deste lugar de Aruanda. Então, eu 'tava trabalhando e me veio uma mensagem:*
>
> *"Lá na Aruanda tem um preto de Angola,*
> *seja de qualquer nação,*
> *veio louvar Nossa Senhora".*
> (Capitã Vilma, 2006).

Na constelação de imagens, proposta por Durand (2002), a cruz é um simbolismo vegetal e identifica-se com a árvore, em seus arquétipos ascensionais. É, portanto, madeira erguida, árvore artificial, símbolo de totalização espacial. É, também, uma união dos contrários e, desse modo, liga-se ao fogo, à sexualidade, ao movimento rítmico e cíclico.

O símbolo da cruz no sistema cristão, do qual ela é central, conforme Campbell (2002), situa-nos entre o céu, que fica em cima e para onde vão os bons, os justos, e o inferno, embaixo, destinado aos maus, aos ímpios. No Calvário, Cristo ficou entre o bom e o mau ladrão, o primeiro destinado ao céu e o segundo ao inferno. Ele próprio desceria ao inferno com um (catábase) e subiria ao céu com o outro (anábase). Assim, Cristo não está imobilizado em nenhum dos termos opostos, metáfora que, de acordo com o autor, se interpretada nos termos da mandala junguiana, significa que podemos ficar presos a um dos termos dos pares de opostos, vivendo uma vida parcial. Para nos libertarmos dessa limitação, temos de nos abrir para um fluxo de energia e luz, colocando-nos no centro da mandala – o ponto de intersecção das duas travas da cruz. Diz ainda o autor que é por meio de nossa fé na imagem da cruz que somos libertados e salvos. E não é isso que os congadeiros buscam? “Carregar sua cruz” com crença, fé, mente e coração? Buscar na terra merecer o reino dos céus?

As práticas sacrificiais dos Filhos do rosário

A iniciação quase sempre compreende uma prova mutiladora ou sacrificial. Em numerosas tradições, as agrárias em especial, onde reina a Deusa, encontraremos diferenciadas práticas, nas quais animais e seres humanos são oferecidos aos deuses como sacrifício, ou mesmo, a mutilação de membros do corpo, castrações sexuais e o flagelo.

Esses rituais, segundo Durand, são isomórficos do definhamento agro-lunar, sendo indiscutível a influência da lua minguante, ainda em nossos dias, na poda das árvores. Do mesmo modo, “os sacrifícios humanos são universalmente praticados nas liturgias agrárias” (p. 308).

Também nas lendas cristãs o sacrifício se faz presente. Nas liturgias católicas, “o sacrifício em si eufemiza-se, e é apenas um simulacro que é maltratado e morto” (p. 309). O cordeiro de Deus se transforma em corpo e sangue de Cristo, eufemizados na hóstia e no vinho, que são oferecidos aos cristãos na comunhão.

Para Durand “o rito do sacrifício eufemizado: é o instante dialético em que o sacrifício se torna benefício; em que na morte e na sua expressão linguística se infiltra a esperança de sobrevivência”. Todos os exemplos que o autor apresenta versam sobre a festa.

Diz Durand que todo sacrifício é uma troca, um acerto de uma velha conta com a divindade, uma fatura a quitar por um favor ou graça já recebido, um pagamento prévio de um pedido. É um comércio “que se faz repetição vicariante pela qual o sacrificador ou o sacrificado se torna senhor, ao tornar-se quite, do tempo passado ou por vir" (p. 309). O autor, dialogando com Hubert e Mauss, afirma que "pelo sacrifício o homem adquire 'direitos' sobre o destino e possui, com isso, uma força que obrigará o destino e, em consequência, modificará a ordem do universo, segundo a vontade humana" (p. 311). Os rituais sacrificiais ligam-se, assim, ao grande sonho alquímico do domínio do tempo e do esclarecimento da história.

Durand concorda com Duvignaud (1997), que dedica toda uma obra para discutir a festa como um "sacrifício inútil". Assim como nas festas mexicanas e peruanas, dedicadas aos mortos, citadas por ele, no Congado, o que importa é a Virgem: é a ela que se dá o pouco que se tem. Para isso, vivem os congadeiros: para dar a ela "una parte de su sustancia" (p. 136). Mauss afirma que isto seria um ato de comércio, entretanto, Duvignaud contrapõe, dizendo que fomos nós que inventamos o sacrifício como uma transação, como uma economia de mercado com a divindade. Na festa não se tem a ideia de retorno.

> El sacrifico probablemente esté dominado por uma intencionalidad específica y salvaje que, librando al hombre de lo poço que posee, lo coloca em uma situación em que se enfrenta directamente a um cosmos donde se mezclan lãs fuerzas de la creación y lãs fuerzas de la destrucción... (p. 141).

Ou seja, para Duvignaud, o sacrifício, na festa, "é o nada" que se destrói, "a coisa é a coisa e pronto", é o que livra o homem da estrutura, da história, colocando-o diante de sua imanência, da natureza e do simbólico. O Capitão Amaro confirma que a festa é o dom do nada "*muita gente não acredita, às vezes, acha até que não faz nada, que a pessoa 'tá gastando à toa, mas é uma coisa que a gente faz com tanta fé*" (2006).

A noção da festa como sacrifício e destruição é também discutida por Georges Bataille (1993). Sacrificar é destruir e até matar, não necessariamente, em seu sentido literal. Sacrificar é abandonar, doar, consumir. Nesse sentido, a festa é a parte maldita (BATAILLE, 1975) da sociedade, uma vez que é precedida da ideia de dispêndio, sacrifício, orgia, violência, consumo e consumação.

Esses sacrifícios são perceptíveis nas falas dos congadeiros para os quais "O Reinado é trabalho", e onde, segundo a Rainha Conga D. Adélia "não ganha dinheiro, mas ganha muito mais do que isso". Também a Rainha Conga Isabel comenta:

> *Porque num é fácil, porque a gente preocupa com tudo, igual a gente tava falando, hoje é primeiro, aí, daqui a pouco já é primeiro de maio e muita coisa a gente não conseguiu fazer. Então, é muito trabalho e é uma coisa, assim, que deixa a gente, assim, cansado, depende de muita ajuda e, às vezes, ela não aprece. Então, se a gente vai continuar, se a gente for olhar o trabalho antes da festa, os atropelos que a gente encontra pra realizar o festejo em honra de Nossa Senhora... Se a gente for pensar nisso, noites sem dormir, você não faz nada não, desanima. Mas a fé nossa, ela é muito grande, e é por isso, que as pessoas do Reinado fazem varias coisas. Porque o período para ser preparado é pequeno, e tem que ser feito. Então, tem que enfeitar uma bandeira, ela tem que ser enfeitada, a hora não interessa, nem o dia e nem quem, tem que ser feito; se não foi feito dentro das 20 horas do dia ela vai ser feita nos resto das 4 horas, ela vai ser feita de manhã e você vai emendar o dia com a noite e alguém vai te ajudar. É que nossa Senhora sempre manda algum pra dar uma mãozinha, se não manda um profissional, manda um aprendiz, manda alguém com boa vontade* (2007).

Segundo o Capitão Toinzinho:

> *Os sacrifícios, as orações, oferece sempre para as almas africanas. Sacrifico é o que podemos dar. Por exemplo, os enfeites da capela, todo ano eles mudam, imagina o trabalho que dá. Nos dias das reza, tem que abrir mão de outras coisas. Nossa Senhora recebe os sacrifícios e dá em troca paz, amor, para almas que precisam de luz. A lapidação deles é nossa própria lapidação. Nós estamos aqui para uma apuração, tem que estar bem espiritualmente* (2006).

A grande maioria dos congadeiros possui nível socioeconômico baixo e famílias numerosas. Muitos enfrentam dificuldades para atender às necessidades básicas como saúde, educação e moradia. Mesmo assim, eles se desdobram para fazer suas roupas, ornamentos dos altares, bandeiras, instrumentos, e, principalmente, para se deslocarem de casa até a sede e demais locais para viverem a experiência da festa.

Para os capitães, o período de festas exige sacrifícios ainda mais complexos. Eles precisam cumprir algumas interdições. Entretanto, Von Franz (1992), ao discutir o sacrifício em Jung comenta que para esse autor

> O ato do sacrifício significa que eu estou entregando algo que me pertence; quanto mais valiosa for a oferenda e quanto mais a atitude de não esperar nada em troca estiver presente no sacrifício, tanto mais ele significa a entrega de mim mesmo, visto nos identificarmos inconscientemente com posses que são importantes para nós (p. 184-185).

O Capitão Daniel comenta que:

> *Entrou mês de agosto, Capitão não entra em boteco, capitão... Que hoje a gente estuda muita coisa; vê muita coisa, mas aquele povo que faz as coisas direito mesmo, hoje é muito pouco. O Capitão de Reinado, na época de Jatobá, do famoso Jatobá (não tá famoso mais), entrou mês de agosto Capitão não entra mais no boteco, Capitão não bebe pinga no mês de agosto. Entrou o dia 15 prá frente, a sua esposa é sua mãe, sua cama é essa, minha cama é essa. Não em esse negócio de dormir na mesma cama, do dia 15 prá frente, entendeu? Então, é coisa assim* (2006).

O Capitão Daniel ainda fala sobre o sacrifício no momento da missa conga destacando o elemento água

> *O negro não comungava antes, nunca nem em igreja entrou; o reinado era pagão. Então, o que acontecia? Acabou a igreja ali, acabou a missa eles tinham que jogar aqueles brancos no ombro para levar para a senzala. Eles tomavam água simbolizando que eles tivessem feito um culto religioso, não era missa, pois eles não conheciam missa. Acabou, 'tá na hora de colocar os reis para levar para a senzala, a água, era como se fosse uma comunhão deles, coisas de fundamentos deles, de sacrifícios deles, o que eles não tomavam café de manhã. Vão supor, é dia de reinado hoje, então eu, lá agora, hoje, 2006, no reinado eu não como nada antes de comungar, no dia da nossa festa, no dia do nosso reinado. Os dançantes, os caixeiros, todo mundo come, o Capitão não. Ele toma um copo d'água, na casa da Rainha Conga, que ele vem buscar e depois da comunhão ele come. Então, o que aconteceu, ele buscou os reis como se fosse antigamente, colocou no ombro,*

> *levou; aí ele come, depois, antes não. Então, a água tem esse sentindo do fundamento do reinado, é uma coisa diferente. Tem o sentido de sacrifício. Sacrifício e purificação, praticamente, andam lado a lado. É como se fosse um jejum de sexta feira santa, todo mundo num faz o jejum? Só que na sexta feira santa, agora os negros não, era no dia do reinado deles, cada qual, cada região com suas tradição. Eu aprendi assim, então, o certo pra mim é assim, porque eu não só escutei e fui falando, assim, que isso aqui 'tá certo e tal, eu procurei ir atrás de outras informações e todas as outras informações foram batendo uma com a outra* (2006).

O pagamento de promessas por alguma graça alcançada por intercessão da Santa é também momento de sacrifícios. Eles são de toda ordem, como andar um percurso de joelhos, se responsabilizar por uma festa, pela decoração de uma bandeira, e até de fundar uma outra Guarda.

As práticas orgiásticas

Festa, encenação e ritual

Nesse último mistério veremos como as práticas orgiásticas, ou seja, as festas e seus rituais são projeções lúdicas de todo um drama arquetípico, são atualizações mitológicas de um ciclo. Elas se constituem, ao mesmo tempo, num momento de negação de normas instituídas e de "alegre promessa vindoura da ordem ressuscitada" (DURAND, p. 312). Daí sua função de nos colocar diante da angústia do tempo que passa e também da morte, destacando o seu caráter revigorante, pois, como nos diz Durand (p. 405) "o ritual tem o único papel de domesticar o tempo e a morte e de assegurar no tempo, aos indivíduos e à sociedade, a perenidade e a esperança".

Durand comunga com o pensamento de Callois (1988) que também destaca esta função da festa no imaginário. Para Callois, é a festa que nos coloca diante dessa noção da finitude, do tempo que esgota, extenua, nos faz envelhecer e desgasta. Ela renova a natureza e a sociedade ao apresentar-se como uma atualização dos primeiros tempos do universo, como a recriação do mundo, daí sua função revigorante. A festa é celebrada no espaço-tempo do mito e assim regenera o mundo real. É justamente ao renascer que o mundo tem a possibilidade de remoçar e de reencontrar a plenitude de vida e de robustez que lhe permitirá enfrentar o tempo durante um novo ciclo. É o caos reencontrado e de novo moldado simbolicamente.

Às práticas de iniciação e do sacrifício ligam-se as práticas orgiásticas, que segundo Durand são "uma comemoração ritual do dilúvio, do retorno ao caos donde deve sair o ser regenerado. Na orgia há perda das formas: normas sociais, personalidades e personagens: "experimenta-se, de novo, o estado primordial, pré-formal, caótico" (p. 311).

Penso que já construímos elementos suficientes para compreendermos que essas práticas orgiásticas são as festas propriamente ditas, sob a regência de Dionísio, o consorte da Deusa. Em Mafessoli (1984), por ser contraditorial e plural, o homem é também dionisíaco. O dionisíaco, por meio do orgiasmo, permite estabelecer relação com a alteridade, pela fusão cósmica. Sendo Dionísio o deus do desperdício, da desordem, do excesso e também das múltiplas faces (como vimos), o homem dionisíaco, que é plural, só poderia ter instinto turbulento, lúdico.

As festas se inscrevem, pois, nos modelos neg-entrópicos de sociedade, como vimos em Morin, aqueles que reforçam a existência no homem de uma dimensão *demens*. Daí ser possível afirmar que o *ludens* e o *demens* do homem constituem o seu feminino. Sua dimensão criativa, sensível e emocional, ou seja, sua irracionalidade. Constituem para Duvignaud (1983, p. 12), a anomia "instrumento de compreensão e análise do *pathos*, da intensidade dramática e mesmo trágica da experiência coletiva ou individual.

Assim, é possível identificar tanto o matriarcado quanto o patriarcado no lazer, na ludicidade, no jogo e nas festas. Cabe ao matriarcado as festas anômicas de Duvignaud. Os jogos de guerra, de vertigem, de competição exacerbada ancoram-se no patriarcado. Também nesse as festas entrópicas, oficiais, religiosas, políticas e organizadoras da vida em sociedade. Whitmont denuncia que o patriarcado, desde Platão e Aristóteles, até os dias atuais, desvalorizou o brincar e a ludicidade. A teologia cristã, por exemplo, introduziu o sentimento opressor da culpa e do pecado para nossos atos, em desacordo com as noções de certo e errado. Do mesmo modo, o capitalismo eliminou da ludicidade sua essência, o prazer e a liberdade, que passa a ser regida pela mesma lógica do mercado, ou seja, produção, consumo e lucro. Essa lógica gera um prazer hedonístico e uma falsa liberdade nos sujeitos, uma vez que esse se torna coagido pelo próprio sistema. Desse modo, torna-se inadmissível, a um adulto, a capacidade de se envolver com a brincadeira.

Vivemos ainda sob os resquícios do patriarcado, para o qual "a vida devia ser séria e soturna" (WHITMONT, p. 254) e o jogo vivido como uma preparação para a vida. Ainda hoje, os processos educativos escolarizados tratam o lúdico, como algo de menor importância, onde o jogo não é visto com um fim em si mesmo, mas como um meio, instrumento útil para desenvolver conhecimentos de diferentes naturezas. Brinca-se para aprender matemática, inglês, noções de higiene, dentre outros. Expressões como "agora vamos parar de brincar e falar sério", ou, "quando é que você vai crescer e parar de brincar?", fazem parte de nosso cotidiano. Lembremos que Huizinga (1990) há muito nos alertou para o fato de podermos ser sérios sem sermos sisudos.

Whitmont nos faz crer que a ressurgência de mitos como o da deusa e seu consorte Dionísio exigirá da humanidade uma nova compreensão sobre a ética, a qual deverá ser pautada por valores coletivos afirmativos e includentes e não reprovadores e excludentes. Hillman (1984) nos provoca ao afirmar que para mudarmos nossa consciência em relação ao feminino devemos também rever nosso ponto de vista sobre a histeria e o dionisíaco. Ele afirma que ao invés de analisar a histeria no culto de Dionísio como o faz a modernidade, é preciso ver o culto de Dionísio na histeria. Para o que nos interessa neste estudo, Hillman contribui dizendo que "nem todo dionisíaco é louco, nem tudo que é chamado de louco é insano. A loucura do entusiasmo ritual deve ser claramente distinguida da enfermidade e da alienação" (p. 239). Lembremo-nos do *Homo demens* de Morin e também da ética estética de Maffessoli, para os quais a vivência do dionisíaco é o que nos permite viver uma "nebulosa afetual" que nada mais é do que o prazer de ser-estar juntos.

Nesse projeto de vida social, o jogo e, portanto, a ludicidade, com suas características já preconizadas por Huizinga e Duvignaud, ganharão destaque. Com este autor concorda Whitmont (p. 253) para quem "o jogo da vida é um ritual e uma investigação: também é uma experimentação". É autodescoberta no aqui e agora, é espontâneo, entretanto, possui dinâmica, tempos e espaços próprios. Possibilita a (des) e a (re) construção de regras, exigindo a participação de quem joga (e não mais a aceitação do que é instituído). Envolve, intensamente, o jogador que vive o prazer da descoberta de limites, capacidades, sensações, valores, sucessos e decepções de si e do outro. É a possibilidade da vivência do lúdico como experiência plural significativa, construção compartilhada, e ação com autonomia (PINTO, 2004).

Diz Whitmont (p. 254) que o "jogo é o lado *Yin* da investigação, da exploração, da mesma forma que a exploração, a experimentação e a descoberta compõem o lado *Yang* do brincar, do prazer e do sentir". Nessa nova direção ética, caberá ao *Yang* assumir a forma da investigação e experimentação, em lugar dos julgamentos e realizações; ao passo que o *Yin* deverá abandonar sua receptividade submissa e insistir na interação lúdica, na diferenciação de valores pessoais e interpessoais. Na verdade, o autor defende em sua obra, uma maior influência do *Yin* em nossas vidas, o que exigirá de cada sujeito e de cada agrupamento, um exame de suas expectativas prévias e suas contribuições, nos momentos de decisões e partilhas.

Whitmont (p. 265) afirma que "o ritual é um psicodrama, é um jogo dramático consciente e fervoroso", que traz, em seu bojo, as características do jogo lúdico de Huizinga. Esse jogo dramático é uma atividade que testa a realidade, de modo simbólico e experimental. Por isso, é preciso entrar no jogo, despretensiosamente, uma vez que ele é inútil e não se presta a um fim específico, a não ser ele mesmo. Diz Whitmont:

> O jogo humano é a reencarnação deliberada, microcósmica, vicária, da dinâmica do fluxo da vida, com seus padrões em mutação, suas descobertas, seus inícios, fins e recomeços. O jogo da vida mobiliza e estrutura as forças da psique inconsciente. Confere forma à energia bruta; civiliza. (...) O ritual é o ato lúdico ou a encenação deliberada, dentro de um contexto formalizado, de impulsos, sentimentos e visões ou fantasias arquetípicas. Por estarem buscando e criando um contexto formalizado, estas energias estão contidas a salvo; podem ser propiciadas, invocadas e confrontadas. Até certo ponto, podem até mesmo ser controladas (p. 264).

James Hollis (1997a) nos lembra que o homem ocidental deve ter em mente duas grandes ideias: a do eterno retorno e a jornada do herói. Sugere que sejamos conscientes delas ao máximo, e que compreendamos cada qual o seu lugar em nossa vida, pois "não estamos sustentados por uma tradição mitológica que ative os imperativos, canalize a libido e faça a mediação do horror e da maravilha nelas contidas" (p. 108). Afirma, ainda, que as pessoas que pertencem a tradições que lhes oferecem imagens da Grande-Mãe estão sendo apoiadas pelos "grandes ventos que cruzam os céus", mas os que insistem na jornada heroica, estes, "não estão tendo a mesma sorte" (p. 109). Cabe à jornada do herói a contra-verdade, quer dizer, que "a pessoa serve melhor o mistério final da natureza tornando-se individuada" (p. 109). Por outro lado, a Grande-Mãe, seu ciclo de sacrifício, o grande círculo, o eterno retorno, servem tanto de destino, como sina, para todos os humanos. Os que conseguirem "assimilar essa imagem em seus ossos terão transcendido uma boa parte da alienação, que caracteriza a nossa cultura" (p. 110). E conclui, "somos todos protagonistas do nosso próprio drama existencial e o significado desses eternos padrões mitológicos está para ser acolhido de forma individual, assim, estaremos vivendo uma dimensão heroica. Precisamos fazer nossas escolhas, e o clima, certamente, será de tensão, solidão, terror".

Assim é que os rituais, principalmente aqueles ligados à Grande-Mãe, como o Congado, podem significar o "retorno do reprimido" (WHITMONT, p. 260), da orgia, do lúdico, da festa e do ritual, contribuindo sobremaneira, para a (re) construção dessa nova ética.

Para Campbell (1997, p. 144) o ritual é a encenação de um mito. É a forma pela qual o indivíduo participa de um mito, compartilha dele, entrega-se a ele. O mito é um sonho coletivo projetado da visão pessoal-coletiva de um vidente, um indivíduo superiormente dotado. Participar de um ritual é, na verdade, ter a experiência de uma vida mitológica, ou seja, é a chave que necessitamos para aprendermos a viver espiritualmente (p. 192).

O ritual abre um canal de comunicação do sujeito com o seu interior, seu *self* e, ainda, entre os outros, uma vez que possibilita a quebra dos distanciamentos e as dificuldades de relacionamentos pessoais. Todo ritual se concretiza por uma atividade consciente e deliberada do ego (WHITMONT). As técnicas de encenação ritual exigem um esforço consciente do ego e como resultado tem-se uma consciência total e desperta, coexistindo com o estado alterado, numa dança dialética, paradoxal e simultânea (p. 266). É essa análise que permite ao autor afirmar que "a experiência mediada pela participação corporal assinala a diferença entre ter a informação de alguma coisa e conhecê-la por experiência própria". O registro será sempre no corpo e com o corpo.

Também o corpo e, em consequência, as experiências corporais, foi desvalorizado com o patriarcado, diante da visão dicotômica, positivista e cartesiana características do paradigma clássico, já discutido neste estudo. O que importa, neste momento, é reforçar que tal paradigma rejeitou as dimensões mágicas e femininas na vida da humanidade, de modo que os rituais foram se tornando, cada vez mais, ineficazes e sem sentido. Tornaram-se espetacularizados.

Whitmont sinaliza para a chegada de um novo ritual, no qual o poder seja entendido como algo positivo, como uma manifestação da energia natural, como força criativa do jogo do mundo, como o próprio processo da vida, e o *eu* humano possa experimentar sua natureza, vitalidade e motivação. Diz ele que "vida é poder em atividade lúdica, é Shiva ou Dionísio dançando" (p. 269).

Certamente, os rituais que envolvem a Grande-Mãe têm muito a contribuir com esse desejo de Whitmont. Pereira e Gomes (2002) destacam o caráter de encenação nos rituais do Congado, para os quais estes significam "a representação, ao vivo, da lógica de compreensão de mundo que orienta os devotos e os mobiliza para organizarem a sociedade" (p. 63).

As encenações e os cortejos, acompanhados de coreografia e música correspondem "a modelos estéticos, através dos quais o sagrado se dá a ver aos indivíduos imersos também no mundo profano" (p. 64). Para esses autores, coexistem nas cerimônias religiosas, dentre elas a do Congado, um sentido utilitário e outro estético, num espetáculo nos moldes barrocos e não, meramente, capitalistas. O ritual se torna ao mesmo tempo uma práxis, que é o momento de entrega do devoto à devoção e uma análise da práxis, quando este se percebe nos seus modos de ação e, na percepção dos outros sobre si, pela observação. A encenação ritual e dramática permite que o devoto se torne um ator e diretor de um repertório em diálogo com diferentes fontes de arte e informação, principalmente a partir do advento da tecnologia, pela qual o vivido pode, por diferentes instrumentos, ser revivido.

Diz Eliade (2006) que as cerimônias religiosas são "festas de recordação", na qual o saber significa aprender o mito central e esforçar-se para nunca mais o esquecer. "A memória é considerada como o conhecimento por excelência. Aquele que é capaz de se recordar possui uma força mágico-religiosa ainda mais preciosa do que aquele que conhece a origem das coisas" (p. 78). Este, sim, é o objetivo da festa!

A preparação da festa: fundamentos

De um modo geral, as festas em louvor a Nossa Senhora do Rosário e aos santos pretos seguem uma mesma estrutura ritualística: preparação, novenas e organização do espaço, subida da bandeira de aviso, levantamento de mastros, alvorada, "tirada dos reis", almoço, procissão, missa conga, danças de combate, descida de mastros, podendo ter variações, de acordo com a tradição dos grupos (GIOVANNINI JUNIOR, 2005).

> *A festa é uma coisa séria demais da conta. A festa do Reinado 'ocê tem que ter seus reis que sabe aquilo que 'tá fazendo, tem que ter seus dançantes que sabe o que 'tá cantando. 'Ocê tem que ter uma série de coisas totalmente séria, girando tudo ali, em torno daqueles dias... Quando um ou outro fura, as coisas começa a embananar* (Capitão Daniel, 2006).

> *A festa existe devido à fé que a gente tem, de gostar, de ter esse amor essa dedicação com a Nossa Senhora, tem que ter muita fé e dedicação mesmo. Porque é muito cansativo. Eu falo que meu pai não deixou nada, mas deixou essa herança que é esse segmento desta festa* (Neusa, 2007).

A abertura do Reinado pode variar; algumas Guardas o fazem no dia de Nossa Senhora da Conceição, quando o ano ainda não terminou, outras no dia de Nossa Senhora da Luz, mas a grande maioria o faz logo após a quaresma. As Guardas quase sempre realizam suas festas em três dias, mas essa periodicidade, também, pode ter variações, dependendo do grupo. A preparação da sede, dos altares, dos andores, das bandeiras, pode levar dias. É comum as pessoas deixarem seus afazeres cotidianos para se dedicarem à preparação da festa. Lembremos que o melhor da festa é esperar por ela.

Duvignaud (1997) nos explica que essa ebulição que se apodera dos grupos antes da festa, esse estado de espera, é um momento de pré-possessão, característica da espécie humana e se compara com a preparação para um jogo que excita e gera ansiedade, muito observável entre as crianças. A paixão por atividades como o jogo e a festa pode transformar uma personalidade, culturas e grupos, e traduz o fascínio do homem, estruturado pelo instituído, ante as relações de incertezas e de probabilidades, ou seja, ante o a-estrutural. Esses momentos se tornam privilegiados para homens e mulheres formularem equações indeterminadas e modificarem o campo construído da experiência. A apreensão, o possível, a experiência nos livra, por um momento, da coerência e da imposição das lógicas sociais; é a evasão da vida real.

> *Os negros não dormiram, por isso celebram de manhã a retirada da santa das águas. O rei branco é o dono da festa. O negro pediu ao senhor se a santa ficasse na choça de capim, se eles podiam dançar três dias. O senhor respondeu que sim, que podiam dançar até a vida inteira, desacreditando que a santa fosse ficar. Por isso a festa dura três dias* (Capitão Toinzinho, 2006).

> *A festa é divida em três dias, e nos três dias você pode prestar atenção que tem os elementos da natureza tudo ali. O fogo ´tá na vela, a gente acende ela num domingo, antes da festa, que no caso cai sete dias, antes de levantar o mastro do aviso, é acendido uma vela de sete dias, lógico. Então, aquele fogo é como se fosse a tocha das olimpíadas, a festa toda corre durante o fogo daquela vela. Quando chega no sábado, aí naquele fogo ali é acendido uma outra vela. Não de sete dias; é acendido uma vela comum, mas no fogo daquela vela. Então, algumas pessoas de lá de dentro tem a responsabilidade de não deixar aquele fogo apagar. Então, vamos dizer assim: durante os três dias da festa alguém não dorme, tem esse ditado dentro do fundamento. Alguém não dorme, porque tem a responsabilidade de não deixar aquela vela apagar. Significa que a festa está em andamento. É uma coisa de fundamento do lugar* (Capitão Daniel, 2007).

Uma digressão sobre os semantismos da água e do fogo bailam nas falas do congadeiro como visto acima. Vale recorrer mais uma vez a Bachelard (2002) quando esse discute sobre a combinação da água e do fogo. Diz-nos o autor:

> Diante da virilidade do fogo, a feminilidade da água é irremediável. Ela não pode virilizar-se. Unidos, esses dois elementos criam tudo. (...) a imaginação sonha a Criação como uma união intima do duplo poder do fogo e da água (...) essa união não é efêmera. É a condição da criação continua. Quando a imaginação sonha com a união duradoura da água e do fogo, ela forma uma imagem material mista com um poder singular. É a uma imagem material da *umidade quente.* (...) É ela que dará vida à terra inerte e dela fará surgir todas as formas vivas (p. 104). (Grifos do autor)

A principal preparação para a festa é a novena (ou trezena, como vimos), que se inicia dois dias antes do levantamento da bandeira de aviso. É realizada em agradecimento a Deus por estar dando oportunidade à Guarda de realizar a festa. A reza do terço, ou do rosário, acontece nas sedes ou nas casas dos capitães.

> *A novena é uma preparação muito forte, uma preparação que você está ali, que você vai fazer uma coisa pra Deus, tem que se preparar seu eu, seu coração, seu amor, o seu tempo. É nove dias só. A novena continua aqui, porque eu fico pegando, já briguei muito pro povo de dentro, do miolo, daqui de dentro vir rezar. Eu comecei com oito anos de idade a novena. Quando fui casar meu pai falou: "você pode casar, mais não vai tirar minha filha do Congado, não." O levantamento do mastro é a entrada da bandeira no terreiro. É você elevando a Nossa Senhora, a Deus. Aquela hora que a bandeira 'tá subindo você deve 'tá bem concentrado, bem buscando a Deus, tudo de bom, aproximando, levando pro céu* (Neusa, 2007).

Em muitas Guardas, na abertura ou no encerramento das novenas, ainda é possível assistir à saída do boi da manta, que percorre as ruas dos bairros, anunciando a chegada da festa, de forma lúdica. Ferreira Santos (1998, p. 105) afirma que a festa do bumba-meu-boi é uma reminiscência hermesiana, por seu caráter de transformação e conciliação de opostos (homem/boi) e seu drama narrativo-musical.

O boi é uma festa originária do Nordeste, com variações de nomes e rituais no país inteiro. A lenda do folclore nacional é uma narrativa trágica e cômica que versa sobre a matança de um boi, por um negro para satisfazer os desejos de sua mulher grávida. Ela deseja comer a língua do boi. O negro, então, rouba e mata o boi preferido do patrão. O amo descobre a façanha e manda os índios caçarem o negro, que, espertamente, busca um pajé para fazer ressuscitar o boi. Esse feito se transforma numa grande festa. No Congado, a saída do boi não segue todo esse ritual, mas, certamente, cumpre a função simbólica do esquecimento. Os negros, de algum modo, revivem a relação de desigualdade vivida por eles, os índios e os homens brancos na época da escravidão.

> *Ele tem a ver com os negros, né? Que o Boi da Manta é uma brincadeira que nasceu na senzala que não tinha nada de brinquedos pros meninos, o jeito mais fácil foi fazer um boi, justamente, como fez o tambor, que é pegar uma cabeça de boi que já morreu há muito tempo e pegar um balaio, porque os negros faziam balaio, então, era a coisa mais fácil. Fazer o boi, brincar, correr atrás, uma brincadeira que começou na senzala. Então, tem muitos lugares que eles fazem uma festa do Divino que a festa é feita com o boi, esse boi tem um significado, né? Que é o boi do Divino, igual à gente fala tem o Boi de Janeiro, Boi de Bumba, é um boi do Divino. O boi do Divino mesmo na festa do Divino ele é feita e é servida só carne e vinho, não se serve arroz, feijão; se serve carne e vinho. Então, é a história que eles mataram o boi, e eles faz brincadeira com o boi, corre atrás dos meninos e tal e depois fala com o pessoal, nós vamos prender o boi agora, depois vamos matar ele. Aí, guarda o boi e vem servir o churrasco e o vinho, é que nós tão servindo a carne do boi, matamos o boi e fizemos churrasco, aqui 'tá a carne do boi e aqui 'tá o vinho que significa o sangue do boi. Mas é uma historia que começou com a filha de um fazendeiro que ganhou um boi e depois esse boi cresceu e a filha do fazendeiro casou com um escravo aí não tinha nada pra fazer, aí, matou o boi...* (Capitão Dirceu, 2006).

> *A nossa festa começa dia primeiro de maio com o terço que é a trezena e o Boi da Manta que saiu anunciando a festa. A função do boi é essa, anunciar que a festa está se aproximando e ganhar fundos, e pedir coisas e convidar. Eu falo que ele é o embaixador da festa, que nós são chique, né? E acaba que pro coitado do embaixador da festa acaba dando muita dor de cabeça que é*

> *muita gente, vocês venham no dia primeiro que vocês vão ver o tanto de pessoa que é. E a gente fica com medo, a gente tem que chamar policiamento, porque pode rolar de um tudo nisso e, dependendo do que acontece, dependendo da gravidade da coisa, né, que acaba dando polícia, aquela coisa toda. A culpa fica no boi, a culpa não é quem tava no boi, tudo que acontece é o boi, o boi que é responsável. O boi saiu com fígado de um, no chifre, o boi furou o olho de um, um caiu do muro quebrou o braço, correndo do boi, o carro do fulano quebrou o vidro, foi o boi que quebrou, a luz apagou, foi o boi que quebrou. Tem a desova do boi, que nove meses depois os filhos do boi, porque as mulheres sai pra ir pro boi e acontece coisas e mais coisas, e a desova do boi, a piracema do boi, e, as vezes assim, o boi nem saiu aqui de casa, nem daqui do rio saiu ainda, aí, a mulher começa entrar em trabalho de parto, foi de susto do boi, o boi nem saiu daqui . E se falar que já escutou o som da caixa lá é mentira, tem que rir* (Rainha Conga Isabel, 2006).

A festa é o ponto auge do Reinado de Nossa Senhora do Rosário. Ela inicia com o levantamento da bandeira de aviso, uma semana antes do dia marcado pela Guarda, baseado na seguinte explicação:

> *A festa do Reinado é divida em* ***fundamento, mandamento e sacramento****. Todo Reinado é dividido assim. Esses três ditos são* ***a trindade do negro****, o negro não fazia Pai, Filho e Espírito Santo não. Ele não rezava. Tudo do negro era em nome do mandamento, do fundamento e do sacramento. Nem o corpo ele não cruzava, porque ele era pagão, não era batizado. Quando o catolicismo entrou para dentro da senzala, porque na África nunca teve catolicismo. Você pode olhar até hoje, muito pouco. Mas eles vieram para o Brasil, um lugar catequizado, Bahia, Minas, Rio, São Paulo, tudo tinham os povos capuchin, né? Que pelejavam para catequizar os índios. Pelejavam para catequizar os índios e não conseguiam. Negros, uns conseguiram, exemplo de São Benedito, um negro filho de escravo que foi beatificado. Conseguiram dobrar um dos negros, mas a grande maioria não. Aí, com muito desenrolar, hoje, graças a Deus, nós podemos entrar na igreja, nós somos catequizado. Hoje nós conhecemos Jesus Cristo, mas naquele tempo, lá trás foi muita luta. Então, eles não faziam nome do pai e nome do filho não,*

> *era em nome do sacramento, do fundamento e do mandamento que eles iam conversar com Deus. Então, a festa são três dias. Ela começa no fundamento. O fundamento do Reinado ele começa no domingo. Sete dias antes, então, é levantado uma bandeira que chama bandeira do aviso.* ***Não é uma bandeira com estampa de santo, é uma bandeira com um símbolo de uma coroa e um bastão simbolizando o povo do Reinado****, que é o rei, o capitão e o povo do reinado, então, é o dia do* ***fundamento*** (Capitão Daniel, 2006). (Grifos meus)

A bandeira é um objeto artístico, que, assim como o mastro, tem um apelo estético: ambos são esculpidos para a contemplação. "Os dois objetos se realizam como instalações ao ar livre, interagindo com os espaços físicos (adros, quintais, capelas, praças e ruas) que os devotos transformam em galerias de arte" (GOMES; PEREIRA, 2002, p. 69). Também na confecção das bandeiras não se medem esforços para se fazer o melhor, o diferente e o mais bonito, ressaltando o caráter agonístico da festa.

> *Para mim, tudo de bonito que eu fizer eu acho que Nossa Senhora do Rosário vai amar. Para mim é assim. E um presente que eu estou dando para ela, pelas graças que ela já me deu. Então, eu procuro fazer tudo o mais bonito possível. Teve um ano, tem uma bandeira que eu enfeito ela, ela é de coração, ai ela tava tão bonita, tão bonita. Ah, não vou desmanchar esta bandeira não, vou comprar alguma coisinha nova e vou colocar nela. Aí, eu disse "meu Deus o que tava acontecendo", eu colocava um negócio de um jeito não dava certo eu punha não sei o que. Queimei a perna, queimei os dedos com cola quente. Aí, eu falei com os meninos assim: "isso aí, é por que eu já acostumei de fazer as coisas todos os anos nova e estou querendo repetir a bandeira." Arranquei tudo, joguei tudo fora e fiz tudo de novo. Fiz tudo novinho. Porque eu gosto de fazer tudo novo. Eu tava querendo repetir eu tomei castigo. Ela não quer assim: "o que eu quero é novo, você me acostumou com novo". Risos* (Presidente Vânia, 2007).

Os mordomos são os responsáveis por preparar as bandeiras, ou para levantá-las. Pode haver também os patronos de bandeiras, aqueles que ajudam a custear as despesas: velas, fogos, enfeites, cola, papéis, florzinhas etc. São pessoas que seguem a tradição da família ou que cumprem promessas à Santa. No primeiro dia da festa, a Guarda canta e dança até a casa dos mordomos de bandeiras, para "retirá-las". Nesse local sempre é servido um lanche. Como todos os outros rituais do Congado, tudo é feito com muita dedicação e sem pressa.

Os mandamentos da festa

No local da festa, as bandeiras são colocadas no topo do mastro e são erguidas. O mastro é o poste sagrado, é o *Axis mundi* que liga a Terra e o céu e o toca, de algum modo (ELIADE, 1992). Os mastros são levantados antes das festas de cortejo, com antecedência ou na véspera. Há mastros internos, como explica o Capitão Toinzinho:

> *Tem um toco onde se levanta a bandeira perpétua. É a representação daquilo que os negros tinham como deus deles, onde eles invocavam Zâmbi, os mais velhos reuniam ao redor dele para fazer orações, invocavam a força de deus, casamento, batizado.* ***O deus do negro é um toco. O toco está na terra, tudo que tem no mundo vem da terra. Ali é o fundamento, onde vamos buscar a força, a festa começa ali. Nos pés de Nossa Senhora nós pedimos o sacramento*** (2006).

Podem ainda se elevar mastros em locais externos, como nas ruas, principalmente quando as sedes ou terreiros não comportam o número de visitantes. Assim, esses espaços se tornam sacralizados. Eliade (2001) afirma que consagrar um lugar, torná-lo sagrado, é repetir a cosmogonia, pois o homem religioso sempre quis que "sua própria casa se situasse no Centro e que ela fosse um *imago mundi*" (p. 43). Desse modo, percebe-se a repetição da Criação do mundo, arquétipo de todo gesto criador humano, que se dá, a partir do valor de um ponto central (o umbigo), que se estende na direção dos quatro pontos cardeais. Ao se instalar num território, o congadeiro assume "a criação do mundo que escolheu habitar"

(p. 49) e essa morada será sempre perto do *Axis mundi* (os mastros), pois "o homem religioso só pode viver implantado na realidade absoluta" (p. 52). Dialogando com Eliade, diz Durand que a noção de espaço sagrado implica a ideia e a repetição primordial, ela consagra o espaço transfigurando-o. Desse modo:

> O homem afirma assim o seu poder de eterno recomeço, o espaço sagrado torna-se protótipo do tempo sagrado. A dramatização do tempo e os processos cíclicos da imaginação temporal só vêm, parece, depois desse primordial exercício de redobramento espacial. É essa ubiquidade do centro que legitima a proliferação dos mandala e dos templos e igrejas, voltados às mesmas divindades, possuindo os mesmos vocábulos e, por vezes, as mesmas relíquias (p. 249).

Duvignaud (1997), por sua vez, afirma que essa sacralização do espaço é da ordem da natureza; é rural, pois o *mana* está na floresta. A festa do Congado, a palavra errante do selvagem, é de uma natureza carregada de energias materiais disseminadas, portanto, é da cultura agrária. A cidade possui um discurso construído, é o laboratório da modernidade. Nela, elabora-se o sistema mítico. Duvignaud afirma que reduzir a festa à cerimônia é eliminar o seu caráter subversivo, e é isso que pretende a cidade. Ao fazê-lo, quer se eliminar a natureza de sua existência. Isto ocorre sempre que as Guardas são convidadas a participar de um evento que não esteja vinculado à religiosidade, transformam-se em espetáculo.

O levantamento dos mastros com as bandeiras é sempre marcado por momentos de muita emoção, concentração e tensão. Ele "caracteriza o centro energético da festa" (GOMES; PEREIRA, 2000, p. 218). Sua ascensão é anunciada com fogos de artifício.

Os mastros de madeira são o princípio do masculino da árvore, que, por sua vez, é feminina. Como o falo da terra tem o caráter de penetração e crescimento, destacando o aspecto ascencional do círculo, seu caráter de transformação é, ainda, a ambivalência da árvore (NEWMANN, 2003, p. 54). É a imagem da árvore, firmemente plantada na terra, no fundamento, que nutre o congadeiro de sua fé e se eleva no ar, para que os filhos do rosário possam nela se abrigar, proteger-se sob sua sombra, saciar sua fome e sede. Diz Neumann (p. 216) que "essa árvore celestial que brilha à noite também é a árvore anímica do renascimento, na qual toda pessoa, depois de sua morte, se torna luz celeste e retorna como estrela para a eternidade do Grande Círculo". Isso explica a relação dos congadeiros com o mastro. Assim que ele é elevado, uma verdadeira procissão é organizada pelos devotos: primeiro os capitães, que nele encostam seu bastão, circulando-o para que a força do mastro alimente suas insígnias de comando. "Cada bastão representa um segmento da grande estaca que se eleva aos céus" (PEREIRA; GOMES, p. 218). Em seguida, o trono coroado, repete a cena, os dançantes e os demais. Todos circulam os mastros, beijam, ajoelham-se diante deles, fazem suas orações e depositam suas velas acesas a seus pés.

> *Quando é no sábado, é levantado mais duas bandeiras. Então, é o dia dos mandamentos, é o dia do mandamento do Reinado. E levantar os mastros, porque* ***os mastros não chamam mastros, chamam mandamentos****. Você estar levantando os mastros, aplumando os mastros, então, você esta colocando seus mandamentos na terra, pois finca no chão. Então é na terra, aplumando seus mandamentos. Então, está ali presente os seus fundamentos, os do domingo de sete dias antes, no sábado está pronto seus mandamentos que você aplumou.* ***O mastro é o pára-raio da festa, é ali que está a energia vital da festa****, você colocou o seu santo acima da terra, debaixo do céu e em cima de nós, então, ele não está no céu, ele está abaixo do céu, porque o céu 'tá muito alto. Deus, Nossa Senhora 'tá lá no céu, você não. Levantou uma bandeira, simbolizando que Nossa Senhora está reinando ali naqueles dias. Então, você levantou a bandeira, você está simbolizando que Nossa Senhora está em cima da terra, mas ela está abaixo do céu e em cima de nós e ela é a rainha, a grande mãe e protetora daquele povo todo. Se levantar a bandeira de São Benedito, a mesma coisa, então, ela está na terra, na madeira e no ar, é a* ***força da natureza*** *do reinado, tudo dentro do reinado tem os elementos da natureza* (Capitão Daniel, 2006). (Grifos meus)

As falas do Capitão Daniel corroboram a de Neumann quando este afirma:

> Como se refletissem um ao outro, os céus aparecem como árvore, e o topo da árvore cósmica alça-se como torre em direção ao céu. Isto, porém, não esgota a relação entre ambos. É exatamente porque as raízes da árvore penetram nas profundezas que ela adquire uma tal conotação de fatalidade. Suas raízes assentadas na escuridão do inconsciente equivalem ao seu enraizamento no espaço do céu noturno (p. 217).

O Capitão Daniel explica o dia dedicado ao sacramento:

> *Quando é no domingo e na segunda feira é o dia do* ***sacramento****, porque tem a missa, a eucaristia dentro do Reinado. Antigamente, não tinha, mas agora tem. No Reinado, antigamente, eles podiam fazer a missa, sabe como? Da porta da igreja para trás, porque não podia entrar batucada, nem caixa, nem nada, então, eles tinham que ter esse pedaço de sacramento dentro do Reinado. Eles iam na porta da igreja, assistiam à missa com o Reinado. Depois da abolição, bem depois, assistia, dali pra trás voltava e ia para onde era sua sede, aí sim, pronto. Hoje não, hoje o padre vai lá dentro da sede, celebra a missa dentro da sede, então, é o dia do sacramento e ali, o domingo e a segunda feira.*
>
> *Então tudo no Reinado é dividido nessas três partes. Se tiver um dia de Reinado, ele é dividido nessas três partes, se tiver dois dias ele é divido nessas três partes. Então, tudo no Reinado é dividido em fundamento, mandamento e sacramento. Tudo, não tem jeito. Se alguém falou que foi numa festa de Reinado e não foi assim, não tem jeito, então ele não foi ou não prestou atenção* (Capitão Daniel, 2006). (Grifo meu)

Essa tripla composição que a festa possui entre fundamento, mandamento e sacramento trata-se de uma verdadeira topologia do sagrado que narra o evento redentor, operado pela Nossa Senhora do Rosário. O fundamento é operado na bandeira do aviso, associado ao fogo e enraizamento em um lugar. O mandamento realizado no levantamento dos mastros, o para-raio da festa, é a presença de Nossa Senhora na terra e, por fim, o sacramento, que é corporificado na missa, ou seja, mais ainda na terra, nos pés de Nossa Senhora.

Os rituais do sacramento

A alvorada faz parte da tradição e é seguida por quase todas as Guardas. É uma chuva de fogos de artifícios, cantos e danças, realizados na madrugada de domingo, por volta das cinco horas da manhã, anunciando que vai ter festa ao longo de todo o dia. É também o momento mágico de "fechar as encruzilhadas", limpando e protegendo as Guardas de todo o mal que possa atrapalhar o festejo, garantindo os bons fluidos.

Diz Martins (1997) que a cultura negra é das encruzilhadas, *lócus* tangencial:

> instância simbólica e metonímica, da qual processam vias diversas de elaborações discursivas, motivadas pelos próprios discursos que a coabitam. Da esfera do rito e, portanto, da *performance*, é lugar radial de centramento e descentramento, interseções e desvios, texto e traduções, confluências e alterações, influencias e divergências, fusões e rupturas, multiplicidade e convergência, unidade e pluralidade, origem e disseminação. Operadora de linguagens de discursos, a encruzilhada como lugar do terceiro, é geratriz de produção sígnica diversificada e, portanto, de sentidos (p. 28).

As performances executadas pelas Guardas, durante os festejos, nas encruzilhadas, são sempre em forma de meia-lua e elas podem ser: para receber e cumprimentar o trono coroado, em sinal de respeito – nesse caso, os congadeiros se dirigem um a um, ou em duplas, até os reis e fazem reverências –, podem abrir em fileiras pelas laterais e para fora, como se desenhassem um coração, recebendo todos os visitantes; ao contrário, as fileiras podem se cruzar por dentro e pelo centro, fechando na frente das bandeiras, para proteção, quase sempre quando encontram com uma Guarda que provoca demandas; e, por fim, os dançantes podem passar por trás do trono coroado, como se estivessem trazendo todos para dentro do Reinado.

Percebe-se que o próprio corpo do congadeiro é um texto e exprime uma linguagem. É também ele, continente e conteúdo (MARTINS, 2000), lugar e veículo da memória e do esquecimento. Seu corpo em performance "é o lugar do que curvilineamente *ainda* e *já* é, do que pôde e pode vir a ser, por sê-lo na simultaneidade da presença e da pertença (p. 83, grifos da autora). Assim é que todo momento ritual é permeado de cantos e danças específicos para aquele fim. A música (palavra cantada) e a dança são as essências dessa experiência religiosa (LUCAS, 2002). Em suas performances, o Congo vai à frente, em fileira, e dança com o corpo aberto, às vezes saltitante. O Moçambique, com a responsabilidade de "puxar a coroa", anda devagar, os componentes dançam bem próximos uns dos outros, formam um único grupo, numa dança que traduz a força da terra expressa pelos tambores e gungas. O som da gunga gera uma outra harmonia nos cantos. Ela remete ao tempo da escravidão, pois era este o nome dado ao sino que o escravo carregava preso ao seu tornozelo, para acusá-lo quando da fuga. Mas como nos lembra Lucas *apud* Mário de Andrade (2002, p. 92), o som da gunga "é um barulho santo, igual dos sininhos da igreja".

No início da manhã, a Guarda anfitriã prepara o cortejo para a "tirada dos reis e rainhas". Quando é possível contratar uma banda de música, esta segue à frente e a Guarda se organiza em seguida. "Tira-se" o trono coroado primeiro, um a um, e, por fim, os festeiros, promotores da festa. Caminha-se sempre devagar, conduzindo as coroas até os altares. Enquanto isso, no local da festa, equipes de apoio recepcionam a chegada das Guardas visitantes. Quanto maior o número dessas, melhor é a festa, por isso, o momento de espera é sempre de muita ansiedade. A festa é o elo de ligação entre as Guardas, marca a cumplicidade, a "solidariedade errante" de que nos fala Duvignaud (1986) e, assim, sela-se uma rede de socialidade, pois fora os seus períodos festivos, as guardas "pagam" as visitas. Desse modo, participam o ano inteiro de outras festas.

> *Mas aí você vai numa festa, aí você conhece as pessoas, aí eles ficam gostando do seu Congado, aí eles pegam e juntam. E aí você passa a ser amiga desse grupo, igual eu, olha procê vê, em novembro a gente foi lá em Olhos D'água (bairro de BH), aí eu fui numa festa lá de Congado, nós tava lá nessa festa, aí nós tava indo embora, aí o rapaz falou comigo: ô, Solange, você vai vir no Barreiro (bairro de BH)? Aí eu falei assim: fazer o quê? Ah, vai ter uma festa lá dos congadeiros e tal. Aí eu falei: mas eu não fui convidada não. Então você vai ser convidada agora. Aí ele ligou pra uma menina (...) e ela convidou, falou pra gente ir e levar o Congado. O ônibus vem buscar vocês, aí*

> *eu falei: pelo amor de Deus, gastar dinheiro eu não posso mais não. Aí a prefeitura deu os ônibus, buscou nós aqui. Aí a gente foi lá no Barreiro sabe? Inclusive saiu até no jornal essa festa que a gente foi lá, olha procê vê a lonjura, lá no Barreiro, tinham vários Congados, aqueles Congados ali tudo pegam endereço, aí onde que vai virando uma comunidade, vai juntando. A Maria (outra guarda) mesmo eu conheci pela Dona Sebastiana, porque a gente gosta muito dela sabe? Aí eu convidei ela, a gente nunca teve oportunidade de ir na festa dela, porque geralmente na época de festa dela é época da festa de Sete Lagoas (cidade próxima), e Sete Lagoas já virou sempre uma tradição pra nós, porque tem esses meninos que são parente. Então como se diz, se você não for na minha festa eu não vou na sua. E então não posso deixar de ir lá. É um contrato que a gente tem em Sete Lagoas, então eu não posso deixar de ir. É um compromisso né?* (Capitã Solange, 2006).

Estabelece-se, assim, uma "economia do dom", na qual a festa é o "objeto transicional" (DUVIGNAUD *apud* WINNICOT,1997, p. 137) no jogo das relações entre as guardas. Trata-se de uma circulação simbólica de valores arquetipais que delimitam uma região e que fazem uma espécie de "experimentação geográfica", expressão de Duvignaud com a extensão em que se desprega, de uma maneira dispersa, da vida comum de uma mesma etnia. É a topologia do sagrado de que nos fala Taussig (1993). São vários os mapas de redenção desenhados pelas guardas, que se esticam da capital para o interior. Formam subgrupos e, desse modo, vivem uma cumplicidade religiosa.

As festas do Congado são vividas como forma de sociação (SIMMEL, 1983), do estar-junto em sua dimensão de delírio coletivo, de exaltação, que constituem as representações coletivas. Para Durkheim (1996), as representações atingem o máximo de intensidade quando os indivíduos estão reunidos e em relação direta uns com os outros, em que comungam de uma mesma ideia ou sentimento. Entretanto, quando a assembleia se desfaz, estas representações perdem sua energia originária e retorna-se ao cotidiano. É preciso encontrar um meio de reavivá-la, daí a importância das cerimônias religiosas. É exatamente o que ocorre nos grupos de Congado. Elas colocam a coletividade em movimento, os grupos se reúnem para celebrá-las e seu primeiro efeito é de aproximar os indivíduos, de multiplicar os contatos entre eles e de torná-los mais íntimos (PEREZ, 2004).

Duvignaud (1986) afirma que a festa é um desses elementos que nos possibilitariam compreender aquilo que nos liga uns aos outros, que faz vínculos e produz elos, pois ela é o (re)*ligare*. Para ele, não seria preciso explicar o que é a festa nem o tipo de vínculo que ela constrói, mas o que acontece quando os homens se reagrupam nestes momentos privilegiados. Em outras palavras, Durand comunga com essa noção do (re)*ligare*, ao afirmar que a festa é a atualização da mitologia do ciclo e sua função revigorante frente à morte.

No altar, o trono coroado recebe as Guardas visitantes. Cada uma, por sua vez, desloca-se até os reis, canta e dança para eles e para Nossa Senhora. Após a prestação das homenagens, as Guardas se dirigem às cozinhas, nas sedes para o almoço.

Quando uma Guarda se desloca nas ruas, os devotos se partem em direção à bandeira e a beijam ou fazem o sinal da cruz, pedindo a benção e proteção à Grande-Mãe.

Frequentemente, uma Guarda cruza com outra. Nesse momento, uma bandeira pede licença para entrar no Reino visitado. As bandeireiras trocam as bandeiras e, com vistas a abençoar os participantes de seu grupo, circulam o santo protetor da outra Guarda por cima de suas cabeças. O encontro dos capitães é sempre caloroso, com cumprimentos, falas e beijos nos bastões.

Um momento esperado por todos é a procissão. "É momento sagrado pois é quando os 'santos' vão para as ruas", diz a Capitã Maria (2007). A Guarda anfitriã e os grupos convidados se organizam. Os andores preparados com muita dedicação e criatividade, pelos próprios devotos, são carregados por pessoas da comunidade. É comum encontrarmos os andores de Nossa Senhora do Rosário, Santa Efigênia, São Benedito, além de Nossa Senhora Aparecida, São Cosme e São Damião, São Jorge, o Divino Espírito Santo, dentre outros. Por ser o agonístico uma das características da festa, a cada ano tudo deve ser feito para ficar ainda mais bonito que o anterior. O Congo "enfeita a rua" e o Moçambique "puxa" o trono coroado, que luta contra o vento para manter suas velas acesas, murmura as orações do terço e canta. Misturam-se sons, cores e ritmos. Lembrando Maffessoli, é uma con-fusão animada, dançada e cantada, na qual cada grupo realiza seus gestos e ritmos privados, porém, integrados em um movimento geral, que serpenteia o trajeto onde passa. Os sons se decompõem, mas no fundo, no ritmo dos tambores, é uma música só.

A procissão[42] é a espetacularização da vida, na qual, novamente com Mafessoli, a forma, o gestual, o falso brilho, a aparência não são aspectos secundários e residuais, mas expressão da potência desses grupos que se esgota em si mesma. A festa do Congado é barroca; é exposição, para ver e ser vista. É pública e provoca o êxtase, a emoção (assim como nas faustíssimas festas discutidas por Ávila, 1994). Para Laura Mello e Souza (2001) o barroco é a cultura da representação. É assim que os congadeiros revivem o que seus antepassados deixaram como herança, pois o Congado belorizontino traduz o barroco vivido pela sociedade mineira e brasileira[43].

Algumas Guardas realizam a missa conga, ou missa crioula, após a procissão, outras preferem fazê-la no dia seguinte. Diz o Capitão Toinzinho que a missa:

[42] Newmann (2003, p. 23) discute o arquétipo do "caminho", sempre difícil e perigoso, com o objetivo de se chegar aos santuários sagrados, destacando as procissões religiosas de todos os povos.

[43] Para Duvignaud (1983, p. 1986), o barroco localiza-se numa época de passagem, de uma coisa para outra. Na passagem da Idade Média para a Idade Moderna, o barroco significou o desencantamento com o mundo, a oposição entre o desejo e a razão, fruto do surgimento da ciência. Uma de suas características foi a reinvenção do desejo. O barroco é atípico e anômico, uma vez que a consumação inútil é difícil de ser entendida pela razão moderna que não admite esta ideia, da suntuosidade, das coisas sem preço, como diz Duvignaud (1980). Este consumo inútil também pode ser visto nas procissões citadas (ÁVILA, op. cit.). A estética do barroco é a deformação, que também é a metamorfose, possibilita a experiência da alteridade. Perez (notas de aula, 2006) afirma que toda vez que estiver acontecendo uma ruptura civilizacional pode ocorrer o barroco. Por isso, a autora defende duas teses: a de que a civilização brasileira é barroca, de modo que não somos completamente modernos nem completamente tradicionais, vivemos essa indefinição; e ainda, que estamos presenciando a volta do religioso, fato que pode ser observado pelo grande número de festas presentes em nosso país. Isso é sintoma de uma mudança civilizacional. O mundo está vivendo a constituição de um novo homem, um novo mundo, uma nova época. Estamos vivendo outra passagem... É importante ainda, lembrar o que nos diz Durand (2004) sobre o sistema sociocultural imaginário que sempre se destaca a partir de um conjunto mais vasto e contém os mais restritos e assim ao infinito. Ao discutir o conceito de bacia semântica o autor destaca o barroco para exemplificar que um imaginário social, mitológico, religioso, ético e artístico sempre tem um pai, mãe e filhos... Segundo ele, o imaginário do barroco dos séculos XVI e XVII se insere na cristandade latina e na sua ruptura reformadora que, por sua vez, se insere no mito gibelino do império do ocidente, que se insere nas derivações venezianas, alemãs, ibéricas, americanas... (p. 104).

> *(...) é o resgate do povo. A igreja já foi fechada para as Guardas. Em 1952, as Guardas chegaram a ser perseguidas por rádio-patrulhas [carros de policia]. Em 1955, Padre Antônio, da Igreja dos Santos Anjos abriu para o Congado participar da missa, mas não era conga. E aí as Guardas voltaram a participar. A Federação dos congadeiros resolveu fazer a missa conga. Frei Chico celebrou a 1ª missa conga desta Irmandade há mais de 10 anos* (2006).

A missa conga é uma apropriação do ritual católico, mas aqui também o negro reinventou a tradição, encorporando[44] novos elementos na encenação ritualística que seguem os rituais de uma liturgia comum, acrescida dos cantos e danças ao som das caixas, gungas e patangomes. O Capitão Amaro explica como ocorre a dramatização de um tempo, em que os negros não participavam da liturgia:

> *É assim: os coroados entra pra igreja e fecha a porta, isso aí quando o padre sabe celebrar a missa conga e sabe participar. Aí, eles ficam do lado de dentro, aí, eles [os negros] cantam ali pedindo licença para abrir as portas, pra abrir a porta pra entrar, assisti a missa e tudo. Aí que [o padre] abriu as portas eles entram. Aí, os coroados reis já estão tudo lá dentro. Porque, antigamente era assim, os negros levavam os reis para missa, chegava na porta eles ficavam do lado de fora, e os reis entravam pra dentro e eles ficavam do lado de fora. E não entrava não, a hora que terminava eles pegavam os reis e levavam lá para o trono deles e, aí, eles iam rezar na senzala deles* (2006).

[44] Sigo os mesmos passos de Eduardo Viana Vargas (2001) ao abraçar a sugestão de Eduardo Viveiros de Castro para a tradução da palavra inglesa *embody* e seus derivados, pelo neologismo "encorporar" ao invés de "incorporar". O argumento se baseia na consideração de que o prefixo *in* diz respeito a um "movimento para dentro" (ingerir, inalar) e ainda, a uma negação ou privação (inábil, indivíduo). Já o prefixo *en*, apesar de tomado também no sentido de *in* (engarrafar, encaixar), significa especificamente transformar, guarnecer, prover, encher, fazer crescer (enegrecer, engravidar, encaminhar, encampar). Segundo o autor, "é possível sustentar que, em sentido próprio, "incorporar" se refere a algo que, existindo anterior e exteriormente ao corpo considerado, nele entra ou a ele se junta (quando não o nega), enquanto "encorporar" diz respeito a dar ou tornar corpo, corporalizar, materializar, vale dizer, a acepções que não supõem o dualismo mente/corpo implícito nos vocábulos "encarnar" e "incorporar" (p. 37).

Assim, no momento da celebração da missa conga, os Filhos do rosário cantam o lamento do negro, relembrando o que seus antepassados viviam no tempo do cativeiro. É um momento emocionante, quando os tambores se calam, o Capitão "puxa o lamento" e os "vassalos" respondem apenas o coro. O lamento é quase sempre assim:

Ô, no dia 13 de Maio
Uma assembleia trabalhou nego veio era cativo
Sá rainha libertou, (ô)
Quando nego era cativo
Agora já é sinhô (ô)
Ê, no tempo do cativeiro
Era branco que mandava
Senhor branco ia à missa
Era nego que levava (ô)
Ê, senhor branco ia à missa
Era nego que levava
Senhor branco entrava pra dentro
nego cá fora ficava (ô)
É, senhor branco entrava pra dentro
nego cá fora ficava
Nego só ia rezar
quando na sanzala chegava (ô)
Ê, nego só ia rezar
Quando na sanzala chegava
Nego não podia falar nada
Que de chibata apanhava (oia)
Ô que dor
Jesus Cristo está no céu
Acolhendo todas as almas
Desses nego sofredor (ô)
Senhor padre abre a porta
Hoje nego quer entrar
Quer ouvir a santa missa
Que o padre vai celebrar (ô).

O Centro de Tradições do Rosário (CETTRO) tem se empenhado em aproximar o Congado da igreja católica, em Belo Horizonte. Segundo o Rei

Perpétuo Manoel, o dia da padroeira da cidade, que é Nossa Senhora da Boa Viagem, comemorado no dia 15 de agosto, desde 2004, vem contando com a participação das Guardas, nas homenagens prestadas a Santa. Mas apesar do esforço essa relação é diferenciada. A Capitã Maria nos fala sobre isso:

> *Agora eu vejo a relação com a igreja um ótimo período, vamos dizer assim, do que nós já passamos, a uma década de 15 anos atrás, há 20 anos que a gente não tinha essa liberdade de tocar numa igreja. Tocar na porta da igreja, fazer uma missa crioula, fazer uma missa conga, fazer uma missa afro, nada disso era aceito, né? Agora, hoje não, ontem mesmo, antes de ontem teve missa ai. Terça feira teve missa aqui. Então, agora a gente pode sentir que a gente faz parte da nossa religião católica. Faz parte da religião católica e eu não vou tirar, como diz o vínculo da nossa origem espiritual, porque se nós não fosse a parte espírita dos negros que deixou pra gente e passou por aqui, nós também não tinha essa fortaleza toda que preenche nós pra poder dar continuidade no trabalho, né?. Então, a gente, graças a Deus, a gente é bem aceito. Tem muito lugar aí, ainda, que não aceita. Que não tem vínculo com congadeiro; pode ate ter o padre, talvez em vários lugares ai que a gente já viu, tem aquele vínculo, mas parece por obrigação sabe que agora eles é obrigado a aceitar. A lei é essa, eles é obrigado a aceitar o reinado dentro da igreja. Então, a gente ainda vai em muitos ai que eles passam perto da gente, como se a gente fosse ninguém que estivesse ali dentro, celebram a missa de cabeça baixa, de cabeça baixa ele 'tá, de cabeça baixa ele continua. Não dá liberdade de você ter um representante de Deus ali, um missionário ali na nossa frente que entrosa na nossa, como diz na nossa origem, né? Entrosa na nossa Irmandade. Eles fala que a Irmandade do negro é uma, do branco é outra; não entendo muito bem esse negócio. Não posso acreditar nisso aí, mas a gente consegue aceitar a nossa Irmandade negra, que é uma irmandade muito bonita. É uma irmandade de força né? Eu acho que a Irmandade do congadeiro, da umbandista, do candomblé, do Moçambique, do congo, do maracatu, eu acho que tem uma força muito grande. Mexe com os tambores eu acho que dá pra arrepiar muita gente. Dá pra levantar muitas alma que 'tá lá do lado de lá e escutar que nós ainda 'tamo vivo, né? Eu acho que é, da pra mexer com negro, com pobre, com rico...* (2007).

O negro gosta de uma missa alegre, e quando pode organizá-la, acrescenta elementos criativos no ritual, como no momento do ofertório. Quase sempre eles oferecem alimentos que relembram a cultura agrária dos negros, além do rosário, que é sempre muito aplaudido por todos. Em várias missas a que assisti, também um bebê era ofertado à Nossa Senhora, colocado a seus pés, como se estivesse sendo batizado no Reinado, naquele momento. Entretanto, os congadeiros mais ligados à tradição dos antigos alertam que:

> *A missa é uma coisa sagrada, tem que ser muito respeitada. Mas eu tenho achado a missa muito folclórica, muito... aparecida. As meninas que vestem para o ofertório podia ser mais simples, às vezes elas nem prestam atenção no evangelho, tira a atenção, porque a missa é sagrada* (Neusa, 2007).

O alimento sagrado

Callois (1988) afirma que a festa se caracteriza pela ingestão de comidas e bebidas. Apoio-me em Eliade (1992) para dizer que, nas festas do Congado, a necessidade fisiológica de se alimentar se transforma em sacramento. Em todas as festas come-se, ritualisticamente, numa valorização da alimentação e dos alimentos, que são considerados sagrados.

Em todas as sedes, casas ou terreiros congadeiros o destaque fica para a cozinha, quase sempre equipada com fogão a lenha, enormes panelas, recipientes e demais utensílios, além da imagem de são Benedito, o santo cozinheiro, aquele que dá a proteção para que nada falte. Mais uma vez, podemos ver em ação as imagens caras ao regime noturno discutidos por Durand em sua estrutura dramática, na qual a dominante é digestiva. Aqui, encontraremos a taça, o cálice (o graal), o ventre digestivo, o vaso (estomacal ou uterino), a noção de continente e de conteúdo, símbolos da mãe primordial, alimentadora e protetora.

O simbolismo noturno com o gesto da descida digestiva e o esquema do engolimento nos conduzem às fantasias da profundidade e aos arquétipos da intimidade. O gesto alimentar e o mito da comunhão alimentar são protótipos naturais do processo de dupla negação, presentes nesse regime. O ato de comer, manducar, é a negação agressiva do alimento vegetal e animal, não no sentido de destruição, mas de transubstanciação. Como já percebido pela alquimia, "toda a alimentação é transubstanciação" (DURAND, p. 257).

Nas festas de Congado, o alimento é cuidadosamente preparado. Um verdadeiro batalhão de pessoas trabalha para que lanches e centenas de pratos sejam servidos, durante todos os dias. O trabalho é pesado, pois são quilos e mais quilos de carnes, verduras, grãos, dentre outros, a serem preparados e cozidos para receber os visitantes. Homens e mulheres se envolvem, pela fé, de modo voluntário, nessa tarefa, portanto, sua participação é diferenciada. Lembremos do que nos disse Léa Perez (2004) sobre a multiplicidade de festas que existem dentro de uma mesma. Para cada um, a festa é uma. Os trabalhos iniciam-se, previamente, muitas vezes, quinze dias antes. Nos dias efetivos de festa, antes mesmo dos primeiros raios de sol, os cozinheiros entram em ação, encerrando as atividades só no finalzinho do dia.

As Guardas se deslocam para o almoço, encontrando a mesa sempre farta. A anfitriã é a última. A Grande-Mãe quer ver a família reunida, principalmente, nos momentos das refeições. Por isso, vive-se a comunhão e a partilha. A refeição é sempre precedida por cantos, ritual que também se repete quando todos estão saciados, sendo o agradecimento da mesa um dos momentos mais importantes. No almoço, os reis são descoroados, é uma pausa também para o descanso.

> *Tem muita comida e é uma comida gostosa. Tem uma cozinheira que cozinha aqui que pelo amor de Deus! A crioula pra cozinhar, meu Deus do céu! Ela é fora do sério* (Capitão Hélio, 2006).

Também a comida possui uma fundamentação mítica, como nos diz o Capitão Dirceu:

> *Isso já veio desde as primeiras festas, né? Igual fazia a festa de Nossa Senhora, foi feita para libertação desses tipos de coisa. Juntou-se todo mundo, bastante comida, bastante bebida, todo mundo tinha que comer, tinha que beber, tinha que fartar, então, isso já vem desde o início. Festa de Reinado, qualquer lugar que você vai é desse jeito, né? E por grandeza de Nossa Senhora do Rosário. Pode vim o tanto de gente que vier que todo mundo come e*

> *bebe e ainda sobra comida. A gente tem que trabalhar assim, com bastante fé, bastante firmeza, mas a gente trabalha tranquilo, porque a gente sabe que, no final das contas, vai dar tudo certinho, vai ser recompensado, com certeza* (2006).

Muitas Guardas gostam de servir feijoada, dizem que é a comida do negro, do tempo da escravidão, que eles faziam com as partes do porco, rejeitadas pelos senhores. O porco é também um símbolo do Grande Feminino e ocorre em toda parte como o animal a ser sacrificado em nome da Deusa Terra. É também símbolo de fertilidade (NEUMANN, 2003, p. 126).

"Agradecer a mesa" é um ritual extremamente simbólico. Os congadeiros o fazem com alegria e respeito. É o agradecimento pela recepção do alimento sagrado. Alimento que o mantém vivo e com energia para sempre louvar o rosário de Maria, enquanto tiver forças. Nesse momento, São Benedito, o Santo Cozinheiro, merece todas as honras e glórias. Cantos são entoados com vibração, como estes:

Já comeu, já bebeu
Já comeu, já bebeu.
Agora vamos agradecer meu irmão
O pão que Deus deu!

Já comeu, já bebeu
Eu agora vou embora
São Benedito que abençoe
Junto com Nossa Senhora
São Benedito que lhe pague
Junto com Nossa Senhora
Viva o pão que Deus deu.
(Canto tradicional para agradecer a mesa e os alimentos)

Durand afirma que o alimento primordial, o arquétipo alimentar, é o leite. Diz Bachelard (2002) que "toda bebida feliz é um leite materno" (p. 121). A ele se associa o mel, do oco da árvore, da abelha ou da flor, e, assim, são considerados como doçuras, delícias da intimidade reencontrada. Alimento e bebida se decantam para o seu estado puro, e numa leitura psicológica, passam a ter qualidades arquetípicas e míticas. Assim, é que se chega à beberagem sagrada, carregada de significações múltiplas, ligada aos símbolos cíclicos da renovação, da árvore e aos esquemas do engolimento e intimidade. De novo, do regime noturno.

Bachelard (1999) em sua "Psicanálise do fogo" também dedica algumas páginas para discutir sobre a relação da água com o fogo, que resulta no álcool, e nos diz que: "a aguardente é a água de fogo" (p. 123). De todas as matérias do mundo, a aguardente é a única tão próxima do fogo. O álcool é um alimento imediato que instala seu calor na cavidade do peito, é objeto de valorização substancial. A combinação entre a água e o fogo é discutida pelo autor em "A água e os sonhos" em que este afirma que "quando o álcool arde, numa noite de festa, parece que a *matéria enlouqueceu*, parece que a água feminina perdeu todo pudor e que se entrega, delirante, ao seu senhor, o fogo!" (p. 100, grifo do autor).

Diz também o autor que o álcool, transformado em ponche, é um pretexto para o devaneio, para os contos ou, simplesmente, para o acompanhamento de uma noite de festa. O álcool é um fator de linguagem, pois "enriquece o vocabulário e libera a sintaxe" (p. 129). Mas o álcool também é combustível, por isso quem bebe álcool pode queimar como ele.

A presença do álcool, entre os congadeiros, é bastante polêmica. Vários Capitães me disseram que não concordam que seus dançantes, principalmente se estiverem fardados, fiquem expostos nos bares, tomando cerveja, ou outra bebida alcoólica qualquer. Para eles, isso é um desrespeito para com a Santa. Entretanto, em algumas Guardas a cachaça se faz presente. Ela se torna legítima, quando é preparada por um mestre mais antigo. Quase sempre ela é curtida de um ano para o outro, por isso, para alguns, possui o efeito de um remédio. É a beberagem sagrada da qual nos diz Durand (p. 261), ela é "oculta, ao mesmo tempo em que é a água da juventude". Cabe ao Capitão distribuir o precioso líquido e isso acontece, na hora e no local que este determina. Ouvi um senhor dizer "aceita peito, faz de conta que é leite".

> *O reinado veio da senzala. A cachaça também. Não tem como afastar isso do congadeiro. Alguns reinados tentam esconder, mas não tem. Às vezes a pinga*

> *é até remédio. Existe punição para as pessoas que passam do limite. Ele não coloca farda, mas tem que acompanhar a Guarda, se não acompanhar não é punição* (Capitão Daniel, 2006).

> *As pessoas não sabem fazer as coisas com regras, com limites, inclusive a gente proíbe a bebida alcoólica. Agora por exemplo, com a permissão do chefe da Guarda, os que têm cargos maiores, mais importante né? Se permitirem, então na hora da refeição sim, poderá servir um pouquinho, certo? Em algumas, eu não vou falar em todas, porque eu não vejo isso em todas as Guardas, lugares que tem uma cachaça reservada que pode dar para o pessoal. Não é todos os lugares* (Capitã Vilma, 2006).

Diz Durand (p. 261) que "a virtude dessas beberagens é ao mesmo tempo criar uma ligação mística entre os participantes e transformar a condição triste do homem. A beberagem embriagante tem por missão abolir a condição cotidiana da existência e permitir a reintegração orgiástica e mística". Em todos os rituais religiosos, encontraremos uma bebida sagrada.

A fantasia alimentar, reforçada pelas imagens da tecnologia das bebidas fermentadas e alcoolizadas, nos conduz a digestão. Também ela é transformação e nos remete à morte, pois "é o apodrecimento controlado que nos enriquece e ajuda a sobreviver. Destruímos para continuar a viver e uma tal destruição é comparável ao ato que faz gerar o filho no ventre da mãe" (DUVIGNAUD, 1983, p. 63). Para Duvignaud, os grandes banquetes são festas copulativas, pois é o momento em que a natureza se instala no homem, ao mesmo tempo, destruímos e regeneramos. Isso também é a festa.

O ouro e o sal, também símbolos da intimidade, trazem ainda a ideia da concentração, da condensação e da transformação alquímica. São fantasias de operações, mães de substantivos, como as noções de concentrado, comprimido, extrato, suco (DURAND). É a transformação alquímica, mais uma vez, ressaltando o arquétipo do Feminino. É o feminino que transubstancia o produto em alimento, que transforma, e, dessa forma, nutre.

A descida dos mastros: encerramento da festa

A festa de Nossa Senhora do Rosário também favorece a circulação de riquezas na comunidade, momento de se organizar para levantar fundos. Em quase todas as festas que presenciei, barraquinhas são erguidas nas ruas. Vendem-se salgados, doces, cervejas, refrigerantes, bijuterias, roupas, dentre outros. É o profano, o lado instituído da festa (a festa-fato). Além disso, montam-se parquinhos com brincadeiras para as crianças. Palanques e carros de sons garantem o entretenimento veiculando músicas, enquanto as Guardas descansam.

Após os três dias de festejos, cantando e dançando, subindo e descendo as ladeiras da cidade, debaixo de chuva e sol, carregando os instrumentos pesados, é hora de encerrar. Algumas Guardas ainda encontram energia para realizar as danças do "tempo dos escravos". Hora de fazer "bizarria", momento em que os Capitães descontraem e brincam com os outros. Pois, a festa é sempre muito tensa e tudo é levado muito a sério.

A Guarda de Congo Feminina do Bairro Aparecida relembra os antepassados com a "dança da manguara", varas de aproximadamente um metro de cumprimento que possibilita uma coreografia entre as dançantes acompanhadas do som da sanfona e das caixas. Ao final, as mulheres, dançando, cruzam as manguaras até que forme uma rede, denominada por elas "cama de benguê". De novo o clima fica tenso e exige concentração, pois a primeira Capitã da Guarda, ajudada por uma dançante, sobe na "cama", ou seja, nas varas entrecruzadas e é elevada. Esta cena nos faz relembrar a metáfora da elevação com seus símbolos ascencionais. A bandeira da Guarda circula por todo o espaço, abençoando a todos os presentes, até que a Capitã desça e as manguaras se desfaçam. De novo é uma representação, as varas entrecruzadas se transformam em um andor, a Capitã, naquele momento, se transmuta em Nossa Senhora e é assunta aos céus. A bandeira tremulando em suas mãos simboliza o agradecimento à festa.

A descida dos mastros é, mais uma vez, carregada de emoção. Quase sempre é acompanhada de uma chuva de fogos e palmas. É hora de finalizar a festa, agradecer por tudo ter ocorrido de forma tranquila, e de, principalmente, recolher os símbolos da fé. Nossa Senhora veio dos céus, pelas águas, e, para o céu deve retornar. Para lá, também, devem voltar os outros santos. Subir para descer de novo e novamente subir, num ciclo eterno que a cada ano se renova e que nos remete, inexoravelmente, aos ritos agrários de povos nos quais, por certo, os congadeiros encontram suas origens. E que em última análise, nos relembra o aforismo "viver de morte, morrer de vida". É esse o movimento, aqui e lá. São as alternâncias dos dois ritmos, o sagrado e o profano, marcados pela festa, como nos diz Mauss (1974b), que nos traz de volta ao cotidiano.

O corpo vence suas dores, o cansaço, a fome, o suor, para viver ao longo desses dias a dimensão do sagrado. Duvignaud (1997, p. 79) nos diz que a festa nos faz lembrar que somos carne, desejos, paixões. É pelo aniquilamento do corpo que dele lembramos. Por meio desse jogo do corpo, composto pela carne e o osso, o autor discute a produção simbólica, que se dá a partir da morte do corpo, da matéria, que volta à natureza (arquétipo da árvore) e é a sua força. Um corpo que revigora, nutre-se e renasce.

E o que sobra depois da festa? O dom do nada, o sacrifício inútil (DUVIGNAUD). As falas abaixo corroboram:

> *Agradecemos a Nossa Senhora do Rosário e a nossos ancestrais por ter dado tudo certo. "Até o ano que vem se Deus quiser... O que fica? Fica a recordação daqueles momentos que nós vivemo ali, tudo junto, em harmonia, rezando numa só conta e num só rosário, aliás, nas contas de um só rosário. Aí, a gente começa a pagar os que viero, o ano todo, aí vão pagando ate pagar tudo, e fica gente sem pagar. Fica devendo gente* (Capitão Jeremias, 2007).

> *Prá mim, não precisava terminar, podia ser continuada. A gente fica muito agradecida pelas graças, a gente pede no início, pede no meio e pede no final. Então, a gente agradece e peça que continua sempre. Enquanto a nossa mamãe do céu quiser...* (Capitã Alice, 2007).

> *Fica muitas graças em Nossa Senhora, muita alegria. A gente se sente leve de trabalhar pra ela o ano inteiro, entra ano sai ano e a gente 'tá sempre feliz* (Rainha Conga Conceição, 2007).

Eu mesma pude sentir o dom do nada em minha experiência como rainha. Durante os quatro dias um misto de choro e alegria, emoção, tensão, doação, cumplicidade, exposição, gastos. Mas tudo passou muito depressa, inacreditável, inexplicável. Valeu a pena. Senti-me revigorada e pronta para enfrentar os desafios da vida, protegida, cheia de graça. Faria tudo de novo...

É por isso que, com alegria, o congadeiro canta:

Se a morte não me levar,
tamborim
se a terra não me comer,
ai, ai, ai,
tamborim
para o ano eu voltarei,
tamborim.
(Canto tradicional)

E Viva Nossa Senhora do Rosário!

Os Mistérios Gozosos

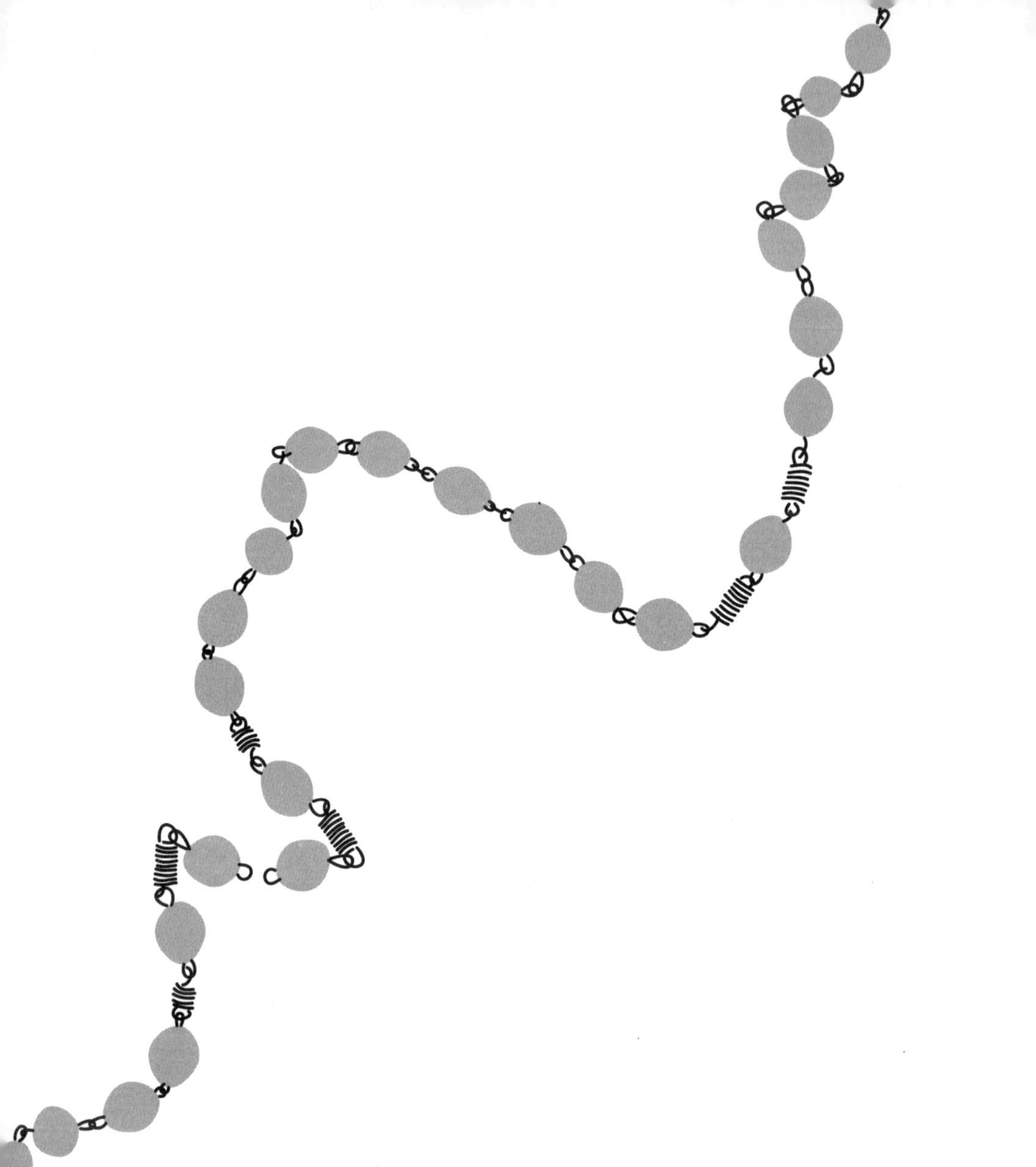

Considerações Finais

Após tratar das questões mobilizadoras deste estudo, bem como, atingir os objetivos propostos espero que este trabalho possa, muito mais do que responder suas perguntas, estimular novas reflexões em outros campos, em pesquisadores e também em mim. Nenhum estudo pretende dar respostas a todas as questões. Antes, elas são como molas propulsoras para outras construções com base em diferentes referenciais e metodologias em diálogo constante com a cultura e a sociedade.

Gostaria ainda de tecer algumas considerações sobre o Congado. Todos os entrevistados explicitam a preocupação com a sua continuidade. A fala do Capitão Dirceu ressalta a sua natureza guerreira "O Reinado é um desafio" (2006). Ele se refere às dificuldades que encontram e os conflitos para manter a "tradição", realizar as festas, dentre outras.

> *É uma história bem bonita, de muita luta, de muito sacrifício, de muito amor. É mais o reinado é uma coisa muito difícil de ser mantido na realidade. Poderia ter muito mais Guardas, muito mais Irmandade, mas é um pouco complicado. As pessoas as vezes vem nas festa, é uma festa muito bonita, a festa cheia de harmonia, mas até chegar naquele ponto da festa a coisa é muito espinhosa, porque mexer, lidar com o povo, com muita gente, com cabeça de todas idades é complicado. As vezes a gente tem que engolir o boi com o chifre e tudo né para você pode conseguir passar que as vezes não passa né, as vezes isso é bom demais para uns e ruim demais para os outros né, pra outros você nem presta né, então é complicado mesmo com esse título de Irmandade, mas é difícil* (2006).

Em relação a minha hipótese de base sobre o mito fundador envolvendo a história do Congo e de D. Afonso I, a ausência em meus depoimentos de referências a esta narrativa marcadamente dramática, de caráter épico, que ritualiza o mito enquanto um evento historicizado, me autoriza a afirmar que um desvanecimento gradual do relato histórico vem sendo eclipsado, se diluindo paulatinamente no mito de origem protagonizado pela imagem da Santa. Foi ela quem se tornou a principal razão da existência da manifestação.

Indiscutivelmente, o Reinado de Nossa Senhora do Rosário transborda de transdutores híbridos, nos quais se manifestam o patente (festa-fato) e o latente, onde esses são fermentados (festa-questão). Nessa relação, Nossa Senhora do Rosário é o imaginário, o mito. Ela é a natureza, a origem, a gestação. A Grande-Mãe que gera o filho e o protege. É o significante, o que abre. Pelo mito, ela sai das águas (natureza) e vem se encontrar com o Filho. O Filho é aquele que ao realizar a festa não a esquece, louva-a, e desse modo, reatualiza e epifaniza o mito. A Santa visita o Filho e retorna aos céus, ascende, é a cultura, a religião. Isto é o transdutor híbrido: vem natureza (Grande-Mãe) e volta cultura (Santa). A festa é a vivência dessa alternância da natureza para a cultura. Do sagrado selvagem para o sagrado domesticado (PEREZ, 2008). São os princípios presentes na complexidade. De forma recursiva, dialógica e hologramática, aberto ao campo do possível e do imaginário, o Reinado se constitui, vive, resiste, persiste e sobrevive.

Por meio dos transdutores híbridos vive-se o congado como uma religião de mistério, na medida em que esse catolicismo reinventado implica iniciação, pertença à uma comunidade de escolhidos, promessa de redenção e vida eterna. Além disso, combina as adorações da Virgem-Mãe Nossa Senhora com a de seu filho imolado, Jesus. Essa iniciação mistérica, segundo Eliana Atihé

> *dá-se igualmente em dois níveis: enquanto rito de passagem, é uma experiência vivificante que ativa os vínculos imateriais (os afetos, as imagens comuns) entre os indivíduos, além de participar e garantir a passagem maior, futura, dessa vida de sofrimento para outra, de integração com a divindade; num outro nível, envolve o acesso do iniciado a um certo arcabouço de conhecimentos e seu compromisso de obediência a certos preceitos, elementos que reforçam o amálgama que liga à comunidade de fiéis.* (2008)

Quadro 4. Os transdutores híbridos: da festa-fato à festa-questão

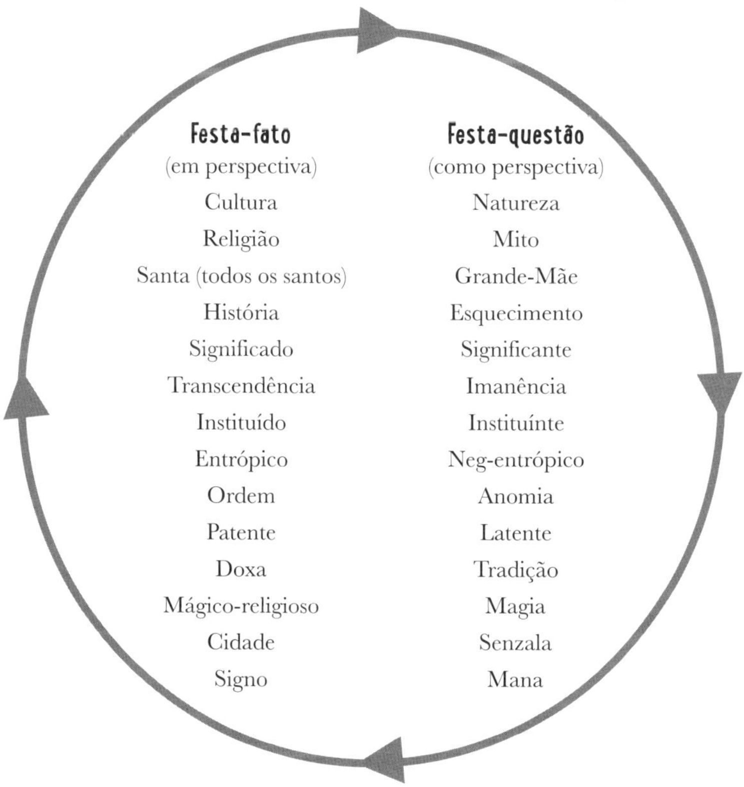

Como vimos, a iniciação aos mistérios, ou seja, aos conteúdos secretos, aos símbolos, aos objetos sagrados, ritualísticos implica uma mudança de condição de vida pessoal, que exige responsabilidades, restrições e sacrifícios mas que, também, possibilita a constituição da rede de afetos, lazeres e ludicidade. Inegavelmente o sujeito vive impactos também no âmbito social e coletivo.

Há existência de uma comunidade iniciada na tradição, que se preocupa com a preservação de um conhecimento hermético, secreto, partilhado apenas entre os congadeiros. Este fato permite que o congado, enquanto rito festivo, mantenha vínculos profundos com o culto mistérico. Sua materialização para os iniciados se dá como pré-requisito na participação no drama, na dança, na representação que diz respeito à dimensão íntima, coletiva, fraterna e endógena do ritual. Aos não inciados cabe a restrição da participação na esfera pública dos festejos.

Nesse momento, vive-se uma suspensão do tempo cronológico constritivo do Pai e instala-se o tempo cosmológico expandido da Mãe, muito embora o Pai seja uma presença personificada e reverenciada nas imagens heroicas como a coroa, o bastão, os mastros, aqui discutidos. Nesse sentido, as imagens da Grande-Mãe convergem para esclarecer nossa origem comum. Ela é, nos dizeres de Atihé, apoiada em Hilman, " a *anima mundi* na qual todas as nossas almas estão embutidas. Na esfera da Deusa todos os opostos coincidem: matriarcado e patriarcado, negro e branco, feminino e masculino, sujeito e objeto, Europa e África..." (2008).

No que diz respeito aos processos educativos escolarizados, encontro em meus depoimentos um desinteresse, principalmente das escolas, em conhecer sobre o Congado, mesmo com a Lei federal 10.623/03 e com movimentos políticos que envolvem populações de baixa renda, especificamente negras, como aqui analisadas, assumindo o seu papel de sujeitos individuais e coletivos, atores de manifestações culturais tradicionais, ricas, complexas e imprescindíveis para a sociedade. Conhecer o universo dessas populações, suas demandas, seu potencial cultural, ainda é um objetivo difícil de ser atingido, mas nem por isso impossível. Diz o Capitão Dirceu:

> *A maior parte das professoras, da diretora, não conhece, não procura conhecer, ignora. Então tem pessoas daqui mesmo que às vezes é nascida e criada aqui que não sabe nada da irmandade, sabe que tem irmandade né? Porque vê o povo passando pra lá, pra cá, mas nunca veio aqui pra perguntar, pra tentar aprender alguma coisa, até mesmo pra levar pra outros meninos lá. E agora tem um decreto do Lula que ele colocou lá, mas isso vai ser muito difícil, até porque você abri a cabeça das pessoas e colocá isso é muito difícil. Porque a pessoa, ela não cresce no tamanho, tem que crescer na mentalidade. E às vezes eu falo, eu estudei até no quarto ano de grupo, tem muitas pessoas que estudo até mesmo nessa mesma faixa etária de coisa, tem pessoas que nem estudou. Meu avô mesmo, ele era uma pessoa que lidava com tudo que você pensasse e ele só estudou até o segundo ano de grupo. Mas às vezes na escola você adquire o diploma, mas não adquire sabedoria né. Sabedoria às vezes você não adquire na escola, porque se você adquirisse na escola tava muito fácil. (...) As crianças falam muito pouco que é do Congado, justamente porque eles ficam até acanhados de falar. Porque se todo mundo apoiasse e soubesse*

> *valorizar, soubesse o valor que o mundo da Irmandade do Rosário tem... Nós temos nossas tradições e nós gostamos disso aqui. Isso pra nós é como qualquer outra coisa pra eles lá que tem grande valor. Pra nós o valor 'tá aqui dentro. Então, como eles acham que isso aqui não tem valor, eles seguem pra lá e a gente fica pra cá.* (2006)

Com ele concorda o Capitão Daniel

> *Ninguém não interessa, professor não interessa, algumas vezes, muito pouco, algum professor perguntou sobre eu 'tá uniformizado com um terço. Perguntava: por que que você anda com um terço? Aí eu explicava que é porque eu sou do Congado e tal, mas nunca interessou em saber totalmente de uma história, o que é um Reinado e o que tem dentro lá, escola, serviço, nada. ...* ***É uma coisa nossa, uma coisa, como se fosse um condomínio fechado****, pra entrar ali dentro ali você tem que pelo menos saber quem mora lá, entendeu? Então é uma coisa assim, na escola é muito difícil* (2006). (Grifo meu)

As falas dos Capitães acenam para a dificuldade e, por consequência, o desafio, da cultura escolar, reprodutivista e conteudista, reconhecer outras, vividas, transitivas e produtoras de símbolos. O Capitão Dirceu ao mesmo tempo em que sugere que a escola não abre passagem para a presença do congado como conteúdo e conhecimento, revela, nas entrelinhas, desconfiança frente essa instituição. Com ele concorda o Capitão Daniel. Fica claro que a escola do congadeiro é o congado e a oficial não valoriza esse saber, não a legitima. Quando muito a escola ideologiza e pedagogiza o símbolo tornando-o morto e desfocado nas imagens dos livros didáticos, cujo sentido (ou a falta dele) passa a ser apropriado pela consciência que explica-o mas não vive-o. Desse modo, o símbolo, que existe para ser visto, exibido, dançado e experimentado, não é vivido na escola como cultura que se organiza, constrói e epifaniza-se. Mas, como continua dizendo o Capitão Daniel, para experimentar o mistério presente no congado é preciso pertencer ao "condomínio fechado" responsável pela organização do ritual onde se gestam seus significados e significantes.

Para valorizar essa e, tantas outras manifestações que não encontram terreno na escola, um caminho limitado, porque não atingirá a todos, seria o de iniciar-se na manifestação, conhecer seus segredos e mistérios, tornando-se assim, um ator em seu drama. Outra possibilidade, essa sim, de maior amplitude, seria conhecê-la por meio de suas narrativas, rituais, festas e imagens como as aqui discutidas, fazendo parte da platéia que reconhece a diversidade e as diferenças.

Desse modo, caberia a escola proporcionar o conhecimento sobre o Reinado (ou o congado) trazendo para dentro de seus tempos, espaços e propostas curriculares as histórias, os personagens (contadores, cantadores, dançarinos, rezadores), os instrumentos, as roupas, os objetos, exibindo e produzindo imagens, além da participação nas festas, principalmente nas comunidades onde as Guardas se fazem presentes. Certamente essas propostas metodológicas superariam a frieza das imagens desfocadas dos livros didáticos que não permitem a integração da alteridade, que o congado, por meio de seus ritmos, cores e cheiros, tão bem nos ensina. Esse conhecimento estaria, portanto, no limiar da troca de experiências próprias do imaginário e da cultura ampliando o diálogo entre a escola, lugar da ciência, dos títulos, diplomas, e a sabedoria, como expressa pelo Capitão Dirceu, entendendo ser aspectos muito diferentes mas não inconciliáveis, ambos imprescindíveis.

***

Por ora, gostaria de dizer que, ao encerrar este estudo, sinto renovadas minhas esperanças para a construção de um mundo melhor, mais fraterno, mais solidário. Certamente, as mudanças passarão pelos processos educativos que vivenciarmos daqui para frente, onde quer que esses aconteçam, na tentativa de superar as dicotomias, as polaridades, os direitos de poucos, os sectarismos, o interesse de grupos e elites, sejam elas intelectuais, brancas, masculinas, cristãs, dentre outras. Torna-se mister entender a cultura como lugar de reunião das polaridades, da diversidade, das diferenças, que nos permitem (re)conhecer a riqueza da condição humana, o dinamismo da vida. Cultura que fecunda a sociedade, muda o imaginário. Cultura do *conjuntio*, de Eros, do amor e não de Éris, da discórdia. Cultura que complementa. Neste percurso, a escola cumpre um papel fundamental.

Assim, torço para que Saturno, Apolo e Prometeu peçam licença para um breve descanso, permitindo que a Deusa e seu consorte Dionísio possam ocupar, definitivamente, seus espaços, trazendo novas formas de aprendizagem sobre a vida, em nossos processos tanto individuais como coletivos, com mais ludicidade, afetividade e sensibilidade.

Pós-tessitus

Ao finalizar este estudo estou também fechando um ciclo em meu processo de formação acadêmica, ou como diria Whitmont (1991), meu processo iniciático, cumprindo e vencendo todas as provas que me foram colocadas neste ritual de passagem. Antes, porém, sou mais uma vez convidada a "mergulhar" nas águas que "descem" do céu. De novo as águas...

Exaurida, já quase sem forças, aceito o convite.
Parto!
Banho sagrado!
Imersão.
Purificação.
Rejuvenescimento.
Regeneração.

A chuva (dilúvio) simboliza uma concepção cíclica do cosmos e da história, onde uma época é abolida e uma nova etapa se inicia (ELIADE, 2002). Princípio de circularidade.

Entendo os sinais: a conclusão da tese é o encerramento de uma importante etapa da minha vida. É hora de finalizar. Por um ponto final, para que novos começos emirjam...

Nascimento – morte – renascimento. Assim é a vida!

O novo está por vir...

***

Ao me propor estudar o Congado, aqui definido como uma manifestação cultural desdobrada a uma prática religiosa, duplamente articulada nos campos do patente e do latente, não tinha a noção de onde este ia desembocar.

Analisar as imagens arquetípicas presentes no mito de Nossa Senhora do Rosário me fizeram deparar com questões que envolvem o meu próprio mito pessoal, meu Graal, meu jeito de estar neste mundo, em coletividade, e as solicitações que o mesmo me faz. Várias foram as descobertas possibilitadas principalmente pela aproximação ao arquétipo da Grande-Mãe. Eu, a própria Mãe, com tendências a ser "super", do filho e dos demais. Eu, na passagem de "quase" heroica para "quase" mística, na busca da equilibração, ou da harmonização dos contrários.

Whitmont (1991) nos descreve a narrativa do Santo Graal em sua versão cristianizada. Segundo ele, coube a José de Arimateia a responsabilidade de realizar o enterro do corpo de Cristo. Na santa Ceia, ele ficara com a taça da qual Cristo bebera. Esse era o Graal. Enquanto lavava o cadáver, José colheu nesse recipiente um pouco de sangue que escorria das feridas. Com o desaparecimento do corpo de Cristo, José foi acusado de tê-lo roubado, foi preso e punido com o jejum. No cativeiro, Cristo aparece para ele como figura radiante e lhe entrega a taça para que dela cuidasse, revelando-lhe o mistério da missa. Diariamente uma pomba voava até a cela de José para colocar uma hóstia no cálice. Desse modo, José se manteve vivo sendo libertado no ano 70 de nossa era. Ele partiu para o exílio além-mar, com um grupo reduzido de homens e construiu a Primeira Távola do Graal em memória da Távola da Santa Ceia. José viajou em seguida para a Inglaterra e lá fundou a primeira igreja cristã, dedicada à mãe de Cristo. O Graal era o cálice para a celebração da missa. Na Montanha da Salvação foi erguido um templo para abrigar o Graal e foi criada uma Ordem dos Cavaleiros do Graal, para protegê-lo. Numa Segunda Távola os cavaleiros celebraram o Graal. O guardião do Graal, Rei pescador e sacerdote da missa foi ferido por uma lança e se tornou o Rei Ferido. Seu país se tornou estéril e chamado de Terra Deserta. Na corte do Rei Arthur, o mago Merlin criou uma Terceira Távola, a Távola Redonda, em torno da qual o Rei reunia-se com seus cavaleiros. Na festa de Pentecostes, o Graal apareceu-lhes num raio de sol. Os Cavaleiros, entre eles, Lancelot, Gaiwane e Parsifal, juraram ir em sua busca. Cada um seguiu um caminho diferente e submeteu-se a provas de iniciação. A incapacidade dos Cavaleiros para encontrar o Graal não era por motivos externos e sim, por suas próprias deficiências. Após cinco anos Parsifal chegou à Terra Deserta, ao castelo do Rei Pescador e, ao formular a pergunta "A quem serve o Graal?" ou "O que te adoece?", curou o rei. Este teve permissão para morrer e seu reino recuperou a fertilidade.

> O Graal é um recipiente fabuloso, um manancial de vida, de águas geradoras e restauradoras, e uma cornucópia de nutrição, a taça feita do seio de Helena: é uma pedra milagrosa, ou a cabeça de um homem, ou a tradição primordial secreta dos mistérios. (...) como caldeirão ancestral, renova a vida e recupera a juventude. É a fonte inesgotável de alimento e sustento, de alegria, prazer, celebrações, bem como dos êxtases de Vênus. Como cálice, é a taça em que Cristo bebeu na Santa Ceia, e que recebeu o sangue que vertia de suas feridas durante a Crucifixão. Como pedra, é uma jóia de coroa de Lúcifer, trazida à terra pelos anjos que não participaram do conflito entre Deus e o Demônio. Segundo a tradição medieval, vaso, Graal e 'utero, assim como *lapis* ("pedra"), eram imagens sinônimas da vigem Maria, mãe de Deus (p. 175).

Campbell (2002) e Whitmont (1991) em suas obras discutem a necessidade que cada um de nós temos de buscar o nosso próprio Graal. Campbell afirma que no mundo moderno, as instituições parecem caminhar para o despedaçamento, pois não há significado no grupo, que não passa nos dias de hoje de uma matriz para a produção dos indivíduos. É o princípio do individualismo tão fortemente vivido por nós, principalmente nas sociedades capitalistas e heroicas. Mas é este mesmo autor que nos provoca a pensar que "quando você viveu uma vida individual de seu próprio modo aventuroso e, então, lança um olhar retrospectivo em sua trajetória, descobrirá que você viveu uma vida humana que é um modelo" (p. 79).

Para Whitmont

> O vaso que contém o sangue da Crucifixão, que sempre e constantemente se renova, assinala uma renovação psicológica interior e contida, através de um sangramento e uma crucifixão conscientes. Isto significa percepção e aceitação conscientes de

> conflitos interiores, emocionais e psicológicos. Uma vez que não somos mais guiados por regras coletivas do superego, é nosso dever imperioso – à medida que arriscamos escolhas individuais – descobrir agora a consciência que se pronuncia por intermédio de nosso ser individual (p. 192).

Nesse sentido é que Whitmont pondera que "a nova busca do Graal, a liberação das águas ou a renovação do sangue é de qualidade simbólica e psicológica" (p. 197). Essa nova busca implica no reverso da tendência patriarcal e na consideração do retorno ao matriarcal e sua reintegração mágica com o paraíso.

Perseguindo o meu próprio Graal, espero ter trazido contribuições para essa busca.

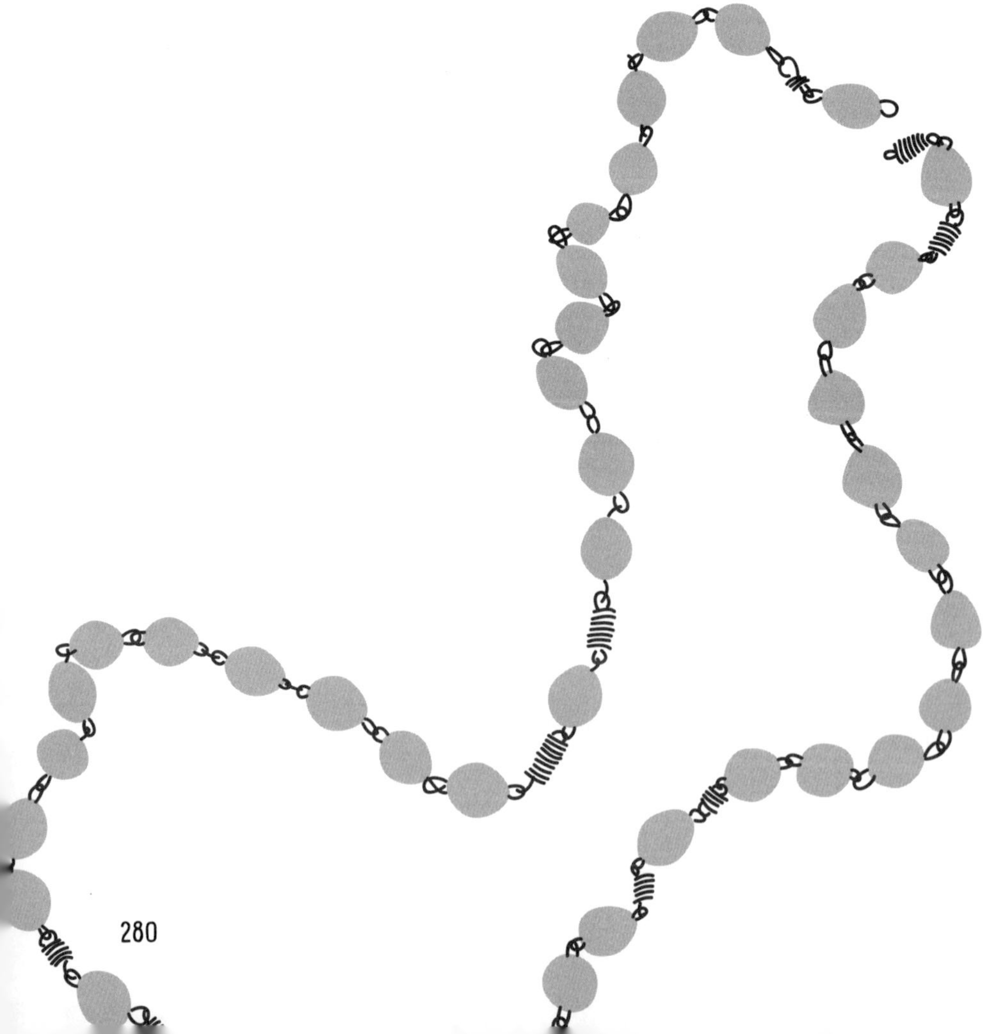

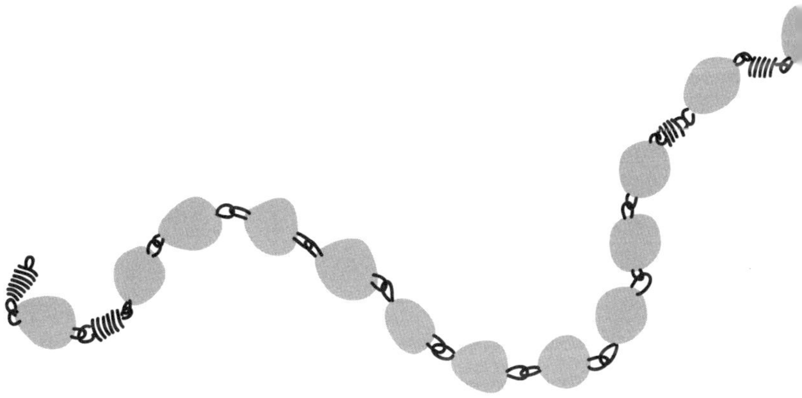

O sujeito do reconhecimento é aquele que não é capaz de ver outra coisa senão a si mesmo. Aquele que percebe o que lhe vai ao encontro a partir do que quer, do que sabe, do que imagina, do que necessita, do que deseja e do que espera. O sujeito da apropriação é aquele que devora tudo que encontra, convertendo-o em algo à sua medida. Mas o sujeito da experiência é aquele que sabe enfrentar o outro enquanto outro e está disposto a perder o pé e a se deixar tombar e arrastar por aquele que lhe vai ao encontro: o sujeito da experiência está disposto a se transformar numa direção desconhecida. (Larrosa)

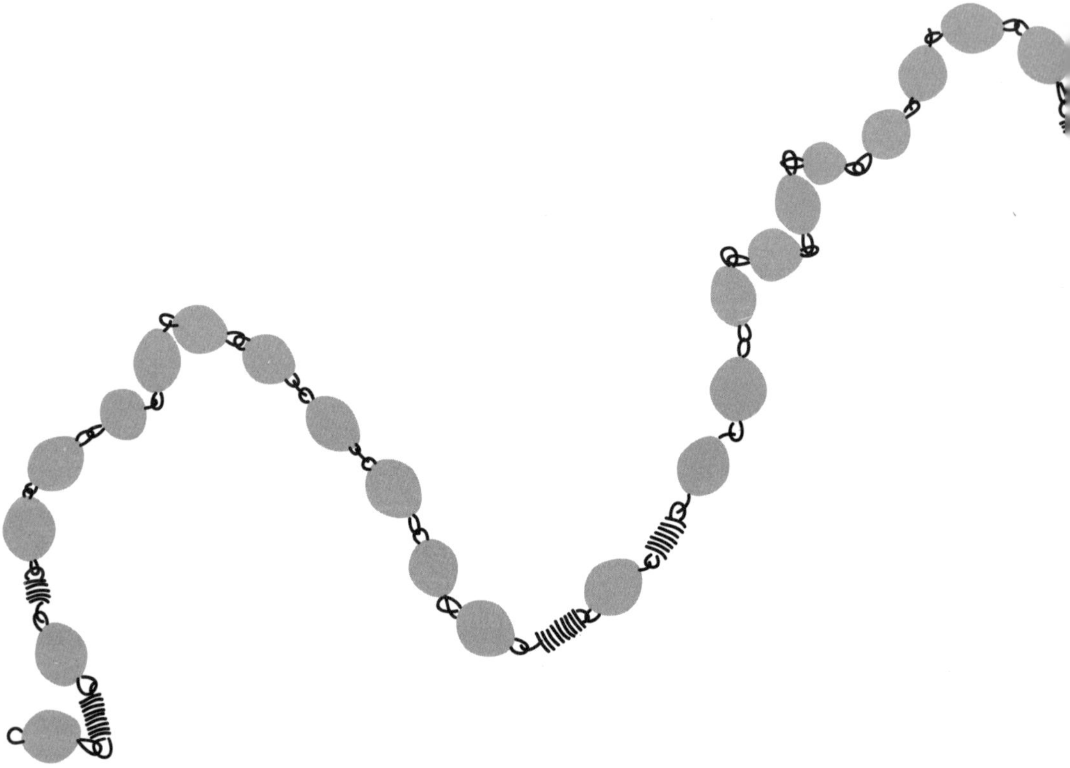

Referências

ALVES, Vânia Fátima Noronha. *O corpo lúdico Maxakali:* Segredos de um "programa de índio". Belo Horizonte: FUMEC/FACE, Editora C/Arte, 2003.

ALVES, Vânia Fátima Noronha. *Fotos Relativas ao Reinado de Nossa Senhora do Rosário.* Aproximadamente 3.000 produções. Fotos digitais, 2004/2005/2006.

ALVES, Vânia Fátima Noronha; SOARES, Dalva Maria. Ensaiando a festa: a folclorização do Reinado de Nossa Senhora do Rosário. In: *II Seminário do CEMEF.* Educação Física, Esporte, Lazer e Cultura urbana: uma abordagem histórica. Belo Horizonte. MG. EEFFTO, 2005. vol.1.

ALVES, Vânia F. Noronha; GOMES, Christianne Luce; REZENDE, Ronaldo. *Lazer, lúdico e educação.* Brasília: SESI/DN, 2005. (Lazer e Cultura, Vol. 3).

ALVES, Vânia de Fátima Noronha. História e memória dos negros do Rosário em Belo Horizonte. In: *4º Seminário de Extensão da Universidade FUMEC*, 2007. Belo Horizonte. Caderno de artigos 2006. Belo Horizonte: FUMEC, 2007.

AMARAL, Rita de Cássia de Mello Peixoto. *Festa a brasileira* - sentidos do festejar no país que "não é serio". São Paulo: USP, 1998 (Tese de doutorado).

AMARAL, Rita de Cássia de Mello Peixoto. *A festa como objeto e como conceito:* as mediações da festa "a brasileira". In: Anais da 24ª Reunião Brasileira de Antropologia, 2006. (mimeo).

A PESSOA é para o que nasce! Direção de Roberto Berliner, roteiro: Mauricio Lissovsky, produção: Jacques Cheuiche e Leonardo Domingues Documentário. Brasil (84 min), 2004. Disponível em: <www.apessoa.com.br>. Acessado em 7 de dez. de 2007.

ARAÚJO, Alberto Filipe. Parsifal e o Graal: contributo para uma mitanálise da iniciação. In: ARAÚJO, Alberto Filipe; BAPTISTA, Fernando Paulo (Coord.). *Variações sobre o imaginário.* Domínios, teorizações e práticas hermenêuticas. Lisboa: Instituto Piaget, 2003. p. 487-510.

ARAÚJO, Alberto Filipe; SILVA, Armando Malheiro. Mitanálise: uma mitodologia do imaginário? In: ARAÚJO, Alberto Filipe; BAPTISTA, Fernando Paulo (Coord.). *Variações sobre o imaginário.* Domínios, teorizações e práticas hermenêuticas. Lisboa: Instituto Piaget, 2003. p. 339-364.

ÁRVORE DE JESSÉ. In Infopédia [Em linha]. Porto: Porto Editora, 2003-2008. Disponível na www: <URL: http://www.infopedia.pt/$arvore-de-jesse>. Acessado em 31 de janeiro de 2008.

ATIHÉ, Eliana Braga Aloia. *Uma educação da alma*: literatura e imagem arquetípica. São Paulo: Faculdade de Educação USP, 2006 (Tese doutorado).

ATIHÉ, Eliana Braga Aloia. *Banca de doutorado: Os festejos do Reinado de Nossa Senhora do Rosário em Belo Horizonte/MG.* São Paulo: USP, 2008. (Comunicação oral).

ÁVILA, Affonso. *O lúdico e as projeções do mundo barroco II.* 2. ed. São Paulo: Editora Perspectiva, 1994.

BACHELARD, Gaston. *A Psicanálise do Fogo.* 2. ed. São Paulo: Martins Fontes, 1999.

BACHELARD, Gaston. *A Água e os Sonhos.* Ensaio sobre a imaginação da matéria. 3. ed. São Paulo: Martins Fontes, 2002.

BACHELARD, Gaston. *A Filosofia do não; O novo espírito; a poética do espaço.* (Coleção Os Pensadores) Seleção de textos de José Américo Motta Pessanha. São Paulo: Abril Cultural, 1978.

BASTIDE, Roger. *As religiões africanas no Brasil.* Contribuições a uma Sociologia das Interpretações de Civilizações. São Paulo: Livraria Pioneira Editora/EDUSP, 1971.

BATAILLE, Georges. *Teoria da religião.* São Paulo: Ática, 1993.

BATAILLE, Georges. *A parte maldita.* Rio de Janeiro: Imago Editora, 1975.

BERNARDO, Teresinha. *Negras, mulheres e mães.* Lembranças de Olga de Alaketu. São Paulo/Rio de Janeiro: EDUC/Pallas, 2003.

BOFF, Leonardo. *O rosto materno de Deus.* Ensaio interdisciplinar sobre o feminino e suas formas religiosas. Petrópolis: Vozes, 1979.

BOLEN, Jean Shinoda. *As deusas e a mulher*: nova psicologia das mulheres. 3· ed. São Paulo: Paulus, 1996 (Coleção Amor e Psique).

BORGES, Eloiza. *Os devotos do Rosário:* devoção e promessa na Festa do Rosário de Santo Antônio do Monte. Belo Horizonte: FAFICH (Dissertação de Mestrado em Psicologia), 1997.

BRANDÃO, Junito de Souza. *Mitologia grega.* Petrópolis: Vozes, 1991 (3 volumes).

BRANDÃO, Junito de Souza. *Dicionário mítico- etmológico da mitologia grega.* Petrópolis: Vozes, 2004.

BRANDÃO, Junito de Souza. *Dicionário mítico- etmológico da mitologia grega.* Petrópolis: Vozes, 2005.

BRASIL. *Lei n. 10.639*, de 9 de janeiro de 2003. Altera a Lei n. 9.394, de 20 de dezembro de 1996, que estabelece as diretrizes e bases da educação nacional, para incluir no currículo oficial da Rede de Ensino a obrigatoriedade da temática "História e Cultura Afro-Brasileira", e dá outras providências.

CALLOIS, Roger. *O homem e o sagrado.* Lisboa: Edições 70, 1988.

CAMPBELL, Joseph. *O herói de mil faces.* 9. ed. São Paulo: Cultrix/Pensamento. 2004.

CAMPBELL, Joseph. *Isto és tu.* Redimensionando a metáfora religiosa. 4· ed. São Paulo: Landy Editora, 2002.

CAMPBELL, Joseph. *O Poder do Mito*: Joseph Campbell com Bill Moyers. (Org.) por FLOWERS, Betty sue. São Paulo: Palas Athena, 1990.

CAMPBELL. Joseph. *O vôo do pássaro selvagem.* Ensaios sobre a universalidade dos mitos. Tradução de Ruy Jungman. Rio de Janeiro: Record, Rosa dos Tempos, 1997.

CAMPBELL, Joseph. *As máscaras de Deus.* Mitologia primitiva. São Paulo: Palas Athena, 1992. vol. 1.

CANCLINI, Nestor G. *Culturas híbridas:* estratégias para entrar e sair da modernidade. São Paulo: EDUSP, 1997.

CANEVACCI, Massimo. *A cidade polifônica.* Ensaio sobre a antropologia da comunicação urbana. São Paulo: Studio Nobel, 1993.

CHEVALIER, Jean; GHEERBRANT, Alain. *Dicionário de símbolos.* Mitos, sonhos, costumes, gestos, formas, figuras, cores, números. 18. ed. Rio de Janeiro: José Olympio, 2003.

COUTO, Patrícia de Araújo Brandão. *Festa do Rosário:* iconografia e poética de um rito. Rio de Janeiro, 2001.

COSTA, Patrícia Trindade Maranhão. *As raízes da congada:* a renovação do presente pelos Filhos do Rosário. Brasília: UnB, 2006 (Tese de doutorado).

CRAPANZANO, Vincent. A cena: lançando sombras sobre o real. *Revista Mana.* Vol 11. n. 2. Rio de Janeiro, out, 2005. Disponível em: www.scielo.br/scielo. Acesso em: 10/08/2006.

DIB, Marco Antonio. *As propostas de Planos Nacionais de educação*: um ensaio mitocrítico. São Paulo, Faculdade de Educação USP, 2002 (Dissertação de Mestrado).

DUBORGEL, Bruno. *Imaginário e Pedagogia.* Lisboa: Instituto Piaget, 1992.

DURAND, Gilbert. *Mito, símbolo e mitodologia.* Lisboa: Editorial Presença, 1982.

DURAND, Gilbert. *A imaginação simbólica.* São Paulo: Cultrix/EDUSP, 1988.

DURAND, Gilbert. *O imaginário.* Ensaio acerca das ciências e da filosofia da imagem. 3. ed. Rio de Janeiro: DIFEL, 2004a.

DURAND, Gilbert. O retorno do mito: introdução à mitodologia. Mitos e sociedades. In: *Revista FAMECOS.* Porto Alegre, 2004b. n. 23.

DURAND, Gilbert. *As estruturas antropológicas do imaginário.* 3. ed. São Paulo: Martins Fontes, 2002.

DURKHEIM, Emile. *As formas elementares da vida religiosa.* São Paulo: Martins Fontes, 1996.

DUVIGNAUD, Jean. *Festas e civilizações.* Rio de Janeiro: Tempo Brasileiro, 1983.

DUVIGNAUD, Jean. *Heresie et subversion.* Essais sur l'anomie. Paris: Editions La Decouverte, 1986.

DUVIGNAUD, Jean. *La solidarité.* Liens de sang er liens de raison. Idees-Forces. Fayard, 1986.

DUVIGNAUD, Jean. *El sacrificio inutil.* México: Fondo de Cultura Econômica, 1997.

DUVIGNAUD, Jean. *Le jeu du jeu.* Paris: Balland, 1980.

ELIADE, Mircea. *História das crenças e das ideias religiosas*. Da Idade da Pedra aos Mistérios de Eleusis. Tomo I. Rio de Janeiro: Zahar Editores, 1978.

ELIADE, Mircea. *O mito do eterno retorno*. São Paulo: Mercuryo, 1992.

ELIADE, Mircea. *Mito e realidade.* 6. ed. São Paulo: Editora Perspectiva, 2006.

ELIADE, Mircea. *Imagens e símbolos.* Ensaio sobre o simbolismo mágico-religioso. São Paulo: Martins fontes, 2002.

ELIADE, Mircea. *Tratado de História das religiões.* 2. ed. São Paulo: Martins Fontes, 2002.

ELIADE, Mircea. *O sagrado e o profano.* A essência das religiões. 5. ed. São Paulo: Martins Fontes, 2001.

ESTAMIRA. Direção: Marcos Prado. Brasil: Europa Filmes, 2004. DVD (116 minutos). Documentário. Site Oficial: http://www.estamira.com.br.

FERREIRA SANTOS, Marcos. *Práticas Crepusculares*: Mytho, Ciência & Educação no Instituto Butantan - Um Estudo de caso em Antropologia Filosófica. FEUSP, Tese de Doutoramento, 2 vols., ilustr., 1998.

FERREIRA SANTOS, Marcos. *Arte, Imaginário e Pessoa*: perspectivas antropológicas e pesquisa. In: TEIXEIRA, Maria Cecília S.; PORTO, Maria do Rosário S. (Coord.). *Imagens da Cultura:* um outro olhar. São Paulo: Plêiade, 1999. p. 65-86.

FERREIRA SANTOS, Marcos. Mitohermenêuticas de Sangoma: três lições de ancestralidade para Afrodescendentes. In. FERREIRA SANTOS. *Crepusculário:* conferências sobre mitohermenêutica e educação em Euskadi. São Paulo: Zouk 2004. p. 131-150.

FERREIRA SANTOS, Marcos. O espaço crepuscular: mitohermenêutica e jornada interpretativa em cidades históricas. In: PITTA, Daniele Perin Rocha (Org.). *Ritmos do Imaginário*. Recife: Ed. Universitária da UFPE, 2005a.

FERREIRA SANTOS, Marcos. Ancestralidade e convivência no processo identitário: a dor do espinho e a arte da paixão entre Karabá e Kiriku. In: *Educação anti-racista*: caminhos abertos pela Lei Federal no. 10.639/03. Secretaria de Educação Continuada, Alfabetização e Diversidade. Brasília: Ministério da Educação, Secretaria de Educação Continuada, Alfabetização e Diversidade, 2005b.

FORD, Clyde W. O *herói com rosto africano*. Mitos da África. São Paulo: Summus, 1999.

FRAZER, James George. *O ramo de ouro.* Rio de Janeiro: Zahar Editores S.A. 1982.

FREITAS, Alexander. *Água, ar, terra e fogo*: arquétipos das configurações da imaginação poética na metafísica de Gaston Bachelard. São Paulo, s/d. (mimeo).

GARAGALZA, Luís. *A hermenêutica filosófica e a linguagem simbólica.* In: ARAÚJO, Alberto Filipe; BAPTISTA, Fernando Paulo (Coord.). *Variações sobre o imaginário.* Domínios, teorizações e práticas hermenêuticas. Lisboa: Instituto Piaget, 2003. p. 71- 92.

GIOVANNINI JUNIOR, Oswaldo. *Folguedos da Mata:* um registro do folclore da Zona da Mata. Leopoldina: Do Autor, 2005.

GOMES, Núbia P. de M.; PEREIRA, Edmilson de A. *Negras raízes mineiras:* Os Arturos. Juiz de Fora: Ministério da Cultura / EDUFJF, 1988.

GOMES, Núbia P. de M.; PEREIRA, Edmilson de A. *Ouro Preto da palavra.* Belo Horizonte: Pontifícia Universidade Católica de Minas Gerais, 2003.

HALL, Stuart. *Da diáspora.* Identidades e mediações culturais. Belo Horizonte. Editora UFMG, 2006.

HILLMAN, James. *O mito da análise.* Três ensaios de psicologia arquetípica. Rio de Janeiro: Paz e Terra, 1984.

HILLMAN, James. *Entre Vistas.* Conversas com Laura Pozzo sobre psicoterapia, biografia, amor, alma, sonhos, trabalho, imaginação e o estado da cultura. São Paulo: Summus, 1989.

HOLLIS, James. *Sob a sombra de Saturno.* A ferida e a cura dos homens. São Paulo: Paulus, 1997. (Amor e Psique).

HOLLIS, James. *Rastreando os deuses:* o lugar do mito na vida moderna. São Paulo: Paulus, 1997.

HOLLIS, James. *Nesta jornada que chamamos vida.* Vivendo as questões. São Paulo: Paulus, 2004. (Amor e Psique).

HUIZINGA, Johan. *Homo ludens.* O jogo como elemento da cultura. 2. ed. São Paulo: Perspectiva, 1990.

INTRODUÇÃO AO ESTUDO DO CONGADO EM MINAS GERAIS. Belo Horizonte: Universidade Católica de Minas Gerais, 1974.

IRMANDADE DE NOSSA SENHORA do Rosário do Justinópolis - *Tambores e Vozes que Chamam.* Direção: André de Magalhães, Lincoln Antônio e Renata Amaral. Ribeirão das Neves - MG, 2005. 1 CD-ROM, som estéreo. Coleção Turista Aprendiz. Acompanha livreto.

JUNG, Carl Gustav; VON FRANZ, Marie Louise; HENDERSON, Joseph L.; JAFFÉ, Aniela. *O homem e seus símbolos*. Rio de Janeiro: Nova Fronteira, 2002.

KELEMAN, Stanley. *Mito e corpo.* São Paulo: Summus Editora, 2001.

LAROSSA, Jorge. *Pedagogia profana.* Danças, piruetas e mascaradas. Porto Alegre: Contrabando, 1998.

LÉVI-STRAUSS, Claude. *Antropologia estrutural.* Rio de Janeiro: Tempo Brasileiro, 1975.

LUCAS, Glaura. *Os sons do Rosário.* O congado mineiro dos Arturos e Jatobá. Belo Horizonte: Editora UFMG, 2002.

LUCAS, Glaura; LUZ, José Bonifácio (Coords.). *Cantando e dançando com os Arturos.* Belo Horizonte: Ed. Rona, 2006.

MAFESSOLI, Michel. *A conquista do presente.* Rio de Janeiro: Rocco, 1984.

MAFESSOLI, Michel. *O tempo das tribos.* O declínio do individualismo nas sociedades de massa. Rio de Janeiro: Forense Universitária, 1987.

MAGNANI, José Guilherme C.; TORRES, Lilian L (Orgs.). *Na metrópole*: textos de antropologia urbana. São Paulo: EDUSP, FAPESP, 2000.

MALINOWSKI, Bronislaw. *Argonautas do Pacífico Ocidental.* Um relato do empreendimento e da aventura dos nativos nos arquipélagos da Nova Guiné Melanésia. 3. ed. São Paulo: Abril Cultural, 1984.

MARTINS, Leda M. *Afrografias da memória:* o Reinado do Rosário no Jatobá. São Paulo: Perspectiva; Belo Horizonte: Mazza, 1997. (Coleção Perspectiva).

MARTINS, Leda M. A Oralitura da memória. In: FONSECA, Maria Nazareth Soares (Orga.). *Brasil afro-brasileiro.* Belo Horizonte: Autêntica, 2000. p. 61-86.

MARTINS, Saul. *Folclore brasileiro:* Minas Gerais. Belo Horizonte: UFMG; Rio de Janeiro: MEC/SESC/FUNARTE/Instituto Nacional do Folclore, 1982.

MAUSS, Marcel. As técnicas corporais. In: MAUSS, M. *Sociologia e Antropologia.* São Paulo: EPU/EDUSP, 1974a. vol. 2.

MAUSS, Marcel. *Sociologia e Antropologia.* São Paulo: EDUSP, 1974b. vol. 1.

MELLO e SOUZA, Laura de. Festas barrocas e vida cotidiana em Minas Gerais. IN: JANCSÓ, István; KANTOR, Iris (Orgs.). *Festa.* Cultura e Sociabilidade na América Portuguesa. Vol. I. São Paulo: Hucitec: EDUSP: FAPESP: Imprensa Oficial, 2001. p. 183-195.

MELLO e SOUZA, Marina. *Reis negros no Brasil escravista*: história da Festa de Coroação de Rei Congo. Belo Horizonte: Editora UFMG, 2002.

MELONI, Rosa Maria. Psicanálise, imagem, imaginário. In: PORTO, Maria do Rosário Silveira; TEIXEIRA, Maria Cecília Sanches (Orgs.). *Imagens da cultura*: um outro olhar. São Paulo: Editora Plêiade, 1999

MEYER, Marlyse. *Caminhos do Imaginário no Brasil.* São Paulo: EDUSP, 1998.

MORAIS, Regis de. A consciência mítica: fonte de resistência do sagrado. In: MORAIS, Regis de. (Org.). *As razões do mito.* Campinas, SP: Papirus, 1988. p. 69-80.

MORIN, Edgar. *Ciência com consciência.* 5. ed. Rio de Janeiro: Bertrand Brasil, 2000.

MORIN, Edgar. *A cabeça bem-feita*: repensar a reforma, reformar o pensamento. 5. ed. Rio de Janeiro: Bertrand Brasil, 2001.

MORIN, Edgar. *O método IV.* As ideias. 3. ed. Porto Alegre, RS: Editora Sulina, 2002.

MORIN. Edgar. *O enigma do Homem.* 2. ed. Rio de Janeiro: Zahar Editores, 1973.

MORIN, Edgar. *O paradigma perdido*: a natureza humana. Lisboa. Europa-América, s/d.

MOURA, Helena. *O ouro da liberdade.* A história de Chico Rey. Belo Horizonte: Alis Editora, 1997.

NASCIMENTO, José Magno. *O religioso no Congado e Moçambique na Diocese de Patos de Minas.* Belo Horizonte, 1999.

NEUMANN, Erich. *A Grande-Mãe.* Um estudo fenomenológico da constituição feminina do inconsciente. 4. ed. São Paulo: Cultrix, 2003.

NEUMANN, Erich. *História da origem da consciência.* 4. ed. São Paulo: Cultrix, 1998.

NOBLECOURT, Christiane Desroches. *A mulher no tempo dos faraós.* Campinas, SP: Papirus, 1994.

ORTIZ-OSÉS, Andrés. Hermenêutica, sentido e simbolismo. In: ARAÚJO, Alberto Filipe; BAPTISTA, Fernando Paulo (Coord.). *Variações sobre o imaginário.* Domínios, teorizações e práticas hermenêuticas. Lisboa: Instituto Piaget, 2003. p. 93-140.

PAULA CARVALHO, José Carlos; BADIA, Denis Domeneghetti. Temporalidade e cultura da alma: a hermenêutica mitodológica das estórias de vida e a educação fática. In: *Revista Reflexão.* Campinas. N. 78. p. 77-102. set./dez./2000.

PAULA CARVALHO, José Carlos. *Antropologia das organizações e educação.* Um ensaio holonômico. Rio de Janeiro: Imago Editora, 1990.

PAULA CARVALHO, José Carlos. *Culturanálise de Grupos*: posições teóricas e heurísticas em educação e ação cultural. Ensaio de Titulação. São Paulo: FEUSP, 1991.

PAULA CARVALHO, José Carlos. *Hermenêutica e mitocrítica das estórias de vida:* vetores para uma investigação de antropologia profunda. Coimbra, 1995. (mimeo).

PEREIRA, Edimilson de Almeida e GOMES, Núbia Pereira de Magalhães. *Negras raízes mineiras*: Os Arturos. 2. ed. Belo Horizonte: Mazza Edições, 2000. (Coleção Minas & Mineiros).

PEREIRA, Edimilson de Almeida; GOMES, Núbia Pereira de Magalhães. *Flor do não-esquecimento.* Cultura popular e processos de transformação. Belo Horizonte: Autêntica, 2002.

PEREIRA, Edimilson de Almeida. *Os tambores estão frios.* Herança cultural e sincretismo religioso no ritual de Candombe. Belo Horizonte: Mazza Edições, 2005.

PEREZ, Léa Freitas. Antropologia das efervescências coletivas. Dionísio nos trópicos: festa religiosa e barroquização do mundo – Por uma antropologia das efervescências coletivas. In: PASSOS, Mauro (Org.). *A festa na vida*: significado e imagens. Petrópolis: Vozes, 2002.

PEREZ, Léa Freitas. *Por uma antropologia da festa: reflexões sobre o perspectivismo festivo.* Simpósio "Festa: em perspectiva e como perspectiva". XXIV Reunião Brasileira de Antropologia, Pernambuco, 2004.

PEREZ, Léa Freitas. *Banca de doutorado: Os festejos do Reinado de Nossa Senhora do Rosário em Belo Horizonte/MG.* São Paulo: USP, 2008. (Comunição oral).

PINTO, Leila M. S. M. A experiência educativa lúdica. In: *Veredas*. Formação superior de professores. SEE-MG. (Org.) SALGADO, Maria Umbelina C.; MIRANDA, Glaura V. de. Belo Horizonte: SEE-MG, p. 25-50, Módulo 6, volume 4, 2004.

PITTA, Danielle Perin Rocha. *Iniciação à teoria do imaginário de Gilbert Durand.* Rio de Janeiro: Editora Atlântica, 2005.

PORTO, Maria do Rosário Silveira. *Escola Rural*: cultura e imaginário. São Paulo: FEUSP, 1994 (Tese de doutorado).

PORTO, Maria do Rosário Silveira. Cultura e complexidade social: perspectivas para a gestão escolar. In: TEIXEIRA, Maria Cecília Sanches; PORTO, Maria do Rosário Silveira (Orgs). *Imagens da Cultura*: um outro olhar. São Paulo: Plêiade, 1999.

PORTO, Maria do Rosário Silveira. *Imagem, símbolo e educação*. II Seminário: novos paradigmas e educação - possibilidades teórico-metodológicas para uma prática inclusiva. NEPPCOM/FAE/UFMG - 25 e 26 de abril de 2007

PORTO, Maria do Rosário Silveira. As ideias de complexidade social e de cultura em Edgar Morin. *Caderno de Educação*. Cuiabá. UNIC. Vol. 0. N. 1, 2007.

QUINTÃO, Antônia Aparecida. *Irmandades Negras:* outro espaço de luta e resistência (São Paulo: 1870-1890). São Paulo: Annablume: FAPESP, 2002.

ROBLES, Martha. *Mulheres, mitos e deusas*. O feminino através dos tempos. São Paulo: Aleph, 2006.

ROSA, Maria Cristina. Verbete Festa. IN: GOMES, Christianne Luce. (Org.) *Dicionário Crítico do Lazer.* Belo Horizonte: Editora Autêntica, 2004. p. 88-93.

ROSÁRIO, Antônio do. *Lendas do Rosário*. Óleo sobre tela. 100 x 70. Acervo particular do autor, 2002.

RUIZ, Castor M. M. Bartolomé. *Os paradoxos do imaginário.* Sinos: Editora Unisinos, 2003.

SABARÁ, Romeu. *Comunidade negra dos Arturos:* o drama de um campesinato negro no Brasil. São Paulo: Faculdade de Filosofia e Letras e Ciências Sociais da USP, 1997. (Tese de doutorado em Antropologia Social).

SALVE MARIA! Memória da religiosidade afro-brasileira em Belo Horizonte: Reinados Negros e Irmandades do Rosário. (filme VHS e DVD). Belo Horizonte: Fundação Municipal de Cultura, 2006. Disponível em: www.pbh.gov.br.

SANTOS, Boaventura de Souza. Um discurso sobre as ciências na transição para uma ciência pós-moderna. *Revista Estudos avançados.* São Paulo, IEA/USP, 1988. v, 2, n. 2. p. 46- 71.

SANTOS, Lourival dos. A cor da santa: Nossa Senhora Aparecida e a construção do imaginário sobre a padroeira do Brasil. In: SILVA, Vagner Gonçalves da (org.). *Imaginário, cotidiano e poder.* Memória afro-brasileira. São Paulo: Selo Negro Edições, 2007. p. 87- 107.

SANTOS, Erisvaldo P. *Religiosidade, identidade negra e educação:* o processo de construção de subjetividades de adolescentes dos Arturos. Belo Horizonte: FAE/ UFMG, 1997. (Dissertação de Mestrado).

SETE CURTAS. Direção: André de Magalhães, Lincoln Antônio e Renata Amaral. Brasil, 2005. 1 DVD (88 minutos), legendado, som estéreo, cor. NTSC. Coleção Turista Aprendiz. Acompanha livreto.

SILVA, José C. Avelino da. *A Deusa Mãe Minóica.* Goiânia: Ed. da UCG, 2007.

SILVA, Rubens Alves da. Chico Rei Congo do Brasil. In: SILVA, Vagner Gonçalves da (Org.). *Imaginário, cotidiano e poder.* Memória afro-brasileira. São Paulo: Selo Negro Edições, 2007. p. 87- 107.

SILVA, Rubens Alves da. Chico Rei Congo do Brasil. In: SILVA, Vagner Gonçalves da. (Org.). *Imaginário, cotidiano e poder.* Memória afro-brasileira. São Paulo: Selo Negro Edições, 2007. p. 43-86.

SILVA, Rubens Alves da. *Negros católicos ou catolicismo negro?* Um estudo sobre a construção da identidade negra no Congado Mineiro. Belo Horizonte: FAFICH. 1997. (Dissertação de Mestrado em Sociologia).

SILVA, Júnia Bertolina da. *O congado na comunidade dos Arturos:* catolicismo ou culto africano? Belo Horizonte, UFMG, 2002. (Monografia de graduação).

SIMMEL, Georg. Sociabilidade: um exemplo de sociologia pura ou formal. In: MORAIS FILHO, Evaristo (Org.). *Georg Simmel:* sociologia. São Paulo, Ática, 1983.

SOARES, Dalva Maria. *O Reinado de Nossa Senhora do Rosário.* Os espaços público e privado em (con)fusão. Belo Horizonte. EEFUMG, 2006 (Monografia Especialização em Lazer).

SOARES, Dalva Maria. O Reinado de Nossa Senhora do Rosário: os espaços público e privado em (con)fusão. In: CARVALHO, João Eloir (Org.). *Lazer no espaço urbano:* transversalidade e novas tecnologias. Curitiba: Champagnat, 2006.

SOLIMEO, Plínio Maria. *Hagiografia - Vida dos Santos:* São Domingos de Gusmão Disponível em: http://www.lepanto.com.br/HagDomingGusm.html. Acessado em: 01/02/08.

TAUSSIG, Michael. *Xamanismo, colonialismo e o homem selvagem*: um estudo sobre o terror e a cura. Rio de Janeiro: Paz e Terra, 1993.

TEIXEIRA, Maria Cecília Sanches. A *contribuição da culturanálise de grupos para o estudo das culturas escolares.* I Seminário sobre Cultura Escolar, Grupo de Estudos Cultura e Educação do Departamento de Ciências da Educação, da Faculdade de Ciências e Letras da UNESP/Araraquara, 2003. (mimeo).

TEIXEIRA, Maria Cecília Sanches. A *dinâmica do imaginário e a trajetividade da cultura*: re-significando o social. Conferência do Imaginário e das Representações Sociais da Educação Física, Esporte e Lazer, Laboratório do Imaginário e das Representações Sociais em Educação Física, Esporte e Lazer – LIRES/UGF, 2001. (mimeo).

TEIXEIRA, Maria Cecília Sanches. Imaginário, mito e utopia no discurso de Paulo Freire. In: TEIXEIRA, Sanches Maria Cecília; PORTO, Maria do Rosário Silveira (Orgs.). *Imagens da Cultura:* um outro olhar. São Paulo: Plêiade, 1999.

VARGAS, Eduardo Viana. *Entre a extensão e a intensidade.* Corporalidade, subjetivação e uso de "drogas". Belo Horizonte. Faculdade de Filosofia e Ciências Humanas - UFMG, 2001 (Tese de doutoramento).

VAZ, Armindo dos Santos. A força das imagens narrativas bíblicas da criação. In: ARAÚJO, Alberto Filipe; BAPTISTA, Fernando Paulo (Coord.). *Variações sobre o imaginário.* Domínios, teorizações e práticas hermenêuticas. Lisboa: Instituto Piaget, 2003. p. 409-456.

VELHO, Gilberto (Org.). *O fenômeno urbano.* 4. ed. Rio de Janeiro. Zahar Editores, 1967.

VILARINO, Marcelo de Andrade. Desencantamento da Fé(sta) ou Fé(sta) que se transborda em encantamentos? Algumas considerações acerca do Congado belo-horizontino no início do Século XXI. In: *Anais da 25ª RBA* – Reunião Brasileira de Antropologia, Goiânia/GO, 2006.

VON FRANZ, Marie-Louise. *C.G. Jung:* seu mito em nossa época. São Paulo: Cultrix, 1992.

WHITMONT, Edward C. *O retorno da Deusa.* São Paulo: Summus, 1991.

WIKIPÉDIA. Desenvolvido pela Wikimedia Foundation. Apresenta conteúdo enciclopédico: *Ordem Franciscana Secular*. Disponível em:<http://pt.wikipedia.org/w/index.php?title=Rosa_de_Viterbo&oldid=8452096>. Acesso em: 01/02/08.

WUNENBURGUER Jean-Jacques; ARAÚJO, Alberto Filipe. Introdução ao imaginário. In: ARAUJO, Alberto Filipe; BAPTISTA, Fernando Paulo (Coord.). *Variações sobre o imaginário.* Domínios, teorizações e práticas hermenêuticas. Lisboa: Instituto Piaget, 2003. p. 23-44.

ZALUAR, Alba. *Os homens de deus.* Um estudo dos santos e das festas no catolicismo popular. Rio de Janeiro: Zahar Editores, 1983.

Este livro foi composto em Baskerville.

impresso em papel Chambril Avena 80g/m² (miolo)

e Cartão 250 g/m² (capa). no mês de abril de dois mil e dezessete.